일본의 재난문학과 문화

일본의 재난문학과 문화

정병호 · 최가형 편저

KOREA
UNIVERSITY
PRESS
고려대학교
출판문화원

※ 본 저서는 대한민국 교육부와 한국연구재단의 재원으로 대학 인문역량 강화사업(CORE)의 지원을 받아 수행됨

머리말

이 책『일본의 재난문학과 문화』는 세계 어느 지역보다 지진과 쓰나미, 태풍, 화재, 홍수 등 자연재해가 끊임없이 반복되었던 일본지역을 대상으로 하여 이러한 자연재해를 포함하여 히로시마와 나가사키의 원자폭탄 피폭문제, 후쿠시마(福島) 원자력 발전소 방사능 누출 사고, 그리고 현대의 다양한 사건들을 '재난'이라는 개념으로 포착하여 다양한 문예물, 영상물에서 이를 어떻게 그리고 있는지를 기술한 책이다.

2011년 2월 하순부터 연구년을 맞이하여 일본 리쓰메이칸(立命館) 대학에서 초빙교수로 근무하던 중, 일본 현지에서 3·11 동일본대지진을 간접적으로나마 경험하였다. 일본 동북지역을 중심으로 하여 일어난 거대한 지진의 흔들림, 해변가의 수많은 집들과 건물, 인프라 시설을 집어삼키는 광폭한 검은 쓰나미 파도, 일본 각지에 만들어진 임시 피난소로 거처를 옮길 수밖에 없었던 집과 고향을 잃은 사람들의 황망한 모습들, 후쿠시마 원자력발전소 원자로의 수소폭발과 방사능 누출의 현실화……. 텔레비전에 비친 이러한 광경은 질서정연하게 이 거대 재난에 맞서며 수습에 나서는 보통 일본인들의 침착한 모습과 대비되면서 커다란 충격을 주었다.

거대한 국가 위기 때에는 어느 나라도 마찬가지이지만, 이 위기 극복을 위해 애국심에 호소하는 다양한 슬로건이 쏟아지고 국민들의 단합을 호소하는 메시지가 연이어 나왔다. 그러나 3·11 동일본대지진이 인류의 과학문명이 낳은 원자력발전소 사고라는 측면에서 사태는 그리 간단하지만은 않았다. 이 거대재난을 보다 근원적으로 추급하고자 하는 문학 사이드의 반응이 곧바로 나타나기 시작하였다. 이러한 반응은 희생자를 추도하고 피해자를 위로하고자 하는 취지로, 어떤 형태로든 이 거대한 재난을 기록문학의 형태로 후세에 남겨야 한다는 의지로, 부흥을 향한 문학적 희망을 제시하고자 하는 취지로, 나아가 원자력발전소 안전신화에 이의를 제기하고 이러한 사태에 이르게 된 현대문명에 대한 신랄한 비판으로 이어졌다.

한편, 한국에서도 태풍이나 홍수 등 자연재해가 없는 것은 아니지만 일본의 대지진과 같이 대량의 인명피해를 가져오는 경우가 없었기 때문에 이러한 재난과 관련된 문예활동은 비교적 활발하다고 할 수는 없다. 그러나 2014년 4월 '세월호 침몰 참사'는 위와 같은 자연재해와는 다른 의미의 거대재난이었지만, 이 재난 당시 구조에 대한 선박회사나 해양경찰의 대응 방식은 물론, 이를 적극적으로 컨트롤하는 국가 재난시스템의 불비는 많은 국민들에게 충격을 남겼으며, 이 참사로 희생된 분들에 대한 슬픔은 온 나라를 뒤덮었다. 그리고 수많은 시민들의 슬픔과 분노 뒤에서 '세월호 침몰 참사'를 정면으로 다룬 문학작품들이 연이어 간행되었는데 이는 한국의 재난문학사를 되돌아보게 하는 중요한 계기가 되었다.

굳이 독일의 사회학자 울리히 벡(Ulrich Beck)이 경고한 『위험사회(Risk Society)』(1986)라는 책을 언급할 필요도 없을 정도로, 근대문명이나 산업, 그리고 과학기술이 고도화되면 될수록 이에 수반한 재난의 규모와 빈도가 확대되고 있다. 지구 온난화와 이상기후의 지속적 발생, 환경 파괴, 경제적 격차의 심화와 국내외 분쟁의 격화 등 자연적 · 인적 재난은 오히려 나날이 증가하는 추세이다.

고려대 일어일문학과에서는 이러한 현상에 적극적으로 대응하고자 2016년부터 '재난과 일본문화'라는 과목을 새롭게 만들어 일본의 재난과 문학적 대응, 재난관련 문예물의 의미, 재난 관련 문화적 현상을 함께 검토하고자 하는 강의를 개설하였다. 이번에 간행하는 『일본의 재난문학과 문화』는 바로 몇 년간 축적된 이 강의 내용에 토대하여 동아시아 재난서사를 함께 연구하고 있는 5명의 연구자들이 모여 공동 집필한 것이다.

이 책의 내용은 고대에서 현재에 이르기까지 일본의 다양한 재난 현상과 재난문학, 그리고 영화나 다큐멘터리, 애니메이션, 미디어 등 각종 재난 서사를 대상으로 하여 일본 재난관련 문화의 커다란 흐름에 대해 살펴보고자 하였다. 일본의 각종 재난서사가 재난에 대해 어떤 인식을 가지고 있었는지, 또한 각 시대별로 재난서사의 역할과 기능이 무엇인지, 나아가 이러한 재난문학이 남긴 교훈과 의미가 무엇인지에 대해 검토하였다. 이 책은 이들 재난서사에 관한 설명뿐 아니라, 해당 재난문학이나 재난 서사의 대표적인 작품을 발췌하여 실제 재난작품을 감상함으로써 부족하나마 이 재난문학의 의미에 대해 생각할 수 있도록 배치하였다. 일본의 재난서사 모두를 담기에는 다소 미진한 부분도 있지만, 일국(一國)을 뛰어넘은 재난상황과 재난문학 연구는 이제 막 시작단계라 생각하고, 이 책의 간행을 계기로 앞으로도 이와 관련된 보다 풍부한 논의와 연구가 이루어지길 기대해 본다.

이 책 『일본의 재난문학과 문화』는 고려대학교 문과대학 대학인문

역량강화(CORE)사업의 교재 개발사업의 일환으로 집필된 것이다. 이 사업단의 전현직 단장이신 이재훈 전학장님과 정태헌 학장님께 머리말을 빌려 감사의 말씀을 전하고 싶다. 또한 짧은 기간임에도 불구하고 이 책의 간행을 맡아 편집을 담당해 주신 고려대 출판문화원의 유재혁 선생님께도 감사의 마음을 전한다.

2018.12

편자 정병호, 최가형

목차

서장

재난문학과 일본 재난 서사의 계보

1. 재난문학이란 무엇인가?

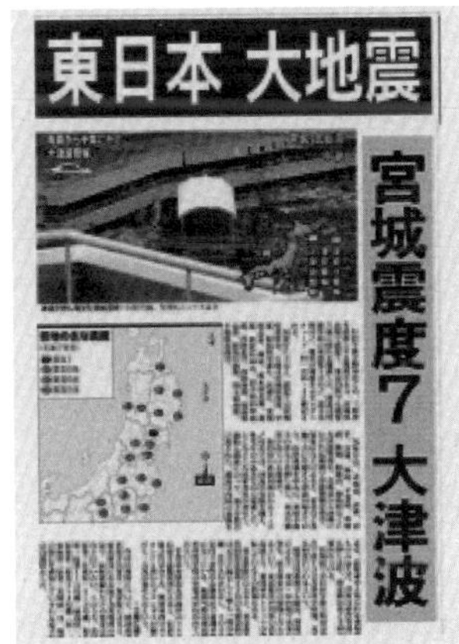
東日本 大地震
宮城震度7 大津波

그림1 막대한 피해를 초래한 3·11 동일본대지진을 긴급 보도한 아사히(朝日)신문의 호외

전후 최대의 강진 동일본대지진(東日本大地震)이 2011년 3월 11일 오후 2시 46분 일본의 동북지역을 강타했다. 이 지진은 규모 9.0 강도로 진원(震源) 영역이 이와테현(岩手県)에서 이바라키현(茨城県) 먼 바다에 이르기까지 500여 킬로미터에 달하는 거대지진이었다. 이 지진의 강도나 범위도 문제였지만, 사태를 악화시킨 것은 무엇보다 이 지진으로 인해 발생한 거대 쓰나미였다. 최대 파도 높이가 40미터에 달하는 거대한 쓰나미가 태평양 연안에 면한 일본의 간토(関東)지방에서 동북지방에 이르기까지 광범위한 지역에 밀려와 엄청난 피해가 발생했다. 더구나 15미터에 이르는 이 거대 쓰나미가 후쿠시마(福島) 원자력 발전소까지 덮쳐 전원장치가 불통되면서 3월 12일 원자력 발전소 1호기의 수소 폭발과 더불어 방사능 대량 누출 사고가 발생했다. 일본 내에서 일어난 전대미문의 이 방사능 누출사고는 구소련의 체르노빌 원자력발전사고와 같은 정도로 인류역사상 최악의 사고였다. 이 사고로 인해 후쿠시마 주변지역에 즉각적으로 피난명령이 내려졌으며, 현재까지도 피난민들이 완전히 복귀하지 못

한 채 원자력발전소 주변의 피난 사태는 장기화되고 있다. 당시 일본의 간 나오토(菅直人) 수상이 이 재난을 두고 전후 일본의 최대 위기 사태라고 선언한 것은 결코 과장된 표현이 아니었다.

일본 경찰청은 이 동일본대지진과 거대 쓰나미로 인해 발생한 사망자와 행방불명자가 2018년 3월의 시점에서 18,434명이라고 발표했다. 막대한 인명 피해뿐 아니라 수많은 가옥과 건축물의 붕괴, 도로 등 인프라 시설의 파괴, 수많은 피난자의 발생 등 그 피해 정도는 전후 최대 규모라 하지 않을 수 없다. 더구나 지진으로 시작된 천재지변은 현대 과학문명이 낳은 원자력발전소 사고라는 인재로 이어지고, 일본 전국은 급작스럽게 위기감을 가지게 되었다.

막대한 인명상실과 사회적 인프라와 주거 및 상업시설의 파괴는 물론, 후쿠시마 원자력 발전소의 방사능 누출로 타 지역으로 피난까지 가야 하는 상황 속에서 많은 문학자들은 자신들이 할 수 있는 일이 무엇인지 자괴감을 가지게 되었다. 이토록 거대한 재난 상황 속에서 '문학은 무엇을 할 수 있으며, 무엇을 제공할 수 있는가'라는 의문을 품게 된 것이다.

> 예술이니 뭐니 말할 상황이 아니다. 그것보다 우유와 가솔린의 확보가 소중하다. 이러한 사실에 문예에 관계하고 있는 한 사람으로서 절망과 슬픔을 느낀다. 내가 해 왔던 일은 결국 무의미한 것이었을까?[1]

---

1 高橋克彦, 「東日本大震災」『群像』 2011.5, 講談社.

이 발언은 3·11 동일본대지진의 피해지였던 이와테현 모리오카(盛岡)에 거주하고 있었던 소설가 다카하시 가쓰히코(高橋克彦)가 재난 상황 속에서 문학예술의 의미와 역할이 무엇인지를 자문하고 있는 부분이다. 인간이 감내하기에는 너무나 거대한 대지진과 쓰나미, 방사능 누출이라는 재난상황에 맞닥뜨려 당장 의식주를 영위할 수단과 기초적인 생활물자가 부족한 상황 속에서 문학예술은 어떤 의미가 있으며, 이러한 상황에 대처하는 데 도움이 되는 효용성이 있는지를 두고 작가 다카하시 가쓰히코는 탄식했다. 이러한 인식은 절망적이고 파괴적인 상황을 앞에 두고 문학이 무슨 역할을 할 수 있는지, 미약한 문학의 존재감과 그 무용성을 지적하는 오래된 문학 담론 중 하나이다. 도쿄(東京)와 요코하마(横浜) 등 일본의 수도권 내부분에 대규모의 피해를 끼친 1923년 간토대지진 당시에도 문학자 기쿠치 간(菊池寛)이 "우리들 문예가에게 있어서 제일의 타격은 문예라고 하는 것이 생사존망의 갈림길에서는 골동 서화(書畫) 따위와 마찬가지로 무용의 사치품임을 똑똑히 알았다는 점이다."[2]라고 자신의 감상을 기술하고 있었다.

그렇다고 해서 이러한 자연재해와 뒤이어 일어난 다양한 인재를 두고 일본 문학자들은 결코 가만히 있지는 않았다. 3·11 동일본대지진이 발생하고 얼마 지나지 않아, 시마다 마사히코(島田雅彦)의 제안으로 동일본대지진 피해지역의 구제와 부흥을 서적으로 지원하기 위해 인터넷 서점인 '부흥서점 Revival & Survival'이라는 웹 사이트가 개설되었다. 이 부흥서점에는 다카하시 겐이치로(高橋源一郎), 히라노 게이

2 기쿠치 간(菊池寛), 「진재 후 잡감(災後雜感)」(정병호, 최가형 역, 『간토대지진과 작가들의 심상풍경』, 역락, 2018), pp.62~63.

이치로(平野啓一郎), 다와라 마치(俵万智), 유미리(柳美里), 요시모토 바나나(よしもとばなな) 등 당시 최고의 인기 문학자들을 포함하여 약 150명의 문인들이 참여했다. 문학자들은 이 인터넷서점의 판매 수익을 자연재해 의연금으로 기부했을 뿐만 아니라 강연이나 낭독회, 공개토론회 등 자원봉사 이벤트를 개최하고 재해 피해지의 도서관에 컬렉션을 보내거나 웹 매거진을 만들어 기금을 마련했다. 또한 오에 겐자부로(大江健三郎)를 비롯한 문학자들은 동일본대지진이 남긴 가장 큰 상처 중 하나인 방사능 누출사고에 주목하여 일본의 원자력발전소를 완전히 폐기하자는 원전 폐기 운동에도 적극적으로 가담했다.[3] 물론 문학자들이 거대한 지진이나 쓰나미 재난을 즈음하여 의연금을 모으고 기부행위를 하거나 피해지에서 볼런티어 활동을 한 것은 동일본대지진이 처음은 아니었다. 이러한 현상은 간토대지진이나 한신 · 아와지대지진 당시에도 볼 수 있으며, 근대기 이후까지 소급해 가면 1890년대 근대문학 형성기인 메이지문학에서 이러한 현상을 목도할 수 있다. 1891년 '노비(濃尾)지진'과 1896년 '메이지산리쿠(明治三陸)지진과 쓰나미' 당시 동시기 작가들이 원고를 모아 간행한 '비노진재의연소설(尾濃震災義捐小說)'집인 『뒤의 달빛(後の月かげ)』(春陽堂, 1891.12)과 문예지 『문예구락부(文芸倶楽部)』의 임시증간 특집호인 『해소의연소설(海嘯義捐小說)』(博文館, 1896.7)이 여기에 해당한다.

그러나 재난상황에 맞닥뜨린 문학자들은 지진과 쓰나미, 원자력발전소 사고를 둘러싸고 그들의 본령이라 할 수 있는 문학작품을 창작하

---

3 정병호, 「3·11 동일본대지진을 둘러싼 2011년 〈진재(震災)/원전(原發)문학〉의 논의와 전개」(『3·11 동일본대지진과 일본』, 도서출판 문, 2012), pp.313-331.

게 된다. 작가들은 이 처참한 재난을 기록으로 남겨야 한다는 의무감에서, 피해를 입은 사람들을 위로해야 한다는 생각에서, 나아가 지진과 쓰나미라는 자연재해가 원전 사고라는 인재로 비화하여 더 큰 피해를 낳은 현상에 대한 문명비평의 일환으로, 혹은 재난 이후 벌어지는 사회적 단면을 비평하기 위해서 다양한 형태의 작품과 에세이를 창작했다.

일본은 자연재해가 많은 지역인 만큼 1893년의 메이지산리쿠대지진, 1923년 간토대지진, 1995년 한신 · 아와지대지진 등 커다란 물적, 인적 피해를 끼친 자연재난을 둘러싼 다양한 문학작품과 문학현상이 탄생하곤 했다. 그러나 3 · 11 동일본대지진은 단순한 자연재해로 그치지 않고 방사능 누출이라는 거대한 인재에까지 이르렀기 때문에 이를 대상으로도 많은 작품들이 창작되었고 다양한 문명 비평적 접근이 이루어졌다. 그래서 '진재(震災)문학'이나 '원전(原發)문학'이 하나의 비평용어로서 본격적으로 자리를 잡기에 이른다. 물론 일본문학에서는 고전문학에서부터 이러한 지진을 중심으로 자연재해를 그린 문학작품이 면면히 존재해왔다. 1945년 히로시마(広島)나 나가사키(長崎)원폭 투하와 그 비참한 참상을 그린 '원폭문학' 또는 1970년대부터 발표된 원자력발전소 또는 핵실험 문제를 그린 작품들이 그것이다. 그러나 이러한 흐름에 기반을 둔 3 · 11 동일본대지진 이후, 이 전체를 아우르는 '진재문학', '원전문학'이라는 영역이 하나의 비평용어로서 정립되기에 이르렀던 것이다. 물론 메이지산리쿠지진과 쓰나미 당시에는 현재의 쓰나미문학에 해당하는 '해소(海嘯)문학'이라는 용어도 존재했다.

그런데 본서에서는 이러한 '진재문학'이나 '원전문학', 아니면 '쓰나미문학'의 계보를 아우르는 용어로서, 나아가서는 모든 자연재해와 인간문명이 낳은 다양한 인재를 포괄하는 용어로서 '재난문학'이라는 용어를 제안하고자 한다. '재난문학'의 사전적 의미로 참고가 되는 것은 『국방과학기술 용어사전』의 '재난'이라는 용어이다. 여기서 재난을 첫째, 적의 공격 행위로 인한 '전시 재난', 둘째, 평시 우발적으로 발생하는 '평시 재난', 셋째, 자연 현상에 의한 '자연 재난' 세 가지로 구분하고 있다.[4] 그중 '전시 재난'은 이미 문학 분야에서 '전쟁문학'이 하나의 큰 분야로 자리 잡고 있기 때문에 '평시 재난'과 '자연 재난'에 대한 문학자들의 대응, 이 두 재난을 둘러싸고 일어나는 문단의 반응과 변화, 이들 재난을 기록하고 비평하며 나아가 이를 문학적으로 형상화하는 문학작품을 포괄하는 용어로 재난문학을 정의하기로 한다.

그러나 최근의 재난은 재난 발생의 원인과 책임 소재를 분명히 구분하기 어려운, 자연재해와 인재가 뒤섞인 복합적인 형태를 띠고 있다. 간토대지진 당시의 자연재해와 조선인 학살 사건이라는 인재, 나아가 동일본대지진 당시 지진과 쓰나미라는 자연재해와 원자력발전소의 방사능 누출사고라는 인재가 이러한 사례에 해당할 것이다. 특히 독일 사회학자 울리히 벡(Ulrich Beck)이 『위험사회(Risk Society)』(1986)에서 주장했듯이 근대문명이나 산업시스템, 과학기술의 고도화가 심화되면서 각종 재난의 빈도와 규모가 확대되고 있다. 각 나라의 무분별한 개발에 따른 지구온난화와 이상 기후 현상, 과학의 전문화와 사회의 종합적인 감독기능의 한계, 신자유주의적 기업 활동과 무분별한 환경 파

4 국방기술품질원 편, 『국방과학기술 용어사전』(국방기술품질원, 2008), 「재난」 항목 참조.

괴, 경제적 격차의 심화에 따른 국내외 분쟁의 격화와 테러의 일상화, 사람과 물류의 전 지구적 이동과 도시의 메트로폴리스화 등은 최근 '현대적 재난'의 성격을 가장 잘 보여준다.

특히 한국의 경우도 '세월호 침몰 참사'의 충격이 '재난-위험사회'에 대한 사회 구성원의 불안과 공포를 가중시키면서 다양한 재난문학이 창작되고 이에 대한 광범위한 논의가 이루어지면서 큰 주목을 받았다. 예를 들면 김연수의 「다만 한 사람을 기억하네」(『문학동네』, 2014), 심상대 외 『우리는 행복할 수 있을까』(2015) 등 세월호 참사를 형상화하고 이를 추모한 다수의 문학작품집이 간행되었다. 그러나 한국에서도 이러한 재난문학의 연원은 결코 짧지는 않다. 1990년대 중반 성수대교와 삼풍백화점 붕괴사고 이후 허상탁의 『6.29 그날 오후 삼풍시계는 멎었는가』(1996) 등 재난문학이나 영화, 웹툰 등이 다수 창작되었고, 멀리는 일제강점기부터 1980년대까지도 다양한 형태의 재난 관련 작품이 창작되었다. 현진건의 「불」(1925)이나 한설야의 「홍수」(1928) 등 식민지 시대에 발생한 홍수나 태풍의 피해, 가뭄으로 인한 한발(旱魃), 화재, 전염병 등의 재난상황을 그린 문학작품이 이에 해당한다.

한편 중국의 경우도 2008년 발생한 규모 8.0의 쓰촨성(四川省)대지진을 계기로 지진문학이나 재난문학에 대한 접근이 본격화되었다. 삼국지 유적으로 유명한 쓰촨성은 2013년, 2015년, 2017년에도 대형 지진이 연이어 일어났지만 2008년 5월 12일에 일어난 대지진은 엄청난 피해를 초래했다. 중국 내륙지방 중에서 인구 밀도가 매우 높은 지역이었던 쓰촨성은 이 대형 지진으로 도시나 주거기능이 마비되고 지진의 후유증으로 산사태가 속출하게 되었다. 이 대형 지진을 계기로 하여 중국에서 니에 전자오(聶珍釗) 교수 등은 2008년 쓰촨성 지진을 대상으로 한 중국어와 영문 시를 번역하여 재난시집 『우리가 직면하게 된 재난—세계시인들이 함께 기린 쓰촨대지진』(让我们共同面对灾难—世界诗人同祭四川大地震, *Our Common Sufferings : An Anthology of World Poets in Memoriam 2008 Sichuan Earthquake*, 上海外語教育出版社, 2008)을 간행하기도 했다.

그리고 「당대 재난에 대한 기억—5 · 12 원촨지진의 서사학 회고(当代灾难记忆—"5 · 12汶川地震"的叙事学反思)」(『民间文化论坛』, 2008.12)나 「지진문학, 어디로 갈 것인가(地震文学,敢问路在何方?)」(『天府新论』, 2010.6), 「재난문학의 심미 차원과 미학적 의미(灾难文学的审美维度与美学意蕴)」(『社会科学研究』, 2011.3)와 같이 지진문학이나 재난문학에 대한 연구가 본격화되기에 이르렀다.

따라서 한국과 일본, 중국만을 보더라도 자연재해는 물론, 현대사회 인간이 직면한 다양한 위험 요소에 대한 문학적 대응과 창작이 면면히 이어져왔다고 할 수 있다. 본서는 이러한 측면에서 '재난문학'이라는 새로운 틀을 통해 문학이 이러한 재난을 어떻게 인식하고 대응했는지, 나아가 이를 어떻게 형상화했으며 무엇을 기록하고자 했는지, 그리고 이러한 재난문학의 역할과 기능이 무엇인지를 살펴보고자 한다. 나아가 문학뿐만 아니라 영화나 다큐멘터리, 애니메이션 등 다양한 분야에서 자연재해와 재난을 기록하고 형상화했다. 이러한 의미에서 본서는 재난문학을 중심으로 하되 재난을 기록한 모든 장르를 망라한 '재난서사'에 대해 살펴볼 것이다.

2. 일본 자연재해와 재난 서사의 계보

앞에서 일본의 경우 '진재문학', '원전문학', '핵문학', '쓰나미문학'이라는 용어를 사용했지만 이러한 재난문학은 비단 근대문학에서 파생된 현상은 아니다. 일본에서 재난에 대한 문학적 기록과 다양한 재난 현상과 더불어 문학적 형상화가 이루어진 것은 문학의 존재만큼이나 오래되었다.

그렇다면 일본문학은 지금까지 어떠한 자연재해와 재난에 대해 문학적으로 기록하고 이를 형상화했을까? 여기에서는 앞으로 각 장에서 취급할 일본 재난 서사를 구체적으로 살펴보기에 앞서 지금까지 일본 문학작품에서 주로 형상화되었던 자연재해에 초점을 두고 일본 거대재난의 흐름과 그 문학적 계보를 살펴보도록 한다.

- 인교지진(允恭地震) : 416년 8월 23일

  역사서인 『니혼쇼키(日本書紀)』(720)에 "야마토(大和)에서 지진"이라 기록되어 있는데, 이는 일본 역사에 문자로 기록된 최초의 지진이다.

- 하쿠호남해지진(白鳳南海地震) : 684년 11월 29일, M8.0

  서일본 태평양에 접한 해안에 대지진이 발생, 동남해와 동해지진도 발생했다. 도사(土佐)에 쓰나미로 인해 큰 피해가 났다.

  →『니혼쇼키(日本書紀)』에 기록

- 미노 이나바카와의 대홍수(美濃因幡河の洪水)

  기후현(岐阜県), 아이치현(愛知県), 미에현(三重県)에 걸쳐 166킬로미터에 이르는 큰 강으로, 고대부터 현재에 이르기까지 다양한 형태의 홍수를 일으켰다.

→ 헤이안시대의 대표적인 설화집인『곤자쿠모노가타리슈(今昔物語集)』제26권의 세 번째 이야기로 이 대홍수 이야기를 묘사

- 지쇼 대화재(治承大火) : 1178년 4월 13일

현재의 교토인 헤이안쿄(平安京)에서 일어난 대화재로 마침 불고 있었던 바람을 타고 상당한 지역이 소실되었다.

→ 고전문학 중 재난문학의 보고라 여겨지는『호조키(方丈記)』에 상세하게 기록

→ 중세 군기모노가타리(軍記物語)의 대표작인『헤이케모노가타리(平家物語)』1권 '다이리염상(内裏炎上)'에 상세하게 기록

- 지쇼 회오리바람(治承辻風) : 1180년 4월

교토를 중심으로 강한 회오리바람이 일어나 많은 피해는 물론 공포감을 불러일으켰다.

→ 고전문학 중 재난문학의 보고라 여겨지는『호조키(方丈記)』에 상세하게 기록

→ 중세 군기모노가타리(軍記物語)의 대표작인『헤이케모노가타리(平家物語)』3권 '회오리바람(つじかぜ)'에 상세하게 기록

→ 중세 설화집인『고금저문집(古今著聞集)』에 기술

- 요와 기갈(養和飢渴) : 1181년, 1182년

교토 지역을 중심으로 서일본지역에 1180년도부터 계속된 한발(旱魃), 큰 바람인 홍수 등으로 연이어 일어난 기근으로 농산물 생산이 격감하고 수많은 아사자가 발생하는 등 일본에 대혼란을 초

래했다.

→ 고전문학 중 재난문학의 보고라 여겨지는 『호조키(方丈記)』에 상세하게 기록

→ 일본 군기모노가타리(軍記物語) 작품인 『겐페이죠스이키(源平盛衰記)』에 등장

- 분지지진(文治地震) : 1185년 7월 9일. M7.4

교토를 중심으로 긴키(近畿)지역에 상당한 피해를 중 자연재해로서, 이 지진으로 인해 천황의 연호를 겐랴쿠(元暦)에서 분지로 바꿀 정도였다.

→ 고전문학 중 재난문학의 보고라 여겨지는 『호조키(方丈記)』에 상세하게 기록

→ 중세 군기모노가타리(軍記物語)의 대표작인 『헤이케모노가타리(平家物語)』, 사론(史論)서인 『구칸쇼(愚管抄)』에 이 지진이 등장

- 겐로쿠지진(元禄地震) : 1703년 12월 31일, M7.9~8.2

가와사키(川崎)에서 오다하라(小田原)에 이르는 지역이 심각한 피해를 받고 에도(江戸)와 가마쿠라(鎌倉)도 큰 피해를 입었다. 2천백 명 이상의 사망자가 발생했으며, 쓰나미도 일어나 큰 피해를 초래했다.

→ 『추신구라(忠臣蔵)』의 실화에 해당하는 아코 로시(赤穂浪士) 46인이 이해에 할복하였기 때문에 이들의 원한 때문이라는 소문이 돎

→ 시대소설가 야마모토 슈고로(山本周五郎)의 「야나기바시이야기(柳橋物語)」(1946)에 지진과 대화재 재난 투영, 이후 영화와 NHK 드라마로도 방영

- 간분 오우미 · 와카사지진(寛文近江・若狭地震) : 1662년 6월 16일, M7.6

긴키(近畿)지역 북부에 발생한 대지진으로 800여 명 이상이 희생되었으며 당시 대도시였던 교토(京都)가 심대한 피해를 입었다.

→ 에도시대 가나조시(仮名草子) 작가 아사이 료이(浅井了意)의 『가나메이시(かなめいし)』

- 덴메이 대화재(天明の大火) : 1788년 3월 7일

교토에서 발생한 가장 큰 화재로 도쿄의 80퍼센트 정도가 화재로 소실되어 경제에 심대한 타격을 주었을 뿐만 아니라 다수의 인명 피해도 발생했다.

→ 우에다 아키나리(上田秋成)의 『가구쓰치노아라비(迦具都遅能阿良毗)』

- 스미다가와(隅田川) 에이타이바시(永代橋) 붕괴사고 : 1807년 9월 20일

에도의 스미다가와(隅田川) 강을 가로지르는 에이타이바시(永代橋) 다리가 도미오카 하치만사이(富岡八幡祭) 축제에 참여한 많은 군중들로 인해 붕괴하여 1500~3000명 정도의 사상자가 발생했다.

→ 기뵤시 및 교카 작가인 오타 난포(太田南畝)와 요미혼 및 기뵤시 작가인 산토 교덴(山東京伝)의 각각 『유메노 우키하시(夢のうき橋)』라는 동일 제목의 수필, 오타 남포의 교카(狂歌) 작품

- 호에이지진(宝永地震) / 후지산 호에이 대분화(富士山宝永大噴火) : 1707년 10월 28일, M8.4

일본의 남해지역과 동해지역에 막대한 피해를 일으킨 거대지진으로 기록에 남아 있는 최대지진이며, 이 지진 49일 후에 후지산이 크게 분화하는 자연재해가 연이어 일어나, 일대 지역에 큰 피해를

남겼다.

→ 유학자 아라이 하쿠세키(新井白石)가 쓴 자전적 수필집 『오리타쿠시바노키(折たく柴の記)』

→ 이 후지산 분화를 다룬 현대 작품으로는 닛타 지로(新田次郎)의 소설 『노하는 후지(怒る富士)』(1974)가 있음

- 안세이에도지진(安政江戸地震) : 1855년 11월 11일, M6.9

에도가와(江戸川) 강 하구 부근을 진원지로 하여 도쿄에 커다란 타격을 주어 가옥의 도괴와 화재가 일어났다. 사망자는 1만여 명 이상이라고 추정되며, 에도성도 심각한 피해를 입은 막부는 부흥에 큰 비용이 소요되어 막부의 재정이 악화되었다.

→ 목판인쇄물인 기와라반(瓦版)을 통해 재난 이야기가 유통, 특히 나마즈에(鯰絵)라는 독특한 그림이 재난의 모습을 잘 표현하고 있음

→ 에도시대 말에서 메이지시대 초기 통속소설 작가인 가나가키 로분(仮名垣魯文)의 『안세이견문지(安政見聞誌)』

- 안세이남해지진(安政南海地震) : 1854년 12월 24일, M8.4

긴키지방과 시코쿠지방에 커다란 진동과 더불어 기이반도(紀伊半島)에서 시코쿠 연안에 최대 15미터에 이르는 대형 쓰나미가 발생하여 수천 명이 희생되었다.

→ 라프카디오 헌(小泉八雲)의 영어소설 'A Living God'과 이후 이를 번역하여 교과서에도 실린 「볏가리의 불(稲むらの火)」

- 노비지진(濃尾地震) : 1891년 10월 28일, M8.0

지금의 아이치현(愛知県)과 기후현(岐阜県)에 해당하는 오하리(尾張)

와 미노(美濃)지방에서 일어난 대지진으로 7000명 이상이 희생되었다.

→ 당대 작가 20명의 작품을 모은 최초의 재난 의연 소설집에 해당하는 '비노진재의연소설(尾濃震災義捐小說)'집 『뒤의 달빛(後の月かげ)』(1891.12) 간행

- 메이지도쿄지진(明治東京地震) : 1894년 6월 20일, M7.0

도쿄만 북부 지역에서 발생하여 도쿄 등 간토지역에 큰 피해를 주어 31명이 희생되었으며 메이지 신정부에 큰 영향을 끼쳤다.

→ 히구치 이치요(樋口一葉)의 일기와 「암야(闇夜)」(1894)

- 메이지산리쿠지진(明治三陸地震) : 1896년 6월 15일, M8.2

이와테현(岩手県), 미야기현(宮城県), 아오모리현(青森県), 아키타현(秋田県)을 중심으로 일본 동북부지역 해안에 걸쳐 최고 30미터 이상의 대형 쓰나미가 발생하여 2만 명 이상의 희생자가 발생했다.

→ 문예지 『문예구락부(文芸俱楽部)』가 당대 대표적인 작가들의 작품을 모은 특집호 『해소의연소설(海嘯義捐小説)』(1896.7) 간행

→ 이외에도 마사오카 시키(正岡子規)의 하이쿠(俳句) 작품 「해소(海嘯)」, 야나기다 구니오(柳田國男)의 설화집 『도노이야기(遠野物語)』의 99번째 이야기

- 간토대지진(関東大地震) : 1923년 9월 1일, M7.9

도쿄(東京)와 요코하마(横浜) 등 수도권을 중심으로 간토지역에 지진과 화재로 큰 피해가 났으며, 희생자의 수는 10만5천 명 이상으로 일본 재해사에서 최악의 피해를 기록했다.

→ 간토대지진을 계기로 기성문단에서 프롤레타리아문학과 신감

각파(新感覚派) 문학이 등장하여 문학사상과 형식에서 일대 전환

→ 당시 대부분의 작가들이 진재관련 글이나 에세이, 체험담, 작품 등을 남김

- 쇼와산리쿠지진(昭和三陸地震) : 1933년 3월 3일, M8.1

진도는 4나 5 정도에 머물렀지만 지진보다는 일본 동북부 해안에서 발생한 대형 쓰나미로 인해 홋카이도(北海道) 지역과 동북부 각 현에서 3,064명 이상의 인명피해가 발생했다.

→ 메이지 쓰나미를 포함하여 동북부의 쓰나미 재해를 다룬 요시무라 아키라(吉村昭)의 『산리쿠해안 대쓰나미(三陸海岸大津波)』(1970), 스지 노쿠헤이(須知徳平)의 「산리쿠 쓰나미(三陸津波)」(1978), 미우라 데쓰로(三浦哲郎)의 『바다길(海の道)』(1970) 등

- 한신대수해(阪神大水害) : 1938년 7월 3일

장마기간 중에 계속된 강우로 고베(神戸)와 오사카(大阪) 지역에 여러 강들이 범람하고 산사태 등을 야기한 자연재해였다.

→ 다니자키 준이치로(谷崎潤一郎)의 소설 『세설(細雪)』

- 히로시마 · 나가사키 원폭 투하(広島 · 長崎原爆投下) : 1945년 8월 6일 · 9일
  다이고후쿠류마루(第五福竜丸)의 피폭 : 1954년 3월 1일

1945년 태평양전쟁 기간 중 히로시마와 나가사키에 세계에서 처음으로 원자폭탄이 투하되어 미증유의 원폭 재난이 발생하였으며, 1954년에는 비키니 환초(Bikini Atoll)에서 미국의 강력한 수소폭탄 실험 중 만들어진 방사능 낙진에 의해 마셜제도를 지나가던 다랑어 원양어선 다이고후쿠류마루의 선원 23명이 전원 피폭되었다.

→ 하라 다마키(原民喜), 오타 요코(大田洋子), 구리하라 사다코(栗原貞子) 등 피폭 체험자들에 의한 피폭 체험 문학작품 창작

→ 수많은 작가들에 의한 원폭문제를 다룬 이른바 '원폭문학'의 창작과 이를 다룬 영화나 애니메이션 등 원폭 재난 서사가 만들어짐

- 쇼와남해지진(昭和南海地震) : 1946년 12월 21일, M8.0

서남부 지역에 지진과 더불어 쓰나미가 발생하여 시코쿠(四国)와 서일본 지역에 희생자 1,400명 이상이 발생한 대지진이었다.

→ 시시 분로쿠(獅子文六)의 소설『덴야완야(てんやわんや)』

- 후쿠이지진(福井地震) : 1948년 6월 28일

후쿠이현(福井県)을 중심으로 진도 6을 기록한 강진으로 후쿠이시에 대화재가 일어나 막대한 피해를 입었다.

→ 다다 유케이(多田裕計)의「황야의 종다리(荒野の雲雀)」, 아리아케 나쓰오(有明夏夫)의『우리들의 행진곡(俺たちの行進曲)』, 나카노 시게하루(中野重治)의「지진잡필(地震雑筆)」, 노사카 아키유키(野坂昭如)의『해가 저물고 눈(行き暮れて雪)』등 창작

- 한신 · 아와지대지진(阪神 · 淡路大地震) : 1995년 1월 17일, M7.3

최대 진도 7의 대지진으로 대도시인 고베(神戸), 오사카를 중심으로 심대한 피해를 끼친 도시형 대지진으로, 희생자가 6천 명 이상에 이르렀다.

→ 무라카미 하루키(村上春樹)의『신의 아이들은 모두 춤춘다(神の子どもたちはみな踊る)』(2000), 오다 마코토(小田実)의『깊은 소리(深い音)』(2002), 요코야마 히데오(横山秀夫)의『진도 제로(震度0)』(2005) 등 다수의 재난문학 창작

- 도쿄지하철 사린사건(東京地下鉄サリン事件) : 1995년 3월 20일

일본 종교단체인 옴진리교 신자들이 도쿄의 자하철에 신경가스인 사린을 살포하여 13명이 숨지고 6천여 명이 부상을 입은 미증유의 화학무기 테러사건.

→ 무라카미 하루키(村上春樹)의 『언더그라운드(アンダーグラウンド)』(1997)와 그 속편인 『약속된 장소에서(約束された場所で)』(1998)

- 동일본대지진(東日本大地震) : 2011년 3월 11일, M9.0

일본 지진 관측사상 최대의 규모의 대지진과 대형 쓰나미로 1만8천 명 이상의 희생자가 발생한 전후 최악의 자연재해였다. 이로 인한 전원상실로 후쿠시마 원자력발전소에서 폭발사고가 발생하고 방사능 누출로 인해 주민들이 피난하는 초유의 사태가 일어났다.

→ 이 자연재해 이후 '진재(震災)문학', '원전문학'이 문단의 비평용어로서 정착하고 광범위한 논의가 이루어짐

→ 가와카미 히로미(川上弘美)의 『가미사마2011(神様2011)』, 요시모토 바나나(よしもとばなな)의 『스위트 히어애프터(スウィート・ヒアアフター)』, 다카하시 겐이치로(高橋源一郎)『사랑하는 원전(恋する原発)』 등 지진과 쓰나미, 원자력발전소, 방사능문제를 다룬 다수의 작품 창작

- 구마모토지진(熊本地震) : 2016년 4월 16일, M7.3

구마모토현(熊本県)과 오이타현(大分県)을 중심으로 규슈(九州) 지방에서 처음으로 진도 7을 기록한 대형지진으로 빈발하는 여진 등으로 다대한 피해를 입었다.

→ 구마모토 문학 · 역사관에서 공모하여 수록한 다양한 장르의 재난문학집 『진재 만요슈(震災万葉集)』(2018.1)

위에서 살펴보았듯이, 서기 416년의 '인교지진(允恭地震)'이 『니혼쇼키』에서 처음으로 역사적인 기록으로 남겨진 이래, 일본의 크고 작은 각종 재난은 다양한 역사적 · 사회적 자료에 수도 없이 등장한다. 그리고 문학작품들도 재난이 낳은 공포와 참혹한 상황, 나아가 이를 극복하기 위한 의지들을 각각의 시대적 관념에 입각하여 형상화하였으며, 시대가 지나면 지날수록 자연재해를 기록하고 문학적으로 각색한 작품의 수는 현저히 증가하게 된다. 한편, 위에서 예시한 일본의 재난들은 문학작품으로 명확하게 묘사되어 있는 자연재해를 중심으로 기술한 것이며, 이들 재난 외에도 일본에는 다양한 형태의 자연재해가 존재했다. 위에서 기술하지는 않았지만 1293년 5월 19일 남부 간토지방에 타격을 가해 최소 수천에서 최고 2만3천 명의 희생자를 낳은 '가마쿠라대지진(鎌倉大地震)', 1944년 12월 7일 태평양전쟁 와중에 1200명 이상의 희생자를 남긴 규모 7.9의 '쇼와동남해지진(昭和東南海地震)' 등 매우 강도가 세고 광대한 지역에서 다대한 인명피해를 낳은 재난들이 수없이 존재한다.

본서는 이와 같은 일본의 자연재해와 재난문학, 좀 더 나아가 영화나 다큐멘터리, 애니메이션, 미디어 등 각종 재난 서사를 대상으로 하여 일본 재난의 커다란 흐름에 대해 고찰하고자 한다. 따라서 일본의 재난문학이 시기 및 작가별로 재난에 대해 어떤 인식을 가지고 있었는지, 또한 각 시대별로 그 역할과 기능이 어디에 있었는지, 나아가 재난문학이 남긴 교훈과 의미가 무엇인지에 대해 검토하고자 한다. 이를 위해 각 장의 뒷부분에는 해당 재난문학이나 재난 서사의 대표적인 작품을 부분 발췌하여 실제 작품을 감상함으로써 조금이나마 재난문학의 의미에 대해 생각할 수 있도록 배치했다.

제 1장은 일본의 재난문학의 계보 중에서 고대부터 중세에 이르기까지 재난문학의 흐름과 재난에 대한 당대의 인식, 주요작품을 소개하고 있는데 그 중심은 일본 재난문학의 고전이라 할 수 있는 중세의 대표적 수필문학인 『호조키』이다. 제 2장은 재해기록이 비약적으로 증가하는 에도시대를 대상으로 하여 '간분 오우미 · 와카사지진', '덴메이 대화재', '스미다가와(隅田川) 에이타이바시(永代橋) 붕괴사고', '안세이에도지신(安政江戸地震)'을 형상화한 재난문학과 그림에 대한 소개이다. 제 3장은 문명개화에 박차를 가하던 메이지시대의 '노비지진'과 '메이지산리쿠지진' 당시 '비노진재의연소설'집 『뒤의 달빛』(1891.12)과 문예지 『문예구락부』가 특집호로 간행한 『해소의연소설』(1896.7)을 대상으로 당시 의연소설의 의미를 고찰했다. 제 4장은 일본 재난사상 가장 큰 피해를 남긴 '간토대지진'을 통해 일본 정치와 사회가 어떻게 변용되었는지, 이때 대규모로 이루어진 조선인학살사건의 요인, 재난이 문단에 끼친 영향, 지진과 조선인 학살 재난문학 등을 살펴보았다.

제 5장은 지금까지 재난문학이라고 하면 주로 소설을 중심으로 하여 산문문학을 문제시하는 경우가 많았는데, 간토대지진 당시 일본전통시가인 단카(短歌)의 진재영(震災詠)이 무엇을 어떻게 묘사하고 있는지를 살펴보았다.

제 6장은 1945년 히로시마 · 나가사키 원폭 투하라는 미증유의 사

태와 1954년 원양어선 다이고후쿠류마루 승조원의 피폭을 대상으로 하여 만들어진 '원폭문학'뿐만 아니라 원폭이라는 재난을 그린 영화나 애니메이션, 다큐멘터리 등을 고찰했다. 제 7장은 1995년 한신·아와지대지진과 옴진리교 지하철 사린가스 살포 사건을 현대 복합재난으로 파악하여 다룬 문학을 살펴보았다. 제 8장은 2011년 동일본대지진과 대형 쓰나미, 그리고 후쿠시마 원자력발전소 방사능 누출사고를 대상으로 천재와 인재가 복합적으로 작용하여 일어난 재난을 통해 당시의 '진재문학'과 '원전문학'을 고찰했다. 제 9장은 3·11 동일본대지진 당시 재난 상황을 전달하는 매체로서 트위터(Twitter), 페이스북(Facebook) 등의 소셜네트워크서비스(SNS)와 스마트폰 어플리케이션이 어떠한 역할을 하였는지 살펴보고 동일본대지진을 그린 다큐멘터리 영화와 애니메이션, 만화 등 다양한 장르의 재난 서사를 고찰했다.

제1장

일본 재난 서사의 시작

1. 중세 이전의 재난에 대한 인식

전 세계의 거의 모든 고대인들이 그러했듯 고대 일본인들도, 인력으로 제어나 극복이 어려운 천재지변을 겪을 때 재해 안에서 신(神)의 존재를 발견하곤 했다. 일본 신화에서 아마테라스오미카미(天照大御神)가 태양의 여신이고, 그 동생인 스사노오노미코토(素戔嗚尊, 須佐之男命)가 거칠고 무서운 폭풍우의 이미지를 가진 신이라는 것을 생각할 때, 자연에서 신력(神力)을 인지했던 고대 사람들은 거친 폭풍우 소리에서 스사노오 신의 분노나 위임을 느꼈을지도 모른다. 일본 신화의 가장 유명한 장면 중 하나는 스사노오의 야마타노오로치(八岐大蛇)[5] 퇴치 에피소드라고 할 수 있다. 이때 오로치의 꼬리에서 나온 검이 스사노오의 손에 쥐어지는데, 이는 자연을 신성시하여 직접 제사로 모시던 단계에서 간접적으로나마 자연을 컨트롤하는 단계로 이행[6]했음을 상징한 것으로 풀이할 수 있다. 자연에 대한 인식의 이행과 전환은 재해를 미연에 방지하고 안정된 생활을 바라는 고대인의 심리적 영위 결과라 할 수 있을 것이다.

5 머리와 꼬리가 여덟 개씩 달린 거대한 뱀으로 술을 좋아하고 해마다 처녀를 잡아먹었다는 신화적 존재.

6 三浦佑之, 「イケニエ譚の発生ー農耕と縄文とー」(『神話と歴史叙述』, 若草書房, 1998).

그리고 자연의 큰 변형을 신이 진노하여 인간에게 재액을 초래하는 '다타리(祟り)', 즉 신이 일으키는 앙화의 빌미라고 보는 것도 일본 고대의 재해 인식에서 두드러지는 개념이다. 세계적으로 유명세를 탄 1997년 미야자키 하야오(宮崎駿) 감독의 애니메이션 대작 〈모노노케히메(もののけ姫, 한국판 제목 '원령공주')〉에는 많은 '다타리가미(祟り神)', 이른바 재앙신들이 등장하여 일본의 독특한 자연관과 신에 대한 관념을 이해하는 데 참고가 된다. 동물의 형상을 한 신들과 그들이 관장하는 자연 속에서 인간과 신의 조화 및 대립과 갈등을 대주제로 다루고 있어서, 고대부터 중세에 이르기까지 재난과 신에 대한 일본인들의 인식 및 일본적 관계도를 잘 드러내고 있기 때문이다.

그림2 〈모노노케히메〉 포스터

일본은 잘 알려진 바와 같이 수많은 재해 중에서도 세계에서 가장 지진이 빈번한 나라이고, 상대(上代)부터 지진이 수없이 발생했다. 『고지키(古事記)』, 『일본서기(日本書紀)』와 같이 기키(記紀)로 일컬어지는 역사서를 살펴보면 지진 발생에 대한 수많은 기록이 있다. 예를 들어 『일본서기』에서는 24회[7]나 되는 지진 발생의 기록이 보이고, 『속일본기(續日本紀)』, 『일본후기(日本後紀)』 등의 역사서에도 7세기 이후 규모 6 이상에서 8에 육박하는 대지진이 발생하거나 홍수, 기근, 역병 등의 재난이 있었다는 기록을 읽어낼 수 있다. 다만, 지진이 발생했다는 기록에

7 島田修三, 「古代の天変地異」 短歌研究 52, 短歌研究社, 1995.

그치고 있어서 그로 인하여 인간의 삶에 미친 영향이나 지진 재해에 후속하는 인생에 대한 성찰 등은 아직 보이지 않고 있다. 말 그대로 지진 발생에 대한 기록만이 확인될 뿐이다.

위와 같은 상대는 물론이고 헤이안(平安) 시대(794년-1192년)라 일컬어지는 시기에도 지진과 그로 인한 재해를 소재로 삼은 본격적 '진재문학'이 등장했다고 보기는 어렵다. 헤이안 시대는 세계문학사에서도 유례가 없을 정도로 여류에 의한 모노가타리(物語)나 와카(和歌)와 같은 일본 특유의 문학 장르가 찬란한 달성을 이룬 시기임에도 불구하고 지진 재해가 문학화되지 않았다는 것은 놀라운 역설이다. 특히나 길고 방대한 역사를 갖는 일본의 수많은 칙찬집(勅撰集)과 가집(歌集)에서도 지진을 의미하는 고어 「나이(なゐ)」나 '큰 지진'이라는 뜻의 「오나이(おおなゐ)」, '땅이 흔들리다'라는 뜻의 「나이후루(なゐふる)」와 같은 말은 등장하지 않는다. '地震'이라는 한자어는 중국에서 만들어진 단어이고 「なゐ」는 '땅, 대지'를 일컫는 말이다. 엄밀히 말해서 지진 최빈발국 일본에 지진을 가리키는 고유어가 존재하지 않는 셈이므로 이 역시 아이러니다.

상대와 헤이안 시대에 이르기까지는 자연재해가 신의 노여움을 사서 내려진 저주로서의 재앙이라거나 하늘이 인간 세계에 암시와 교훈을 주고자 하는 뜻, 혹은 더 큰 흉사가 일어날 것에 대한 전조라는 식의 중국적 재이사상(災異思想)에 기초한 재해관을 보인다. 재이사상에서 '재(災)'란 가뭄이나 홍수, 기근, 화재 등을 가리키고, '이(異)'란 일식이나 지진, 동식물의 괴이나 변이 현상을 가리킨다. 이러한 재이는 원래 지배자의 부덕함에 대해 하늘이 내리는 충고나 징벌의 성격으로 받아들여졌기 때문에 전근대에서의 재이는 정치적 문제로 직결되는 경우가 많았다. 이는 중국, 한국, 일본에서 공통되는 측면이라고 볼 수 있다.

그런데 일본에서는 다양한 재해를 위정자의 부덕의 소치로 보는 천견(天譴) 의식이 있으면서, 그 한편으로는 재해를 신불(神佛)의·저주나 분노로 보는 관념이 강하여 신사(神社)에 제물을 빈번히 봉납(奉納)하거나 사찰에서 호국경전을 독송(讀誦)하는 행위 등이 이루어졌다.[8] 이것이 시사하는 중요한 점은, 통치권자인 천황이 재이 발생의 책임을 떠안고 덕정을 베풀 것을 종용받는 것은 중국, 한국의 왕권에서 보이는 점과 비슷한 동시에, 신불에게 기원행위를 함으로써 천황에게 향할 정치 비판을 상쇄시키는 기능을 했다는 것이다.

이윽고 재난 발생의 원인이 천황을 비롯한 특권층의 부덕(不德) 때문이라는 의식에서 벗어나 점차 신불에 대한 제사 방식의 문제로 한정되면서, 일본에서는 중국적 재이사상과는 결을 달리 하며 정치 비판적인 요소가 사리지게 되었다[9]고도 할 수 있다. 이처럼 신불에 의해 재이가 진압되거나 다스려진다는 의식은 점차 진호국가(鎭護國家), 즉 일본이라는 나라가 신불의 힘에 의해 보호된다는 의식으로 강화되었다. 이는 중세에 몽골의 침략에서 일본을 구한 호국의 신풍, 즉 가미카제(神風)의 이미지로 이어지게 되는 것이라 할 수 있다.

과학지식에 입각한 근대적인 역사서술 속의 재해 기록과 달리, 일본 고대는 재해의 취급법마저도 문헌에 따라 편차가 있고 구술자 혹은 기

---

8 山下克明, 『平安時代の宗教文化と陰陽道』, 岩田書院, 1996.

9 松本卓哉, 「律令国家におけう災異思想ーその政治批判の要素の分析ー」(『古代王権と祭儀』, 吉川弘文館, 2000).

록자의 주관이 농후하게 작용하고 있어서 재해를 올바로 파악하여 다루기란 매우 어렵다. 더불어 고대에 재해, 재난이 문학적으로 형상화되거나 그 맥락을 찾기가 얼마나 어려운지를 생각하는 과정에서 또 한 가지 특기할 만한 것이 있다. 일본의 문학적 성격을 띠는 문헌들 속에서 '지진'이라는 말조차 언급이 꺼려졌거나 혹은 금기시된 것이 아닌가 여겨지는 측면이다. 그러나 엄청난 천재지변에 대한 언급이 금지된 고대의 경우라도, 다분히 비과학적이고 주관적인 기술들 속에서 일본 고대인들이 재해를 어떻게 여기고 느꼈는지, 또 어떠한 대응과 반응을 보였는지 추적하는 것은, 아직 본격적인 재난의 서사화가 진행되기 이전 단계의 기록에 접근해 본다는 점에서 의미가 있을 것이다.

2. 지진은 용의 몸부림

일본 중세인들의 삶을 뒤흔든 재해는 여러 종류가 있지만, 일단 지진에 특화해 보면 중세의 일본인들은 용이 대지의 진동, 즉 지진과 깊은 관련이 있다고 믿었다. 지진뿐 아니라 화산의 분화도 일본 땅 속 깊은 곳에 자리 잡은 용에 의한 것이고, 신들이 용의 형태를 취하여 일본을 지킨다고 생각했다. 이 같은 일본 중세인들의 사고방식은 음양도(陰陽道)나 천문역학(天文暦学)에 기초하는 것이었으며, 중세의 지진관에 큰 존재감을 드러낸 것은 다름 아닌 불교였다.

일례로 『마하반야바라밀경(摩訶般若波羅蜜經)』이라 알려진 불교경전 『대품반야경(大品般若經)』에 대해서 일본 중세의 음양사들은 『대지도론

(大智度論)』이라는 백 권짜리 주석서에 크게 의존했다고 한다.

지진과 관련하여 『대지도론』에는, 석가가 사자좌(獅子座)[10]에서 마음이 집중된 경지인 삼매경(三昧境)에 들었을 때 신통력을 발휘하여 온 우주를 감동시키고 대지(大地)를 여섯 종류로 진동시켰다는 설명이 있다. 불교에서는 대지의 진동에 4종, 6종, 혹은 8종 등이 있다는 등의 여러 설을 보여주는데, 기본적으로는 인연의 크고 작음으로 땅이 움직인다는 의식이 바탕에 깔려 있으므로, 큰 진동은 곧 큰 인연에 의한 것임을 말한다. 바꿔 말하면 부처가 대지를 진동시키는 것은 그 힘을 중생들에게 깨닫게 하기 위해서라는 의미가 된다.

유명한 귀족 출신 승려 지엔(慈円)이 쓴 사론(史論) 『구칸쇼(愚管抄)』에는 1185년에 교토에서 일어난 대지진을 기술한 다음과 같은 문장이 있다.

> 이렇게 세상도 조금 안정을 찾아가는가 싶더니 겐랴쿠(元曆) 2년 7월 9일 정오 무렵 강한 대지진이 일어났다. 오래된 집은 모두 무너졌으며 여기저기 토담이 무너지지 않은 곳은 없었다. 조금이라도 약하게 지은 곳은 모두 부서졌으며 히에이잔(比叡山)의 곤폰추도(根本中堂)를 비롯하여 기울어지지 않은 곳이 없었다. 사태가 심각하니 마치 용이 꿈틀거리는 것 같다고들 했다. 세상 사람들은 기요모리가 용이 되어 지진을 일으킨 것이라고 했다.[11]

---

10 부처가 앉는 자리.

11 지엔 저, 박은희 외 역, 『구칸쇼(愚管抄)』(세창출판사, 2012), pp.358-359.

여기에서 나오는 기요모리는 인간 권력의 정점에까지 이르렀다가 멸족(滅族)의 참화를 겪은 『헤이케모노가타리』의 전반부 주인공이자 시대의 풍운아 다이라노 기요모리(平清盛)를 지칭한다. 다이라노 기요모리가 용이 되어 지진을 일으킨 것이고, 그 대지진을 '용왕동(龍王動)' 즉 용왕이 아래에서 꿈틀거리는 것으로 표현하고 있다. 중세 귀족들의 일기에서도 지진을 용의 움직임으로 지칭하는 경우가 있다. 따라서 지진을 천신지기(天神地祇)의 원망과 분노로 야기된 것으로 인식했음을 알 수 있고, 특히나 12세기 말의 대지진에 대해서는 몰락한 헤이케의 원령(怨靈)에 의한 앙화(殃禍)로 보는 것에 중세인들이 동의한 듯하다.

이처럼 신력이 땅을 움직이게 하는 현상을 중세 일본에서는 '용동(龍動)'이라고 보는 경우가 상당히 많았는데, 용왕이나 용신으로 불리기도 한 이 현상은 흉조로 여겨졌다. 1361년에 일어난 지진은 지금의 오사카 지역을 일컫는 나니와(難波) 포구에서 커다란 용이 두 마리 머리를 내밀더니 덴노지(天王寺) 금당으로 들어갔다거나 큰 용과 사천왕이 싸웠다는 이야기로 전해지기도 했다. 이런 식으로 용은 일본이라는 땅을 지키는 존재임과 동시에 지진을 야기하는 존재로서 인식되었던 것을 알 수 있다.

중세에 지진과 일본 '국토'와 용의 관계를 보여주는 흥미로운 그림이 있다. 가마쿠라 말기에 그려진 것으로 보이는 〈일본도(日本圖)〉라는 지도의 그림이다[그림3]. 전체 지도의 반 정도밖에 남아 있지 않지만 비늘로 덮인 긴 몸체의 무언가에 둘러싸인 일본을 보여주고 있다. 이 그림의 전체 모습을 추측하는 데에는 〈대일본국지진지도(大日本国地震之図)〉가 큰 도움이 된다[그림4].

지명과 같이 지도상에 기재된 내용이 차이를 보이기는 하지만, 두 지도의 큰 공통점이라면 일본을 국토 중앙에 놓고 용의 몸체가 이를 둘러싸는 형태로 그려져 있다는 점, 고려(高麗)나 류큐(琉球)와 같은 일본 바깥 세계의 위치나 지명이 겹친다는 점, 용의 머리와 꼬리가 동쪽에 있다는 점 등을 들 수 있다. 〈대일본국지진지도〉는 1624년에 간행된 것이지만, 내용과 지도의 기법 등에서 중세 〈일본도〉의 후예적인 성격을 갖는 것으로 보아도 무방할 것이다.[12]

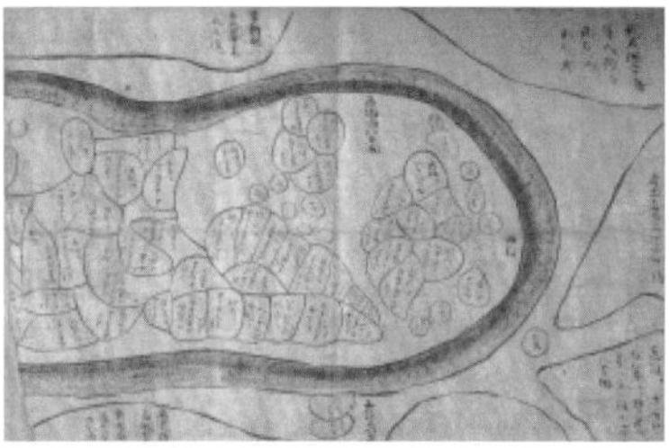

그림3 14세기 초에 그려진 것으로 보이는 〈일본도(日本圖)〉

그림4 1624년의 〈대일본국지진지도(大日本国地震之図)〉

〈대일본국지진지도〉는 오늘날 우리가 떠올리는 지도와는 상하좌우가 반대로 되어 있는데, 용의 머리가 있는 쪽이 동쪽, 위쪽이 남쪽으로 표기되어 있다. 용의 두 눈은 일월(日月), 즉 해와 달이며 용의 머리에는 사슴과 비슷한 뿔이 나 있고 메기와 같은 긴 수염이 달려 있으며, 머리 위쪽에는 용이 움직이지 못하도록 요석(要石, 가나메이시)이 누르고 있다.

이 두 그림의 관계에 비추어 보면, 〈일본도〉의 소실된 부분에는 용

12 黒田日出男, 『龍の棲む日本』(岩波新書, 2003).

의 머리와 꼬리가 그려져 있을 가능성이 높다. 이 지도를 통해 중세에는 일본이라는 국토 안팎의 경계가 용의 몸으로 구분되는, 다시 말해 용으로 둘러싸인 일본은 바깥세상과 다른 성격의 땅이라는 중세인들의 인식, 그리고 용이 몸부림을 쳐서 지진이 일어나지 않도록 요석으로 제압하고 있다는 발상을 엿볼 수 있다.

요석이라면 근세에 이르러 지진을 일으킨다는 메기 그림(나마즈에)과 더불어 널리 퍼지게 되지만, 이미 14세기 중엽인 남북조시대로 일컬어지는 중세에 일본의 땅을 흔드는 용의 제압물로서 가시마(鹿島)에 있는 것으로 알려졌으므로, 근세에 〈나마즈에(鯰絵)〉가 유행한 것은 갑작스러운 것이 아니라 중세의 용의 이미지가 전화(轉化)된 것이라 보는 것이 타당할 것이다.

더불어 일본 국토를 수호하는 듯 둥글게 감싸 안고 있는 용이 신으로 취급된 것은 말할 나위도 없다. 타원을 그린 거대한 용은 일본이라는 국토를 수호하는 신의 모습이었으며, 앞서 잠시 언급한 대로 가미카제(神風) 덕분에 몽골족(원나라)의 침략을 물리칠 수 있었다는 식의 신에 의해 가호된다는 인식, 즉 일본을 신국(神國)이라 여긴 중세인들의 인식을 살펴볼 수 있는 자료가 된다.

3. 중세의 재난문학 작품 소개

(1) 5대 재난을 다룬 고전 명수필 『호조키(方丈記)』

❁ 작품 인용

① 대화재

내가 세상물정을 알고 나서 마흔 해 정도의 세월이 흐르는 사이에 세상의 불가사의한 일들을 보기를 여러 차례였다. 그것은 지난 안겐 3년(1177) 4월 28일의 일이었던가. 바람이 몹시 거세게 일어서 전혀 고요하지 않던 밤, 술시(8시) 무렵, 교토의 동남쪽에서 불이 나 서북쪽으로 번졌다. 마침내는 스자쿠몬(朱雀門), 다이고쿠덴(大極殿), 다이가쿠료(大学寮), 민부쇼(民部省) 건물 등지로까지 옮아 하룻밤 새에 먼지와 재로 변했다. 발화지점은 히구치토미(樋口富) 골목이라던가. 춤추는 사람들을 재우던 헛간에서 번지기 시작했다고 한다.

정신없이 바람 방향이 바뀌면서 불이 옮겨 붙는 동안 부채꼴 모양으로 퍼졌다. 먼 집들은 연기에 목이 메었고 가까운 집들은 그저 화염을 땅바닥에 마구 쏟아냈다. 하늘에는 재를 뿜어 올리니 불빛에 비쳐 온통 붉은 가운데 바람을 이기지 못하고 떨어져 나온 불꽃이 마치 날아가듯 수십 길을 날아가 옮겨 붙었다. 그 와중에 어떤 사람이 온전한 심정이겠는가. 어떤 이는 연기에 숨이 막혀 쓰러지고, 어떤 이는 불길에 휩싸인 채로 곧바로 죽었다. 어떤 이는 제 몸 하나 겨우 피했지만 재산을 건지지는 못했다. 칠진만보(七珍万宝)들이 고스란히 재가 되어 버렸다. 그 피해가 어느 정도였겠는가. 이때 공경대부의 집이 열여섯 채나 타버렸다. 하물며 그 외의 경우는 이루 말할 수도 없다. 교토의 거의 삼분의 일이 타버렸다고 한다. 죽은 남녀가 수십 명, 우마 따위는 헤아릴 수도 없다.

사람이 하는 일은 모두 어리석기야 하지만, 이렇게 위태로운 교토 안에 집을 짓겠다고 재산을 쏟아 붓고 고민을 하는 일은 특히나 헛되도다.[13]

② 회오리바람

또, 지쇼(治承) 4년(1180) 음력 4월 무렵, 나카미카도(中御門) 교고쿠(京極) 부근에서 큰 회오리바람이 일어나 로쿠조(六条) 근처까지 불어닥친 일이 있었다. 수십 길이나 되는 거리를 마구 불어대는 동안 회오리에 휘말려 들어간 집들이 크고 작은 것 하나같이 부서지지 않은 것이 없다. 그대로 납작하게 무너진 것도 있고 기둥과 대들보만 남은 집도 있었다. 대문이 바람에 날려 수십 길 밖에 떨어지고, 또한 담장을 불어 날려 이웃집과 하나로 만들었다. 하물며 집안의 가재도구마저 있는 대로 다 하늘로 날아올랐다. 나무껍질, 지붕을 덮는 판자 종류는 마치 겨울 나뭇잎이 바람에 흐트러지는 듯했다. 먼지가 연기처럼 피어올랐으니 전혀 눈앞도 보이지 않았다. 몹시도 소리가 울려댔으므로 말하는 목소리도 들리지 않았다. 그 지옥에서 분다는 업풍(業風)이라 하더라도 이런 정도일까 여겨졌다. 집이 부서지고 사라진 것만이 아니라 이를 고

13 神田秀夫 校注, 『方丈記』(新編日本古典文学全集44, 小学館, 1995), pp.16-17.

치려는 동안 몸을 다치거나 불구자가 된 사람도 수를 알 수가 없다. 이 바람이 남남서쪽으로 옮겨가 많은 사람들을 한탄하게 만들었다. 회오리바람은 평소에도 부는 것이기야 하지만 이렇게까지 심할 수 있는가. 예사 일이 아니니 무언가의 경고인 것은 아닐지 두렵게 생각하였다.[14]

③ 수도 천도

또 지쇼 4년 음력 6월 무렵 갑자기 도읍을 옮기는 일이 있었다. 너무나 생각지도 못한 일이었다. 무릇 이 도읍(헤이안쿄, 平安京)이 시작된 것은 사가 천황(嵯峨天皇) 때의 일로 수도로 정해진 후로 이미 사백 년 남짓의 세월을 지났다. 특별한 연유도 없이 그렇게 쉽사리 도읍을 바꿀 수는 없는 노릇이므로 이를 세상 사람들이 불안하고 염려스럽게 여기는 것도 실로 지나치게 당연하였다. 하지만 이러쿵저러쿵 말한 보람도 없이 천황을 비롯하여 대신과 공경들이 모조리 이사를 해 버리셨다. (중략)

여전히 빈 집은 많고 지어지는 가옥은 적다. 오래된 도읍은 이미 황폐해졌고 새로운 도읍은 아직 만들어지지 않았다. 모든 사람들은 다 세상을 뜬구름 같다고 여겼다. 처음부터 여기에 있던 것은 있던 땅을 잃고 고뇌한다. 지금 이사한 사람들은 토목일 같은 번거로운 일을 한탄한다. 길가를 보니 수레를 타야 할 자들이 말을 타고 의관이 호이(布衣)여야 하는 귀족이 대부분 서민처럼 히타타레(直垂)를 입었다. 도읍의 풍속이 금세 바뀌어 그저 촌스러운 무사와 별반 다르지 않다. 난세

14 상동, p.18.

의 징조라던가 하는 말을 들은 것도 확실하여 날이 지남에 따라 세상이 불안해지고 사람들 마음도 동요하여 사람들의 염려도 헛된 것이 아니라 그해 겨울 역시 지금의 도읍으로 다시 돌아오셨다.

하지만 다 뜯어서 운반했던 집들은 어떻게 되었는지, 모조리 예전처럼 다시 지을 수는 없는 일이다. 전해 듣기로 옛날 현명한 군주의 치세에는 연민으로써 나라를 다스리셨다고 한다. 궁전 지붕은 이은 띠풀의 끝을 가지런히 다듬어 자르지도 않으셨다. 백성들 아궁이의 연기가 궁핍해 보이면 왕의 생활과 직접 관련된 조세도 면제하셨다. 이는 백성을 사랑하고 세상을 도우시고자 하는 까닭이었다. 지금 세상의 모습은 옛날에 빗대어 알 수 있다.[15]

④ 대기근

또한 요와(養和, 1181-1182) 무렵이던가? 오래 되어서 기억이 나지 않는다. 두해 동안에 세상에 기근이 지속되어 엄청난 일이 있었다. 어떤 해는 봄과 여름에 가물었고 어떤 해에는 가을 태풍과 홍수 등 재해가 잇따라 오곡이 모조리 영글지 않았다. 초여름 모내기를 하고 가을에 베어 겨울에 거두어들이는 즐거움은 전혀 없었다. 이 때문에 지방 도처의 백성들이 어떤 이는 땅을 버리고 고향을 떠나거나 어떤 이는 집을 버리고 산속에 살았다. 다양한 기도 행사가 시작되고 심상치 않은 불법 행사도 이루어졌지만 그 효험은 전혀 없었다. 도읍이라는 것은 어떤 일을 하든 그 원천은 시골로부터의 추수를 의지하는 법인데,

---

15 상동, pp.19-21.

그것이 끊겨 도읍으로 올라오는 것이 없으니 그렇게 체면치레만 할 수 있겠는가. 염려하고 걱정하면서 온갖 여러 재물을 내다버리기라도 하듯이 처분하지만 전혀 주목해주는 사람도 없다. 간혹 교환이 성립되더라도 금은 경시하고 좁쌀을 중시한다. 구걸하는 사람이 길가에 가득하고 불평과 신음 소리가 귓가에 가득하다. 앞 해를 겨우 이렇게 살았다. 이듬해는 좀 나아지려나 생각했더니, 설상가상 역병까지 더해져 한층 더 난리도 아니었다.

세상 사람들 모두 병에 걸려 누웠고 날이 지남에 따라 더 극한 상황이 되어가는 상황이, 마치 물이 없는 가운데 놓인 물고기 신세와도 같았다. 나중에는 의관도 멀쩡히 갖추고 괜찮은 모습의 사람이 정신없이 집집마다 구걸하고 다녔다. 이렇게 영락한 사람들이 걸어다니는가 하고 보고 있는 사이에 금세 쓰러져 버린다. 흙담에 면한 곳이나 길가에 굶어 죽은 자의 시신이 무수히 많았고, 시신을 다 치울 방도도 없으니 썩은 냄새가 세상에 가득하여, 변해가는 모습은 눈을 뜨고 볼 수가 없을 지경이었다. 하물며 변두리 같은 곳은 말이나 수레도 다닐 틈이 없을 정도였다. (중략)

몹시 가여운 일도 있었다. 헤어질 수 없는 아내나 남편이 있는 사람들은 그 애정이 더 깊은 쪽이 반드시 먼저 죽었다. 그 까닭은 자기 몸은 다음으로 미루고 상대를 애처롭게 여기다 보니 어렵사리 구한 식량을 상대에게 양보하기 때문이다. 그러니 부모 자식이 같이 있으면 반드시 부모가 먼저 굶어죽었다. 또 어머니가 죽은 것을 모르고 어린 자식이 여전히 젖을 빨고 누워 있는 경우도 있었다. 닌나지(仁和寺)에 류교 법인(隆暁法印)이라는 사람이 이렇게 무수히 굶어 죽는 것을 슬피 여겨 그 시신의 머리가 보일 때마다 이마에 아(阿)라는 글자를 써서 불연을 맺게 하고자 하셨다. 죽은 사람 수를 알고자 4월과 5월 두 달을 헤아리니 교토의 이치조 남쪽과 구조(九条)부터 북쪽, 교고쿠(京極) 서쪽과 스자쿠(朱雀) 동쪽 사이의 길에 있는 시신의 머리가 모두 42,300두 남짓이었다. 하물며 그 전후에 죽은 사람도 많았고 또 강변과 시라카와(白河), 서쪽 도읍, 모든 변두리 지역을 더한다면 끝도 없을 것이다.[16]

⑤ 대지진

또 비슷한 무렵이었던가, 어마어마한 대지진이 일어났다. 그 상태가 여느 때와 달랐다. 산이 무너져 강을 메웠고 바다는 기울어 육지를 잠기게 했다. 땅이 갈라지며 물이 치솟았고 바위가 쪼개져 골짜기로 굴렀다. 물가를 노 젓던 배는 물결에 표류하였고 길을 가던 말은 발 디딜 만한 곳을 몰라 곤혹스러워했다. 도읍 근처에서 곳곳의 불당과 사찰, 탑과 사당이 하나같이 온전하지 못하여 어디는 부서지고 어디는 쓰러졌다. 먼지와 뿌연 재가 피어올라 마치 자욱한 연기 같았다. 땅이 흔들림과 집들이 무너지는 소리가 우레 소리와 다르지 않았다. 집안에 있다가는 순식간에 압사당할 듯했다. 밖으로 뛰쳐나가면 땅이 갈라졌다. 날개가 없으니 공중으로 날아오를 수도 없었다. 용이라면 구름에라도 오르련만. 무서운 것 중에서도 정말 무서운 것이 그저 지진임을 너무도 절실히 느꼈다. 이렇게 심한 동요는 한동안 후에 멈추었지만 그 여진은 한참을 멎지 않아서 여느 때는 놀랄 정도의 지진이 이삼십 번씩

16 상동, pp.21-24.

일어나지 않는 날이 없었다. 열흘, 이십일 정도 지나면서 점차 간격이 멀어지면서 어떤 날은 네댓 번, 두세 번, 혹은 하루걸러 이삼일에 한 번 정도로 대략 그 여진이 석 달 정도 지속되었다.

세상의 사대 원소 중에 물, 불, 바람은 언제나 재해를 일으키지만 대지는 특이한 변화를 일으키지 않는다. 옛날 사이코(斉衡) 무렵(885년)이던가 대지진이 나서 도다이지(東大寺) 불상의 머리가 떨어지는 등 엄청난 일이 있었지만, 그래도 이번 일만큼은 아니었다고 한다. 지진이 있고 금방은 사람들이 모두 세상의 덧없음을 말하며 다소나마 마음의 더러움도 흐려진 듯이 보였지만, 세월이 쌓이며 해를 거듭한 다음에는 그런 말을 입 밖에 내는 사람도 없어졌다.[17]

작품 해설

헤이안 시대가 끝나고 1192년 무사들의 정치기구인 가마쿠라(鎌倉) 막부가 세워지면서 일본은 동란이 끊이지 않는 중세로 접어든다. 중세에도 역시 일본인들은 지진, 쓰나미, 화산, 태풍, 가뭄, 호우 등의 재해와 싸워야 했다. 재난 자체를 문학의 소재로 삼은 경우는 중세까지 기다려야 하는데, 재난이 본격적으로 문학화된 효시라 할 만한 작품은 13세기가 되어서야 등장한다.

대화재, 회오리바람, 수도 천도, 대기근과 질병, 대지진 등 5대 재난을 다룬 가모노 조메이(鴨長明)의 수필 『호조키(方丈記)』(1212년)는 3·11

17 상동, pp.24-26.

동일본대지진에 이르기까지 일본 내에 대지진이 발생할 때마다 꾸준히 회자되어 온 문학작품이다. 인간의 힘으로 감당하기 어려운 대재난에 거듭 직면하며 인간 삶의 의미를 깊이 성찰한 유려한 명문의 에세이 『호조키』는 일본의 재난문학의 효시라 할 수 있을 것이다.

그림5 『호조키』 저자 가모노 조메이의 초상

마침 3·11 동일본대지진 발생 이듬해인 2012년은 『호조키』 탄생 800주년에 해당하여, 일본 문학계에서는 작품 관련 특별전이 열리거나 특집호가 잇따라 나왔다. 일본중세문학회의 후원과 일본국문학연구자료관의 주최로 개최된 「가모노 조메이와 그 시대 『호조키』 800년 기념(鴨長明とその時代 方丈記800年記念)」, 세이케이대학(成蹊大学) 도서관이 주최한 「재해문학으로서의 『호조키』와 동일본대지진(災害文学としての『方丈記』と東日本大震災)」 등이 대표적이라고 할 수 있다. 또한 이와나미서점(岩波書店)이 간행하는 일본의 대표적 문예지 『문학(文学)』(2012년 3/4월호)도 「특집 『호조키』800년(特集方丈記800年)」 기념호를 꾸리는 등 일본 문학계에서는 재난과 『호조키』를 관련시킨 연구나 특별 좌담회 등이 열렸다. 주요 일간지들마저도 『아사히신문(朝日新聞)』은 「『호조키』800년 대지진과 교차하는 재액 묘사(方丈記800年 大震災と交差する厄災描写)」(2012.8.5, 15면)를, 『요미우리신문(読売新聞)』은 「『호조키』관련서 잇따르다. 세상의 무상함, 계속 지지되기를 800년(『方丈記』関連書相次ぐ 世の無常 支持され続け800年)」(2012.5.1, 10면), 『도쿄신문(東京新聞)』은 「동란을 그린 『호조키』현대에 말거는 가모노 조메이 내달 성립 800년(動乱描いた『方丈記』 現代に語りかける鴨長明 来月, 成立800年)」(2012.2.25, 27면)과 같이 『호조키』를 대서특필했다.

이렇게 『호조키』는 '진재문학'으로서의 고전 작품으로 주목받게 되었는데, 어쩌면 『호조키』를 '진재문학'으로 다시 읽고자 하는 움직임은 매우 현대적 발상일 수 있다. '고토다마(言霊)' 신앙, 즉 말에 혼령이 강력히 깃들어 있다는 일본 고유의 믿음과 말에 대한 터부와 무관하지 않겠지만, 지진 재해가 일본 전근대 작품에서 문학화된 경우는 『호조키』외에 상당히 드물기 때문이다. 이것은 3·11 동일본대지진 이후 '진재문학'이 하나의 비평용어로 자리 잡으면서 빚어진 고전의 재발견 현상과도 일맥상통할 것이다.

앞에서 인용한 『호조키』의 대화재, 회오리바람, 수도 천도, 대기근, 대지진에 관한 부분은 상당히 오래 전의 문장이지만 그 생생한 묘사나 인간사(人間事)에 관한 성찰은 번역문을 통해서도 잘 전달된다는 점에서 대표적 고전 명수필이라 하겠다. 『호조키』의 5대 재난을 읽을 때 주목되는 점은 교토라는 도읍을 중심으로 본 도시재해라는 측면이다.[18] 인구가 집중된 도시에서 발생하는 재난의 실태나 그에 대한 인식이 젊은 시절 가모노 조메이의 경험 속에 그려져 있다. 물론 화재나 회오리바람, 기근이나 지진과 같은 재해가 도시에서만 발생하는 것은 아니지만, 사람이 많이 집중되어 있는 지역인 도시에서 일어나는 만큼 그 피해는 겉잡을 수 없이 확대되고 결국 사상자를 정확히 집계하기 어려운 '다수의 죽음'이라는 상황에 이르게 된다. 특히 기근과 질병을 다룬 부

---

18 北原糸子, 『日本災害史』(吉川弘文館, 2012), p.138.

분을 보면 다른 재해와는 엄연한 차이를 보이는 사망자 수에서 도시재해의 가공할 위력을 보여준다.

중세에 들어서면서 『곤자쿠모노가타리슈(今昔物語集)』와 같은 설화집이나 모노가타리(物語) 장르에서 자연재해의 묘사는 증가하지만, 『호조키』만큼 도읍을 강타한 재난 그 자체를 주테마로 하여 사실적이고 정확하게 묘사한 고전 작품은 없다. 이 중 수도를 후쿠하라(福原)로 천도한 사건은 일종의 인재이자 정치적 재난이라고 할 수 있어서 현대의 감각으로는 자연재해와는 성격을 달리하는 것으로 여겨지지만, 가모노 조메이의 시선에서는 그렇게 구분하려는 의식은 보이지 않는 점에서 천재와 인재(人災)의 구분 기준이 오늘날과 다른 점을 엿볼 수 있다.

(2) 『헤이케모노가타리(平家物語)』의 재해 묘사와의 대조

❁ 작품 인용

이것(대화재)이 그저 예삿일이 아니라, 산왕(山王)께서 하시는 책망이라고 하여, 히에이산(比叡山)에서 큰 원숭이들이 이삼천 마리나 산을 내려와 저마다 손에 든 횃불을 놓아 교토 안을 태운 것이라고 어떤 사람 꿈에 보였다.

『헤이케모노가타리』권1 「궁궐 염상(内裏炎上)」[19]

19 市古貞次 校注, 『平家物語 1』(新編日本古典文学全集45, 小学館, 1994), p.92.

이것(회오리바람)이 그저 예삿일이 아니라, 점을 쳐야 한다고 하여, 신관으로 하여금 점을 치게 하였다. "이제 백일 동안 조정에서 녹을 받는 대신들은 근신하고, 특별히 천하의 대사와 아울러 불법 왕법이 모두 기울어지고 병란은 계속 이어질 것이다"라고 신관과 음양사들이 모두 점을 치고 아뢰었다.

『헤이케모노가타리』권3「회오리바람(飆)」[20]

같은 해(1179년) 11월 7일 밤 무시(戌時, 8시) 무렵에 대지의 격한 진동이 한참 동안 멎지 않았다. 음양사 우두머리 아베노 다이신(安部泰親)이 서둘러 궁궐로 달려 들어가 "이번 지진은 점술문이 보여주기를 이로 인한 근신의 정도가 가볍지 않습니다. 음양도의 세 경전 중에『곤키코(金匱經)』의 설을 보면, 해로 말하자면 올해 내로, 달로 말하자면 이번 달 내로, 날로 말하자면 오늘 안으로 보입니다. 대단히 긴급한 일이옵니다"라며 눈물을 뚝뚝 흘리며 울었다.

『헤이케모노가타리』권3「법인 문답(法印問答)」[21]

작품 해설

앞서『호조키』의 5대 재난은 거의 동시대에 가타리(語り) 문예에서 읽는(読み) 문학작품으로 변모한 군키모노가타리(軍記物語)의 대표작인『헤이케모노가타리』에도 등장한다. 인용한 부분은 각각『호조키』의 5

---

20 상동, p.226.

21 상동, p.238.

대 재액 중 대화재, 회오리바람, 대지진에 해당하는 『헤이케모노가타리』 쪽의 서술내용이다. 『호조키』가 재해 자체를 취급하여 보여주는 것에 비해, 『헤이케모노가타리』에서는 모노가타리라는 장르적 특성상 이러한 재해가 등장인물의 행동이나 사건에 연관된 현상으로서 다루어지는 차이점을 볼 수 있다.

다시 말해 『헤이케모노가타리』에서 재해는 신관이나 음양사(陰陽師)의 힘을 빌려 신불의 뜻으로 헤아려야 하는, 일종의 점술을 통한 해석을 요하는 영역의 대상으로 간주되는 것이다. 동시에 이후에 일어날 중요 인물들에게 펼쳐질 죽음이나 유폐, 반란이나 모반과 같은 드라마틱한 전개의 전조, 혹은 암시로서 제시된다.[22] 특히 '대신들의 근신'을 당부하거나 '근신의 정도가 가볍지 않'음을 예고했음에도 불구하고, 근신하지 않음으로써 파국적 길을 걷는 헤이케의 사건이 전개된다는 것에서 재해가 수행하는 불길한 예언적 기능을 엿볼 수 있다.

즉 비슷한 시기에 재해를 다룬 『헤이케모노가타리』와 『호조키』의 기술을 비교하면 제행무상(諸行無常), 즉 세상 모든 것이 변하지 않는 것은 없어 덧없다는 중세의 대전제를 바탕에 깔고 있다는 것은 공통적이라 할 수 있을 것이다. 그러나 『헤이케모노가타리』가 재해를 징조나 예언적인 성격의 것으로 다룸으로써 인물과 사건에 부수하는 배경으로써 처리함에 비해, 『호조키』는 5대 재난 자체를 인간이 겪는 사건으로써 정면에서 다루며 이를 통해 죽음과 삶을 깊이 관조한다는 점에서는 대조적이다. 재난을 다루는 방식과 인간의 삶을 응시하는 바로 이

---

22 김인아, 「『헤이케모노가타리(平家物語)』에 나타나는 재해의 묘사와 목적」 『동아시아문화연구』 68집, 2017.2, 한양대학교 동아시아문화연구소, pp.137-156.

지점에서 『호조키』를 중세의 대표적 자조문학(自照文學)이자 일본 재난 문학의 효시로 삼을 수 있는 것이다.

제2장

재난기록의 보고(寶庫), 근세시대

1. 근세시대의 시작

일본 전국을 전쟁터로 만들었던 '전국시대(戰國時代, 1493~1590)'는 도요토미 히데요시(豊臣秀吉)의 전국통일로 막을 내렸다. 100년이 넘게 지속된 전란은 그 자체로도 재난이었다고 할 수 있다. 오랜 내란을 수습한 도요토미 히데요시는 눈을 한반도로 돌려 임진왜란 · 정유재란이라는 무리한 침략전쟁을 벌이게 된다. 결국 명나라를 조선 땅으로 불러들여 치러진 국제전은 조선에게는 막대한 인적 · 물적 피해를, 명과 도쿠가와 막부(幕府)에게는 정권교체라는 상처만을 남긴 채 막을 내렸다.

도요토미 이후 정권을 잡은 이는 도쿠가와 이에야스(德川家康, 1543~1616)였다. 도쿠가와는 도요토미의 전국통일 이후 그의 명령에 따라 변방에 지나지 않았던 에도(江戶)의 영주로 지내면서 세력을 키우다가 도요토미 사후, 에도를 정치적 중심지로 하는 에도시대를 열었다.

이후 260여 년에 이르는 에도시대(도쿠가와시대)는 이전 시대와 구분되는 특징이 있었다. 대내적으로는 유교를 통치 이념으로 받아들이고 사농공상이라는 신분제도가 고착되었으며, 대외적으로 쇄국정책을 실시했다는 점이다. 또한 정치 · 사회의 안정으로 인해 경제가 크게 발달하였고, 이를 바탕으로 상인들의 문화가 성숙할 수 있었다. 중세까지의 문화가 귀족이나 승려와 같이 지배층 중심이었다면, 근세부터는 상인과 같은 서민 중심으로 바뀌었다.

2. 재해기록의 증가와 유통

재난 기록물의 변화 역시 이러한 사회변화와 흐름을 같이했다. 중세시대까지의 기록물은 지배계층에 의한 역사서나 일기, 수필 위주였다면 근세시대에는 이에 더해 하급무사나 서민들의 손에 의해 쓰인 소설이나 지진지(地震誌)가 급격히 증가했다. 599년부터 에도시대가 끝나는 1868년까지 확인된 45,061건의 지진기록 중 에도시대의 기록이 40,139건을 차지하고 있는[23] 것만 봐도 알 수 있다. 지진기록뿐 아니라 기간산업인 농업과 직결되는 가뭄과 홍수 등의 기록 역시 풍부하게 남아있다.

신분사회였던 에도시대의 재해기록은 주체의 신분에 따라 그 목적성과 내용이 뚜렷했다. 기타하라 이토코(北原糸子)는 이와 같은 과정과 특징을 다음과 같이 정리하고 있다.

> 영주 계급이 살펴보는 재해기록은 재해의 전체적인 피해 집계이다. 이는 위정자로서 영내 백성들의 긴급구제에 필요한 피해 수치를 파악하기 위해서이기도 하고, 동시에 전답의 피해 정도를 파악해 해당 연도의 재정 동향을 장악하기 위한 행정상 가장 중요한 사항이었다. 또한 피해가 번(藩)이 감당하기 어려울 정도로 클 경우에는 막부에 대출을 부탁하거나 하천 등의 치수사업 공사를 부탁할 필요도 있다. 그리고 이러한 피해상황을 파악하기 위한 기초적인 조사를 행정상

23 上田和枝・宇佐美龍夫, 「有史以来の地震回数の変遷」『歴史地震』6号, 1990, 東京大学地震研究所, pp.181-187.

하급기관에 명하여 영내 피해를 집계한다. 이를 받아들인 마을의 지도층 등은 피해의 실제를 조사하고, 상급기관에 보고한다. 동시에 마을 복구를 위해 활동한 경험을 후대에 활용하기 위해, 나아가 자손들이 같은 피해를 입지 않게 교훈을 남기는 사람들도 많다. 또한 신기한 경험을 전해들은 사람들이 이를 필사하는 등 다양한 루트를 거쳐 세상에 널리 기록이 남겨지는 경우도 적지 않다.[24]

기타하라의 지적대로 1차적인 재난 기록은 위정자의 필요에 의한 경우가 많다. 이는 재해로 인한 피해와 복구가 영주들의 재정에 직접적인 영향을 주었기 때문이다. 이러한 자료는 보고서 형식으로 작성되어 상급 관청에 보고되었는데, 이는 각 관리 집안이나 영주 집안, 마부에 보관되어 전해지고 있다. 이른바 '몬조(文書)'라고 불리는 문서들이다. 몬조는 재해 발생일시, 규모, 피해 상황을 시간 순서대로 서술하는 것이 일반적인데, 비교적 객관적인 기록으로 신뢰도가 높아 역사학에서 사료로 이용된다. 하지만 조선왕조의 재해 관련 보고서가 그러하듯 위정자의 눈치를 보아 재해 규모를 축소하거나, 무사들(양반들)의 피해가 생략되는 등 정치적인 판단이 서술에 개입될 여지가 다분하므로, 해독자는 해석에 신중을 기해야만 한다.

위에서 인용한 기타하라의 글을 조금 더 인용해 보도록 하겠다.

상품으로 출판되어 불특정다수의 독자에게 읽히는 소설, 수필류, 그

---

24 北原糸子, 『日本災害史』(吉川弘文館, 2006), pp.161-162.

리고 가와라반(瓦版)이라고 불리던 관청에 신고되지 않은 출판물도 있다. 일반적으로 근세 사회에서는 출판물 발행에 대해 동 업종 종사자들의 통제 하에 두고 신고 및 출판 허가를 의무적으로 받아야 했다. 이러한 정규적인 절차를 밟지 않은 출판물은 단속의 대상이 됐다. 하지만 정해진 절차를 밟지 않은 출판물이라 하더라도 일상적으로 빈번하게 발생했던 화재와 같은 사람들의 생활과 관련된 재해정보의 가와라반은 묵인되었다. (중략) 에도에서 가와라반이 일반화되는 것은 18세기 후반으로 1772년 에도 대화재부터라고 한다. 이 무렵 도시의 성립은 크게 변화하여 농촌의 과잉인구가 일을 찾아 도시로 몰려와 일정기간 체류하는 사회적 유동인구 패턴이 만들어졌다. 사람들은 다양한 연줄에 의지해 도시로 왔다. 도시는 사람들이 서로의 생활 실태를 알지 못하더라도 생활할 수 있는 장소인데, 이는 삶의 정보를 어떤 식으로든 손에 넣기 쉬운 장소이기 때문이다. 아마도 입소문이 대부분이었을 것이다. 예를 들면 마을 내에서 화재가 발생한 경우라든가 아니면 먼 지방에서 큰 재해가 발생한 경우 역시 그러한 정보의 중요한 일부분일 수 있다. 도시에서의 생활은 친족이나 서로 면식이 있는 사람들끼리 사회적 유대에 의해 유지되는 촌락사회와는 달리 스스로 정보를 획득하고 알아서 삶을 영위해 나가야 하기 때문이다. 이러한 사람들의 수요에 맞게 다양한 형태로 정보가 교환되었다.[25]

인용문에서 알 수 있듯 공문서와는 다른 형태로 서민들의 정보교환

25 北原糸子, 『日本災害史』(吉川弘文館, 2006), p162.

욕구에 따라 출판된 기록물이 존재했다. 물론 경우에 따라서 출판까지는 이르지 못하고 필사의 형태로 전파가 된 경우도 있다. 어떠한 경우든 재해기록이 읽을거리로써 기능했다는 점이 앞서의 기록들과는 구별된다.

일본 근세시대의 특징은 도시의 발달이라고도 할 수 있다. 인구가 천만이 넘었다고 하는 에도는 물론 상업 중심지 오사카, 전통적인 고도(古都) 교토는 지방에서 밀려든 노동자들로 인해 높은 인구 밀도를 자랑했다. 이들은 도시에 값싼 노동력을 제공해 주는 원동력이 되었지만, 동시에 위생, 치안 등 다양한 문제점의 원인이 되기도 했다. 물론 방재도 매우 취약했다. 그렇기 때문에 도시에 사는 서민들이 더욱 재해 정보에 목말라했다고 하는 기타하라의 의견은 귀 기울여 들을 만하다.

3. 근세시대의 재난문학 작품소개

(1) 오미・사가미(近江・相模)대지진과 우키요조시(浮世草子): 아사이 료이(浅井了意)『가나메이시(かなめいし)』

❁ 작품 인용

[인용1]

1. 지진으로 흔들리기 시작하다

올해는 임인년(壬寅年)인 간분(寛文) 2년이다. (큰 화재가 있었던) 작년과 달리 올해는 별 탈이 없고 사람들의 생활도 윤택하여 왠지 세상 평화롭게 지내고 있었다. 그런데 5월 1일 오전 10시 무렵에 하늘에 구름이 껴서 잿빛 먼지가 가득 낀 것처럼 보이는데 비나 소나기가 내릴 것 같지는 않았다. 「필시 이는 이야기로 전해 들은 용이 승천하는 것인가. 그게 아니라면 구름인가 연기인가」라고 하며 이상하게 생각하고 있는데, 동북방면에서 정체를 알 수 없는 울림소리가 들려오며 땅이 흔들리기 시작했다. 어느 누구도 지진이라고는 생각지 못했는데 계속해서 흔들리자 누구라도 지진이라고 깨닫게 되어 처음에는 (지진이 일어났을 때 주문처럼 외우는) 「요나오시, 요나오시」라고 되뇌었다.

[인용2]

7. 시미즈(清水) 절의 석탑과 기온(祇園) 신사의 석재 도리이(鳥居)가 넘어지다

(중략) 야사카(八坂) 지역에 있는 유녀를 둔 찻집에서는 땅이 흔들리면서 도리이가 넘어지는 소리에 사람들이 놀라 「저기 봐라 땅이 꺼지고 진흙탕이 된다」고 말하면서 겐닌지(建仁寺) 절의 뒤편의 평야를 통해 남쪽으로 도망쳤다. 부모는 아이를 버리고 형은 동생을 잃어버리는 모양이었다. 어떤 이는 자신의 아내라고 생각하고 찻집의 유녀 손을 잡고 도망쳤으며, 또 어느 이는 자식이라고 생각하고 차항아리를 껴안고 달려갔다. 밟히고 넘어지는 것이 마치 꿈길을 헤매는 마음과도 같았다. (중략)

작품 해설

아사이 료이(?~1691)는 중세 말부터 근세 초기의 승려로 『동해도명소기(東海道名所記)』, 『오토기보코(御伽婢子)』, 『우키요 모노가타리(浮世物語)』 등의 다양한 작품을 남겼다. 특히 『우키요 모노가타리』는 '우키요(浮世)'를 중세의 염세적인 개념이 아닌 근세의 현세적인 해석으로 바꾸어 그린 작품으로, 현실 사회의 비판을 골계적으로 풀어내어 우키요조시(浮世草子)의 출현에도 적잖은 영향을 끼쳤다고 평가받고 있다.

1662년 5월 1일에 발생한 오미 · 사가미대지진을 전해 들은 아사이 료이는 이듬해에 『가나메이시(かなめいし)』[26]를 발표했다. 기타하라 이토코는 본 작품을 지진지(地震誌)의 스타일을 확립한 작품으로 평가하고 있는데, 그 특징은 다음과 같다.

(1) 지진의 견문 혹은 전해들은 정보를 기술
(2) 슬픈 이야기나 충성스러운 사람들의 일화를 삽입해 이야기로 꾸밈
(3) 지진의 원인에 대한 여러 설을 소개
(4) 일본지진에 대한 기록을 연표로 기재
(5) 현재나 미래에는 구제나 구호가 충분히 이루어져 좋은 세상이라는, 하나의 틀을 정립.[27]

---

26 일본인들은 땅 밑에 살고 있는 거대한 메기가 움직일 때에 지진이 발생하는데, 그 메기를 움직이지 못하게 가시마묘진(鹿島明神)이라는 신이 '가나메이시(要石)'라고 하는 커다란 돌로 누르고 있다고 여기고 있었다.

27 北原糸子, 『日本災害史』(吉川弘文館, 2006), p.239.

이후 메이지시대에 이르기까지 대부분의 지진지는 위와 같은 형식을 따르고 있다. 이처럼 지진지는 지진 상황을 단순히 사실적으로 전하기보다 흥미위주의 이야기로 풀어놓고 있다. 재해 상황에 대한 해학적인 묘사는 애도로 일관하는 현대인의 감각으로는 이해하기 어렵다. 그러나 『헤이케모노가타리(平家物語)』, 『다이헤이키(太平記)』와 같이 전쟁의 참상을 그린 문예가 일찍이 대중의 오락물로 자리 잡았던 근대이전을 살았던 일본인들은 재해에 대해 지금과는 다른 감각을 갖고 있었을 것이다. 이는 현대인들이 재해로 인한 피해를 부정적으로 여기고 자연재해를 극복해야 할 대상으로 여기는 것과는 달리, 근대 이전의 일본인들은 재해를 두려워하면서도 피할 수 없는 삶의 일부로 받아들였다는 데에 차이가 있었다. 마치 인류가 질병이나 죽음을 두려워하면서도 때로는 희화화시키는 것과 일맥상통한다고 할 수 있다.

[인용1]은 작품 본문의 시작 부분이다. '간분(寛文)'은 일본의 연호로, 간분 2년은 서기 1662년을 가리킨다.

천재, 인재 할 것 없이 사회를 뒤흔든 큰 사건사고가 있고 나면 사람들은 '전조'를 찾기 마련이다. 위험을 피하려고 하는 인간의 심리는 예나 지금이나 변함이 없다. 전조는 대부분의 재해 서사에서 보이는 요소로, 하물며 현대의 트위터나 블로그에서도 확인할 수 있다. 그 대표적인 것이 '지진운(地震雲)'이다. 지진이 발생하기 전에 발견된다고 하는 기이한 형태의 구름은 2011년 동일본대지진 때는 물론, 2016년 구마모토(熊本)지진, 나아가 2016년 경주, 2017년 포항에서도 관찰되었다는 보고가 있다.

지진이 발생했을 때, 혹은 천둥이 칠 때 주문처럼 외우는 '요나오시

(世直し)'라는 말은 세상(世)의 나쁜 일을 고쳐(直し) 좋은 일을 불러일으킨다는 마음이 담겨 있다. 사실 지진이 일어나면 대규모 토목공사와 함께 각종 복구공사로 인한 특수가 일어나게 되는데, 이때 시운이 잘 맞으면 신분 간의 급격한 경제적 변화가 일어나고는 했다. 이러한 상황과 '세상을 고친다'는 말이 어울려서 쓰이게 되었는지도 모른다.

[인용2]의 땅이 꺼지고 진흙탕이 되는 것은 지반이 지진의 흔들림으로 인해 흙알갱이 사이의 물이 위로 솟아올라 진흙으로 바뀌는 액상화 현상을 연상시킨다. 1964년 니가타지진(新潟地震)에서도 액상화 현상으로 인해 아파트가 무너지는 등 큰 피해가 있었다. 당시 야사카에서도 액상화 현상이 일어났음을 짐작케 하는 부분이다.

지진지의 특징은 전술한 바와 같이 재해에 맞닥뜨린 여러 인간군상을 보여주는 데에 있다. 작품의 대부분은 미처 피하지 못하고 희생된 사람들의 안타까움, 건물 잔해에 깔린 눈앞의 가족을 구하지 못하는 슬픔 등을 묘사하는 데 할애하고 있다. 하지만 인용 부분과 같이 유녀의 손을 잡고, 차항아리를 안고 뛰어나오는 사람들의 모습은 재해 상황이라는 점을 제외하면 한 편의 코미디 드라마를 연상시킨다. 이러한 묘사는 당황한 사람들의 모습을 골계적으로 표현한다는 점에서 블랙코미디라고 할 수 있겠다. 블랙코미디의 진가는 상류계급에 대한 묘사에서 드러난다. 「8. 곳곳에 임시주택, 그리고 기둥에 시를 지어 붙여놓다」에는 다음과 같은 묘사가 있다.

> 이번 지진에 상하, 귀천 구분 없이 당황하는 모습은 어디에 비할 데가 없다. 어느 공주가 다음과 같은 와카(和歌)를 읊었다.

어느 누군가 묻는 사람 있다면 움막 안에서
(わくらばにとふ人あらば小屋のうちに)
오줌을 지려가며 살고 있다 답해주오
(しとをたれつつわぶとこたへよ)

이 와카(和歌)는 『고금와카집(古今和歌集)』에 수록된 아리와라노 유키히라(在原行平)의 「어느 누군가 묻는 사람 있다면 바닷가에서(わくらばに問ふ人あらば須磨の浦) / 갯바람 맞아가며 살고 있다 답해주오(もしほたれつつわぶとこたへよ)」라는 와카의 패러디이다. 평소에 우아한 모습으로 일관했을 공주님(姫君)은 두려움에 실금을 하고 임시 주택에 살면서도 그 기둥에는 고전 와카를 이용해 시를 지어 놓는다고 하는, 현실감이 떨어지는 모습으로 풍자되고 있다.

(2) 덴메 대화재(天明の大火)와 수필문학: 우에다 아키나리(上田秋成) 『가구쓰치노아라비((迦具都遅能阿良毗)』

❁ 작품 인용

[인용1]

가모가와(賀茂川) 강의 동쪽, 시조(四条)의 남쪽에서 불길이 시작되었다고 사람들이 말하고 있다. 지난밤부터 동남풍이 강하게 불어 화염이 맹렬하게 가모가와 강을 건너 이쪽으로 번져왔다. 내가 묵고 있던 히가시노토인(東洞院) 거리에 있는 고슌(呉春)의 집도 아침나절에 소실되어 버렸다. 바람은 계속 불어댔고 불은 하염없이 타들어 서쪽으로 억지로 밀고 나가듯이 타들어 가는 모습은 마치 부채를 펼쳐놓은 것 같은 모습이다. 정오를 지날 무렵 사람들이 '북쪽은 교토쇼시다이(京都所司代) 관청, 신센엔(神泉苑) 절에 불이 옮겨 붙었고, 얼마 안 있어 니조조(二条城) 궁도 타 버릴 것이다'라고 한다. '남쪽은 이나바도(因幡堂) 절, 혼코쿠지(本圀寺) 절 등도 이미 소실되었고, 슈자카노(朱雀野)까지 탔다'고 한다.

[인용2]

어린 아이를 앞뒤로 업고, 노인의 손을 이끌면서 마음만 조급해져 제대로 설을 수도 없는 사람. 병자를 침구째 들고 나온 사람, 또는 임산부를 조심스레 걷게 하는 사람. 아이를 잃고 찾아 헤매는 사람, 노인을 부축하다 서로 다투는 사람, 또는 흥분해서 눈을 뒤집어 뜨고 신불(神佛)을 원망하고 욕하면서 걸어가는 사람, 화장이 벗겨지고 미간을 잔뜩 찌푸린 채 두건도 안 쓰고 우왕좌왕 날뛰고 있는 평소에는 매우 고상해 보이는 여성.

작품 해설

우에다 아키나리(上田秋成, 1734~1809)는 근세 소설의 한 장르인 요미혼(読本)을 완성시킨 인물로 평가받고 있다. 요미혼이라는 이름은 당시 대중 소설이 그림 위주였던 것과는 달리 글 위주의 소설이라는 의미이다. 무사 집안의 서자로 알려진 아키나리는 일본 고전문학에 관심을 갖고 연구하여 국학자로 명성을 얻었다. 고전문학의 문체를 흉내 낸 의고문(擬古文)을 구사한 『하루사메 모노가타리(春雨物語)』, 『우게쓰 모노가타리(雨月物語)』는 문장가적 재능을 느낄 수 있는 아키나리의 대표작이다.

한편 에도시대 이전까지 명실상부한 일본의 중심지였던 교토는 인구가 많은 대도시였던 만큼 화재도 잦았고 그에 관한 상세한 기록도 풍부하다. 1장에서도 소개되었던 가모노 조메이의 안겐 대화재(安元の大火, 1177년)를 묘사한 『호조키』의 기사가 대표적이다.

계획도시인 교토는 서쪽의 가쓰라가와(桂川) 강과 동쪽의 가모가와(鴨川) 강의 사이에 위치한 천황이 거주하던 고덴(御殿) 궁과 막부 관리가 머무르던 니조조(二条城) 궁을 중심으로 발달했다. 그리고 동쪽 가모가와 강 건너편으로는 기온(祇園)을 중심으로 유흥가가 펼쳐져 있었다.

에도시대에도 교토의 화재는 끊이지 않았으나, 그중에서도 1788년 이틀에 걸쳐 교토 시가지 80%에 피해를 입힌 덴메 대화재는 4만 채의 가옥을 소실시키고, 1800명의 희생자를 낳았다.[28] 결국 교토 재건은 대기근으로 인해 재정압박을 받고 있던 도쿠가와 막부 재정에 큰 타격을 입혔고 이는 조정과 막부의 대립으로 이어졌다. 이번 화재는 가모가와 강 건너편인 미야가와초(宮川町) 돈구리(どんぐり)의 즈시(辻子)에서 방화로 인해 시작되었다. 때마침 불어온 동남풍을 타고 80~100미터는 족히 되는 강을 뛰어넘어 불길이 번진 것이다.

화재 당시 우연히 교토에 있었던 우에다 아키나리는 눈앞의 참상을

28　水越允治, 「京都における歴史災害とその気象・気候的背景」 『京都歴史災害研究』1号, 2004, 立命館大学歴史都市防災研究所, p.4.

『가구쓰치노아라비(迦具都遅能阿良毗)』라는 수필에 담담하게[29] 담아내고 있다.

아키나리는 오사카에서 의사업을 하면서 여러 곳을 전전하며 문화 교류를 했다. 화재가 있던 1788년 1월 하순에는 와카를 읊어 주고받는 구회(句會)에 참석하기 위해 교토를 방문해 지인 고슌의 집에 머물고 있었다. 이른 아침에 시작된 불길은 순식간에 강을 넘어와 아키나리가 있던 히가시노토인 절 근처까지 위협했던 것이다. [인용1]에서 아키나리는 주위 사람들의 동요를 문장으로 담아 마치 현장에 있는 느낌을 독자에게 전하고 있다.[30]

[인용2]는 화재 피해를 입은 교토시민들의 모습을 가슴이 아플 정도로 생생하게 묘사하고 있다. 오사카 사람으로서 한편으로는 객관적으로 이재민들을 관찰할 수 있었던 아키나리였기에 위와 같이 무덤덤하게 쓸 수 있었을지도 모르겠다. 하지만 겉으로 무덤덤하게 보이는 문장이야말로 독자를 화재 현장으로 몰입시켜 독자 개개인에게 감정을 이입시키는 하나의 장치이다. 재난문학이 갖는 힘은 바로 이런 감정일 것이다. 참고로 아래에 예로 든 공문서와 비교해 보면 재난문학의 힘은 더욱 확연해진다. 공문서는 문장의 성격상 불이 언제 어디에서 발화해서 각 마을에 번진 경로를 객관적으로 설명할 뿐이며, (인용문에는 생략했지만) 희생자들을 단지 숫자로만 표현하여 재해를 이미 지나

29 長島弘明, 「「迦具都遅能阿良毗」考」, 『日本学研究』53, 2018, 단국대학교 일본학연구소. 이하 본 절의 내용은 長島弘明의 논문을 참조했다.

30 長島弘明, 전게논문.

버린 하나의 사건으로 매듭지어 버리는 데 그치고 있다.

〈참고〉 이토가 몬조(伊藤家文書)

때는 덴메 8년(술신년) 정월 스무아흐레, 저녁 10시 전부터 강한 바람이 불어왔다. 그믐 새벽 6시부터 강 동편 미야가와초(宮川町) 돈구리(どんぐり)의 즈시(辻子)에서 발화하여 순식간에 신미치(新道)와 미야가와초, 고조(五条) 도이야마치(問屋町) 한초(半町)까지 불에 타버렸다. (중략) 서쪽은 미부(壬生)까지, 남쪽부터 북쪽까지 전체적으로 불길이 밀고 올라가 아침 8시 무렵에는 시조(四条) 부근이 불에 탔고, 밤 12시 경에는 니조(二条)까지 다 불에 타버렸다.

(3) 에이타이바시(永代橋) 다리 붕괴 사건과 수필문학: 오타 난포(太田南畝)와 산토 교덴(山東京伝)『유메노 우키하시(夢のうき橋)』

❀ 작품 인용

[인용1]

아침 일찍부터 미코시를 건네야 하는 풍습이 있었기에 이미 100여 명의 가마꾼이 미코시를 들어올리는데, 어찌된 일인지 미코시는 꼼짝도 안 하고 물이 뚝뚝 떨어지는 것이 마치 땀을 흘리는 것 같았다. 잠시 후에 드디어 미코시를 들어 올렸는데, 가스가미야(春日宮) 신사의 미코시에서 울림소리가 났다. (사람들은) 괴이한 일이라고 생각해 큰 싸움이라도 있을 것이라고 이야기했다. (중략) 작은 아이 한 명이 에이타이바시 다리를 건너면서 '이 다리가 좀 이따 무너질 것이다. 무너질 것이야'라고 하며 두세 번 왕복했다.

[인용2]

혼고에 있는 고지야(麹屋, 백성 · 성명 미상) 축제를 보려고 료고쿠 다리의 이쪽 요네자와초(米沢町)에서 무라마치초(村町町)로 가는 도중에 가슴 속에 넣어둔 지갑을 도둑맞았다. 지갑 안에는 금화 두 량 두 푼 정도 있었는데, 어쩔 수 없어 축제도 보지 않고 집으로 돌아와 잠을 잤다. 저녁 때 사람들이 말하는 걸 듣고 있자니, 에이타이바시 다리가 무너져 많은 사람들이 죽었다고 했다. 자신은 몇 푼 안 되는 돈 덕분에 목숨을 부지했다고 생각하자 마음이 편해졌다. 다음날 일하고 있는데 관청에서 혼고에 사는 (고지야의) 아무개가 어제 다리에서 떨어져 죽었으니 그 주검을 거두어 가라고 하는 명령이 내렸다. 이상하게 생각되어 관청에 가서 자초지종을 설명하니 (관리가) 지갑이 있었다며 돌려주었다. 기쁜 마음에 지갑을 받아 안을 들여다보니, 금화도 그대로 있었다. 도둑이 훔친 뒤에 그대로 품에 넣은 채로 떨어졌는데, 지갑 안에 아무개라는 이름이 있었기에 고지야를 불렀던 것이다. 부처의 응보라는 것이겠지만, (도둑이) 너무나 바로 벌을 받은 것이기에 후대의 본보기가 될 것이다.

[인용3]

이때에 히토쓰바시(一橋) 님의 배가 에이타이바시 다리 밑을 지나려고 했다. 다리를 지키는 관리가 (그 배가) 빈 배라 하더라고 높으신 분의 소유였기 때문에 다리에 임시로 밧줄을 둘러 왕래를 금지했다. (다리를) 건너려던 사람은 그 기대를 버리고 입으로는 원망과 욕을 내뱉고 있었다. 몇 천 명이나 되는 사람은 무리를 이뤄 어깨와 어깨가 맞닿고, 서로 발을 밟는 등 입추의 여지도 없는 상태로 배가 지나가기만을 기다리고 있었다. 이윽고 좀 이따 건너갈 수 있게 밧줄을 풀자 기다리다 지친 몇 천 명의 사람들이 소리를 지르며 다리를 건너는데, 발소리는 마치 우레와 같았고 큰 파도가 바위를 넘는 기세였다. 다리는 하청업자가 놓은 부실한 다리였는데, 몇 천 명의 무게로 몇 천 명의 다리로 짓밟혀 흔들리기 시작하니 (생략)[31]

작품 해설

1807년 8월 19일에 에도의 스미다가와(隅田川) 강을 가로지르는 에이타이바시(永代橋) 다리가 붕괴하는 사고가 발생해, 1,500~3,000명 정도의 사상자가 발생했다. 오랜 기간 동안 개최되지 못했던 도미오카 하치만사이(富岡八幡祭) 축제에 한번에 많은 인파가 몰린 것이 주요 원인이었다. 당대의 문인 오타 난포와 산토 교덴은 각각 『유메노 우키하시』라고 하는 동일한 제목의 수필을 남겨 참사를 전하고 있다.

오타 난포(1749~1823)는 하급무사 출신으로 수필은 물론 골계적인 정형시인 교카(狂歌), 풍자적인 내용을 담은 단편소설인 기뵤시(黄表紙) 등을 집필하며 다방면에 걸쳐 활약한 지식인이었다. 한편 산토 교덴

31 山本和明, 「京伝『夢のうき橋』紹介」 『相愛女子短期大学研究論集』, 1993, 相愛女子短期大学, p.41. 이하 동 작품의 인용은 본 논문을 이용했다.

(1761~1816)은 담배 등의 가게를 운영하면서 기뵤시, 유곽을 소재로 하는 단편소설 샤레본(洒落本), 요미혼 등의 다양한 장르의 소설을 발표한 인기 작가였다. 이처럼 신분이 다른 두 문학자가 동일한 소재로 같은 제목의 수필을 남겼다는 사실은 이 사고가 에도인들에게 얼마나 큰 충격을 준 사건이었는지 어림짐작할 수 있게 한다.

오타 난포는 작품의 서두에서 역사서 『미즈카가미(水鏡)』나 군기물[32] 『다이헤이키(太平記)』의 다리가 붕괴되는 재난기록과 함께, 하치만사이(八幡祭) 축제의 유래 등을 소개하고 있다. 이는 지진지에도 보이는 특징으로 이러한 종류의 서적이 단순한 오락거리가 아닌 교양서라고 하는 작가의 의도를 나타낸다. 이후 사고를 전하는 편지나 마을 관리의 공문서를 인용하면서 다리 붕괴사고를 자세히 소개하고 있다.

[인용1]에서는 일반적인 지진지와 마찬가지로 '전조'를 소개하고 있다. 인용 부분 이전에 『다이헤이키』를 인용해 예를 들고 있는 1349년의 야외공연 무대 붕괴사고 역시 요괴 덴구(天狗)의 소행으로 묘사되고 있다. '가나메이시'의 전조가 자연재해에 대한 두려움이었다면, 『유메노우키하시』와 『다이헤이키』의 전조는 인간의 상상력을 뛰어넘는 인재조차도 초월적 존재를 그 원인으로 돌리려는 인간의 심리가 드러났다고 할 수 있다.

[인용2]는 축제 구경을 갔던 남성이 소매치기를 당해 상심한 나머지 집에 와서 잔 것이 오히려 목숨을 구하는 계기가 되는 새옹지마와 같은 이야기이다. 마지막에 부처의 보은을 운운하며 권선징악을 논하

32 군기물(軍記物). 주로 전투를 소재로 하는 장편 역사소설. 『헤이케모노가타리(平家物語)』나 『다이헤이키(太平記)』 등이 대표적인 작품이다.

는 것이 고전소설의 전형을 보여준다. 위 이야기는 이야기 예능인 라쿠고(落語)에도 그대로 이식되어 『에이타이바시』라는 고전 라쿠고로 전해지고 있다.

라쿠고에서는 시모야(下谷)의 오카치마치(御徒町)에 사는 다헤이(太兵衛)라는 이름으로 바뀌긴 했지만, 지갑을 도둑맞고 소매치기의 시체로 죽었다고 오해를 받는 것까지 모두 같은 내용이다. 시체를 헷갈리는 이야기는 『소코쓰 나가야(粗忽長屋)』라는 라쿠고로 이미 존재하고 있었기에, 비슷한 종류의 이야기가 이미 유포되어 있었음을 미루어 짐작할 수 있다.

오히려 여기에서 주목해야 할 점은 많게는 3,000여 명의 사상자를 낸 대형 사고를 웃음거리로 만들어 버렸다는 점이다. 역시 재해를 희화화시키는 에도인들의 정서가 있었기에 가능한 일이다.

[인용3]은 산토 교덴의 『유메노 우키하시』의 일부분이다. 난포의 작품에는 보이지 않는 내용으로, 다리 붕괴의 한 원인으로 한 번에 많은 사람이 다리를 건넌 사실을 들고 있다. 히토쓰바시는 당시 쇼군(将軍)이었던 도쿠가와 이에나리(徳川家斉)나 그 집안을 가리키는 것으로, 왕이나 다름없었다. 쇼군의 배에 비록 쇼군이 타고 있지 않더라도 배가 통과하는 다리 위를 사람들이 지나가는 것이 불손하다고 생각한 관리가 일시적으로 통행을 금지시켰던 것이다.

통행금지로 적체된 인원이 일시에 몰리게 되면서 다리가 하중을 못 견딘 것이었는지 아니면 우레와 같은 발소리에 공진(共振) 현상으로 인한 것인지, 결국 다리는 무너져 버리고 말았다. 계속되는 인용문에는 다리 중간이 무너진 것을 알 길이 없는 뒷사람들이 앞으로 계속 밀어 더 큰 사상자가 나왔다고 전하고 있다. 마치 2013년 인도의 힌두교 축제를 맞아 사원으로 향하던 인도인들이 서로 밀치다 넘어져 89명이 압사했던 사건과 비슷하다.

흥미로운 사실은 하급관리였던 오타 난포는 위 이야기를 전하지 않았다는 점이다. 관리였던 난포가 자칫 붕괴 참사의 원인을 쇼군에게 돌리는 듯한 인용문을 듣고도 못 들은 체했을 수 있었을 것이다. 출판에 대한 검열이 심했던 에도 시대였기에 더욱 그랬을 수 있다. 두 수필은 검열을 받지 않는 필사본 형태로 전해지고 있지만 검열관의 눈에서 자유롭지 못했을 것이다.

(3) 지지(地誌) 속의 재해: 스즈키 보쿠스이(鈴木牧之)『호쿠에쓰셋푸(北越雪譜)』

❁ 작품 인용

[인용1]

「눈 속의 홍수」

홍수를 이 지역의 사투리로 수양(水揚)이라고 한다. 나는 1년 동안 세키(関)라고 하는 옆 고장의 역참에서 기름가게를 하는 친척 집에 머문 적이 있다. 때는 시월 초순으로 눈이 8~9척 정도 쌓여 있었다. 한밤중에 이웃들이 고함을 지르며 소란을 떠는 소리에 놀라 눈을 뜨고는 무슨 일인지 (의아해하며) 고동치는 가슴을 억누르며 누워 있던 방문을 열고 뛰어 나갔다. 집주인이 양손에 물건을 들고 '수양이다, 어서 뒤

편의 토굴 위로 도망을 가라'고 외치고는 손의 물건을 2층으로 옮기러 갔다. 부엌 쪽으로 대피해 보니 집안의 남녀들이 미친 듯이 뛰어다니며 가재도구를 물에 떠내려가지 않도록 손에 잡히는 대로 들어내고 있었다. 물은 수심이 낮았지만 밀물처럼 밀려들어와 이미 다타미(畳)를 적시고 정원을 메우고 있었다. 이 주변은 눈이 쌓여 있지 않은 곳이 없었다. 점차 달에 비친 눈빛과 (녹은) 물이 흐르는 모습의 공포는 표현할 길이 없었다. 나는 다른 사람의 도움을 받아 높은 지대로 도망가서 멀리 떨어진 숙소 쪽을 바라보니 등불을 들고 많은 사람들이 몰려 있었다. 손에는 괭이를 들고 눈을 헤치고 물을 건너 고함을 지르며 이쪽으로 왔다. 이는 수양 피해가 없는 곳의 사람들이 이쪽으로 몰려와 강줄기를 터서 물을 빼기 위한 것이다.

[인용2]

본래 우리 고을의 눈 속의 홍수는 대개 초겨울과 봄의 한창때에 발생한다. 이 세키라는 역참은 좌우로 인가가 있고 그 앞으로 각각 흐르는 개울이 우오노카와(魚野川) 강으로 흘러들어간다. 삼복더위에도 마르는 일이 없는 맑은 물이다. 따라서 집집마다 이 물을 우물물 대신으로 쓰고 있고, 게다가 바가지로도 뜰 수 있었기 때문에 평소에 쓰기에도 우물보다도 편리했다. 그런데 첫눈이 내리고 10월 무렵까지 이 두 갈래의 개울은 눈에 뒤덮여 물은 그 밑을 흘렀기 때문에, 사람들은 곳곳에 구멍을 뚫어 물을 길었다. 이 구멍 역시 하룻밤 사이에 다시 막혔기 때문에 몇 번이고 다시 뚫었다. 인가와 가까운 개울도 그러한데, 이 두 줄기의 수원도 눈에 파묻혀 물이 흐르지 않을 뿐 아니라 양수의 위험도 있었기 때문에 사람들은 종종 힘을 합쳐 수원의 물줄기를 뚫고는 했다. 하지만 때를 놓치거나 하루 사이에 폭설이 내려 수원 물줄기를 막아버리고 말면, 물이 넘쳐서 저지대를 찾아 흘러내렸다. 역참 부근은 사람들이 밟고 밟아 지대가 낮기 때문에 넘친 물이 흘러들어와 거리를 채웠고, 인가에까지 피해를 주는 사례는 앞서 소개한 것과 같다. 몇 백 명의 힘을 합쳐 물길을 열지 않으면 가재는 물론 목숨까지 잃기도 했다.

작품 해설

스즈키 보쿠스이(1770~1842)는 에치고(越後) 지역, 즉 지금의 니이가타(新潟) 지역의 거상이자 에도의 문인들과도 활발하게 교류하며 하이카이(俳諧)를 즐겨했다. 험난한 산악이 이어지는 에치고 지역은 지금도 일본에서 손꼽히는 대설지역이다. 보쿠스이는 에치고 지방의 눈과 함께하는 생활을 문장으로 엮어 1837년에 에도에서 『호쿠에쓰셋푸』라는 책을 출간했다. 이 책은 출판과 동시에 눈에 대해 낯설었던 당시 에도 사람들 사이에서 베스트셀러가 되었다.

[인용1]에서는 보쿠스이가 옆 마을인 '세키(関)'라고 하는 역참에서 1년 정도 지냈을 때 맞닥뜨렸던 재해에 대해 이야기하고 있다. 보쿠스이는 성인이 되고 나서 가업에 전념했기 때문에 장기간 고향을 비운 적이 없었다고 하니, 이 재해 경험은 보쿠스이의 유년 시절이었을 가능성이 있다. 어린 나이와 낯선 지역은 대표적인 재해 취약 조건이다. 다행히 보쿠스이는 주위 사람들의 도움을 받아 고지대로 피난을 할 수

있었다.

재해가 발생하고 신속한 대피, 재해 상황 전파, 그리고 얼마 지나지 않아 옆 마을에서 구조대가 도착한 것만 봐도 당시 재해 대피 훈련이 잘 되어 있었음을 추측할 수 있다.

[인용2]는 재해 원인에 대해 분석한 부분이다. 보쿠스이는 지역 특성상 생길 수밖에 없는 재해의 원인과 그 대비책을 소개하고 있다. '세키'는 도마야마(当間山) 산과 이시우치야마(石打山) 산으로 이루어진 골짜기에 위치하고 있어, 두 산에서 내려오는 물로 생활을 하고 있었다. 생활을 윤택하게 하는 물은 때로는 삶을 위협하는 존재가 되기도 한다. 폭설지대에서 오랜 세월 지내온 사람들은 재해의 원인과 대책을 자연스럽게 깨닫고, 힘을 합쳐 대비해 왔던 것이다.

(4) 안세이 대지진(安政大地震)과 나마즈에(鯰絵)

❁ 작품 인용

[그림1]

소장 : 도쿄도립중앙도서관(청구기호 : 0277-C16)

크기 : 가로 약 25.5cm × 세로 약 36cm

글씨 : 지진을 피하는 시(地震よけの歌)

수신의 신탁에 의해 목숨을 부지하여(水かみのつげにいのちをたすかりて)

현세에 머무니 기쁘도다(六部のうちにいるぞうれしき)

[그림1]

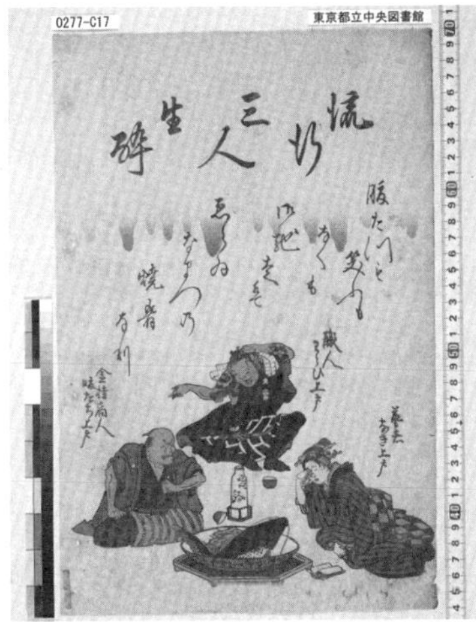

[그림2]

[그림2]

소장 : 도쿄도립중앙도서관(청구기호 : 0277-C17)

크기 : 가로 약 24cm × 세로 약 36cm

글씨 : 유행하는 세 사람의 취기(流行三人生醉)

화가 나는 것도 웃는 것도 우는 것도 (안주로) 대접하는 것은 대단한 메기구이 안주(腹たつも笑ふもなくも御馳走は〻らゐなまつ乃焼肴なり)

부자는 화내는 술고래(金持商人腹たち上戸)

게이샤는 우는 술고래(藝者なき上戸)

기술자는 웃는 술고래(職人わらひ上戸)

[그림3]

[그림3]

소장 : 도쿄도립중앙도서관(청구기호 : 0277-C37)

크기 : 가로 약 24cm × 세로 약 36cm

글씨 : 저는 팔천년 전부터 전국에서 말썽을 일으켜 종종 가시마묘진 님에게 사과를 드리고는 했는데, 이번에 다시 에도에서 활개를 쳐서 집과 창고를 무너뜨리고, 사람들을 많이 짓눌러 버리고 말았습니다. 죄송한 마음에 출가를 하여 전국을 돌아다니려고 집을 나서려고 했습니다. 그때 이번에 돈을 번 사람들이 가사(袈裟)를 만들어와 한 입으로 부탁하기를 「전부 장난이라 생각하고 백만편(百万遍)을 해주십시오」라고 하길래, 하겠습니다. 나무아미타불, 나마즈다, 나마즈다, 나마즈다, 나마즈다

(一此たびわたくしハ千年からくに／＼をなやめ鹿島様へたび／＼わび入こんど又大江戸をらんぼふニいすぶり家蔵をたほし人をおふくつぶしもふこんどわ申わけなく出家いたし諸國かい國に出るところい又此せつ金もふけの人がけさ衣をもつて一どふのたのみにはなにもをどけのためだから百万べんをしてくだされとゆふからいたします南無阿弥陀佛／＼なますた／＼／＼／＼)

작품 해설

19세기 중반 동아시아 정세는 급변하고 있었다. 1840년과 1856년에 발발했던 아편전쟁이 말해주듯 서양세력의 동아시아 침략이 점점 노골화되고 있었다. 1853년 미국의 페리제독이 증기선을 이끌고 에도를 방문해 불평등조약을 맺자 일본 국내 정세는 막부의 무능력을 비판하고, 천황을 중심으로 반란을 꾀하는 움직임이 거세졌다. 이른바 막말(幕末) 시대의 시작이었다.

일본의 대내외적 혼란은 1855년 10월 2일 오후 10시 무렵 발생한 안세이대지진(安政大地震)으로 가중되었다. 진도 6(M7) 규모의 대지진은 최대 만여 명에 이르는 사상자를 낸 재해로 기억되고 있다. 지진 피해는 건물붕괴와 화재로 크게 나눌 수 있는데, 에도의 높은 인구 밀도와 목재가옥이라고 하는 특성은 피해를 더 키웠다고 할 수 있다.[33]

지금과 같은 통신과 언론 수단이 발달하지 않았던 에도시대에는 가

33 특히 무사들의 가옥은 화재를 막을 목적으로 무거운 기와지붕을 덮었기 때문에, 붕괴 가능성이 높았다. 실제로 사상자는 무사 저택에서 더 많이 발생되었다고 보고되고 있다.

와라반(瓦版)이라고 하는 미디어를 통해 정보를 공유했다. 가와라반은 1장 정도의 종이에 그림과 글을 이용하여 속보로 전달할 내용을 담은 목판 인쇄물을 가리킨다. 피해 정도를 빠르게 공유하기 위한 사람들의 심리와 상업출판이 맞물려 인기를 얻었는데, 특히 안세이지진과 관련된 가와라반이 다수 존재하고 있다. 그중에는 나마즈에(鯰絵)라고 하는 독특한 그림들이 있다. '나마즈'는 메기를 뜻하는 말로, '나마즈에'는 '메기 그림'을 의미한다. 일본 사람들에게는 땅 속의 거대한 메기가 난동을 부리면 지진이 일어나고, 가시마묘진(鹿島明神) 신이 가나메이시(要石) 돌로 이 메기를 억누르면 지진이 멈춘다고 하는 속신이 있었다.

나마즈에는 특히 안세이대지진 발생 직후 2년 동안 집중적으로 간행되었는데, 지진이라는 어두운 주제에도 불구하고 풍자나 익살이 주가 된다는 점이 특징이다. 이는 근세 초기의 『가나메이시』와 마찬가지로, 해학을 즐겼던 에도시대의 특색이 반영된 결과이면서 동시에 두려운 자연 재해를 막기 위한 부적으로써의 기능이 있었기 때문이다. 한반도에서도 역병이나 호환을 피하기 위해 질병을 의인화거나 이들을 우스꽝스럽게 표현하는 것과 마찬가지이다.

[그림1]을 보면 먼저 '지진을 피하는 시'라는 글에서 이 나마즈에가 지진을 피하기 위한 부적의 기능이 있었음을 알 수 있다. 시에 거론되는 수신(水神)은 가시마묘진을 가리킨다. 안세이 대지진이 일어난 10월은 일본에서는 간나즈키(神無月)라고도 하며 신이 없는 달을 가리킨다. 일본 신화에서 10월이 되면 전국에 있는 모든 신이 이즈모(出雲) 신사에 모여 회의를 한다고 한다. 가시마묘진도 회의 때문에 자리를 비우고 이즈모 신사에 가 있었기 때문에 메기가 날뛰었고 지진 피해가 커

졌다는 해석이다. 다행히 살아남은 사람들은 가시마묘진의 신탁에 의해 살아남았다고 감사하는 것이다.

그림의 오른쪽 아래에 있는 메기가 지진을 일으킨 장본인이고, 그 위에 올라타 검을 들고 있는 사람이 가시마묘진이다. 메기를 막으려고 하는 사람은 복장으로 보아 히케시(火消)라고 불리던 소방수처럼 보인다. 지진이 일어나면 가장 먼저 활약하는 사람들이 바로 이 히케시들이었다.

이 그림이 재미있는 것은 위쪽에 큰 보따리를 들고 돈을 뿌리는 사람과 그 밑에서 돈을 쓸어 담으며 즐기는 사람들의 존재 때문이다. 위에서 돈을 뿌리는 이는 칠복신 중에 재화를 담당하는 대흑천(大黑天)으로, 밑의 사람들은 목수들이다. 복구를 위해서는 막대한 재화가 투입되고, 이 돈의 대부분은 집을 짓고 인프라를 구축하는 토목 공사를 하던 목공들의 주머니로 들어갔음을 표현한 것이다. 전술했듯이 재해의 처참함 속에서도 유머를 찾던 에도인들의 모습을 확인할 수 있다.

[그림2]의 제목, '세 사람의 취기'는 가부키(歌舞伎)에서 인기 있는 장면 중의 하나로, 나팔꽃 장수(朝顔売), 물장수(水売), 게이샤가 각각 취한 모습을 보여주는 무용극이다. 나마즈에는 이 장면을 셋이 안주로 메기를 먹으면서 술을 마시는 장면으로 패러디하고 있다.

부자가 화를 내는 이유는 지진피해로 장사가 안 되어 돈을 많이 잃어서이다. 게이샤 역시 장사가 안 되기는 마찬가지인데, 이런 재해 상황에서는 유곽 등의 유흥 시설이 가장 큰 타격을 받았기 때문이다. 따라서 게이샤는 하염없이 울고만 있는 것이다. 기술자가 웃는 이유는 전술한 바와 같이 복구에 따른 특수 때문이다.

이처럼 직업에 따라 지진은 호재가 될 수도, 악재가 될 수도 있었다.

에도시대에는 정토종(淨土宗)의 의식 중에 하나로 '백만편(햐쿠만벤)'이 있었다. 망령의 극락왕생을 위해 스님과 신자 10명이 모여 큰 염주를 돌려가며 하는 염불이었다. [그림3] 속에 사람들이 메기를 둘러싸고 모여 지진으로 희생된 사람들의 염불을 하고 있다. 위쪽에 자리 잡은 사람들은 실로 다양한 연령대와 신분으로 구성되어 있어, 자연재해는 남녀노소와 신분을 가리지 않는다는 것을 알 수 있다. 참고로 앞으로 손을 늘어지듯 들고 있는 것이 일본 유령의 전형적인 모습이다. 머리에 화려한 장식을 한 사람들은 유녀, 칼을 들고 있는 사람은 무사, 얼굴에 상처가 많은 것은 화재로 희생된 사람을 의미한다.

아래 메기는 사람들이 해준 가사를 입고 손으로는 징을 두드리며 백만편을 주도하고 있다. 그 주위의 사람들은 이번 지진으로 돈을 번 사람들로, 속으로는 신나지만 '장난'으로 백만편을 하고 있음을 그림을 통해서도 전해지고 있다.

(5) 소화(笑話)와 재해

❁ 작품 인용

[인용1]

무사 한 명이 아와즈(粟津)의 마쓰바라(松原)를 지나다가 「손자야, 가네히라(かねひら)의 무덤에 데리고 가 주었으면 한다. 조상님께 잠시 들려 절을 하고 가지 않으면 안 된다」고 했다. 석탑이 있는 곳에 도착하

여 엎드려 절을 드리고 있는데, 부르르 진동이 일어났다. (그러나 무사는) 「봐라 손자야. 이상하지 않느냐. 나의 신심이 닿아서 이처럼 땅이 울리는 것이다」고 자랑하듯이 이야기했다. (이 둘은) 세타(瀬田)의 떡집까지 와서 쉬게 되었다. 떡집의 여종업원이 퉁명스런 얼굴로 이야기했다. 「저기 무사님, 지금 지진은 어디에서 만났습니까」

[인용2]

시모쿄(下京)의 로쿠조(六条) 근처에 겨우 열 섬 정도 되는 양을 주조하는 양조장을 운영하는 아무개가 있었는데 허풍이 매우 심했다. 언젠가 지진이 있은 후에 떡집을 하는 하치베(八兵衛)라는 사람이 있었다. 아무개는 이 하치베를 불러서 「그런데 어제 지진은 대단한 크기였어. 그래서 우리 가게 손해도 이만저만이 아닐세. 글쎄 들어보게. 이천 섬 정도 되는 술항아리가 깨져서 다 흐르지 않았겠나」라고 했다. 이를 들은 하치베는 분명 허풍을 치고 있다고 생각하고는 이렇게 맞받아쳤다. 「우리는 어제 만들어 두었던 경단이 지진으로 모두 풀려서 원래 반죽으로 돌아와버렸네」

[인용 3]

지난밤의 지진은 정말 대단했다. 나 같은 사람은 지진이 천둥번개보다 더 무서워. 맞은편에 사는 마타로쿠(又六)는 평소에는 겁이 없는 사람인데 (지난 지진 때는) 밖으로 뛰쳐나와 옆 염색집의 (옷을 말리는) 대나무자루(もがり竹)에 딱 달라붙어서 「요나오시, 요나오시」라고 중얼거리지 않겠나. 그러자 (염색집 주인이) 「어이 마타로쿠, 그 대나무자루에 너무

비비지 말게나」라고 하자 마타로쿠가 말하길 「뭐 아무리 비벼대도(ゆすっても) 본디 대나무자루(もがり)니까 괜찮잖아」라더라.

◎ 작품 해설

에도 시대에는 라쿠고와 같은 짧고 웃긴 이야기, 즉 소화(笑話)가 인기였다. 17세기 초부터 19세기 초반에는 이러한 소화를 엮어 책으로 출간하는 업자들이 많이 있었다. 이를 하나시본(噺本)이라고 하는데, 이 하나시본에는 지진과 화재와 같은 재난에서 소재를 얻은 이야기도 확인할 수 있다. 지진 이야기는 크게 1) 진동을 영험으로 착각, 2) 거짓말 대결, 3) 말장난의 세 가지 유형으로 분류할 수 있다.

[인용1]은 첫 번째 패턴이다. 자신의 신념이 하늘에 닿았다고 믿고 있는 사람에게 '지진을 어디에서 만났냐'고 하는 질문을 던져 착각하고 있음을 깨닫게 하는 패턴으로 지진을 다룬 소화 중에 가장 많은 비중을 차지한다. 변형된 형식으로는 무사가 평민으로, 혹은 유녀로 바뀌지만, 질문만은 동일하게 끝내는 특징이 있다. 마지막에 이야기의 긴장감 등을 급격히 떨어뜨리거나 이야기의 흐름을 뒤집어 웃음을 추구하는 것을 '오치(落ち)'라고 한다.

[인용2]는 두 번째 패턴으로 거짓말 대결이다. 겨우 열 섬 정도의 술을 만드는 이가 지진으로 인해 이천 섬 정도의 술통이 엎어져 피해를 봤다는 허풍을 들은 떡집 주인이 지진으로 인해 만들어 둔 떡이 본래대로 돌아왔다고 허풍(거짓말)을 치는 경쟁 패턴이다. 거짓말을 하는 주체 및 대상이 유녀와 손님 등으로 변하더라도 더 말도 안 되는 허풍을

쳐서 상대를 꼼짝 못하게 하는 점은 동일하다.

[인용3]은 말장난을 이용한 소화이다. 지진을 피해 옆의 염색집에 옷을 말리는 대나무자루(もがり)에 몸을 비비는 것(ゆする)을 보고 염색집 주인이 나무라자 '어차피 원래 대나무자루(もがり)나 비비는 행위(ゆする)나 같은 뜻이기 때문에 괜찮지 않느냐'고 대답하는 내용이다. 대나무자루를 뜻하는 '모가리(もがり)'는 동음이의어로 '맹수를 잡는 덫'이나 '협박하다'라는 뜻이 있는데, '비비다'라는 동사인 '유스루(ゆする)'의 동음이의어에도 '협박하다'는 뜻이 있는 점에서 착안한 소화이다. 라쿠고에 가장 많은 패턴으로 소화의 가장 기본이라고 할 수 있다. 지진 이외에도 화재와 관련된 소화에서도 말장난이 가장 많다.

제3장

메이지(明治)시대 자연재해와 재난문학

1. 메이지시대 자연재해와 근대적 재난문학의 성립

일본문학자들은 지진과 쓰나미 등 자연재해가 있을 때마다 이를 문학적으로 기록하거나 이를 소재로 하여 작품을 창작하거나 유무형의 형태로 재난 볼런티어 활동을 수행하고자 했다. 근대 이전 고전문학에서도 이러한 자연재해를 기록한 재난문학이 다양한 형태로 존재하지만, 근대기 이후의 재난문학을 생각할 때는 주로 1923년 간토대지진 이후에 쓰인 '진재문학'을 연상하는 경우가 많다.

이러한 경향은 근대기 이후 일본의 자연재해와 관련하여 1923년 간토대지진, 1995년 한신 · 아와지(阪神 · 淡路)대지진 2011년 3 · 11 동일본대지진에 대해 작가들이 적극적으로 대응하였으며 이들 재난 이후 창작된 '진재문학'이 압도적으로 많았기 때문이다. 특히 간토대지진을 계기로 하여 신감각파(新感覚派) 문학이나 프롤레타리아 문학의 등장 등 문단의 문예사조가 크게 전환되었으며, 대부분의 작가들이 재난에 대해 언급을 하거나 글을 남겼기 때문에 간토대지진 이후의 다양한 문학적 현상을 근대 재난문학의 기원으로 인식하는 경향이 많았다. 더구나 이러한 인식은 간토대지진 당시 사망자와 행방불명자가 10만5천여 명을 넘었고 수도권인 도쿄(東京), 요코하마(横浜) 등 근대적 대도시가 대형 화재로 초토화되어 일본재난 역사상 피해 규모와 희생자가 가장 컸다는 사실과 결코 무관하지 않아 보인다.

그러나 간토대지진과 대화재가 일어나기 이전인, 메이지시대에도 엄청난 인명피해는 물론, 가옥과 건물, 그리고 도로나 산업시설에 커다란 피해를 가져온 대지진과 거대 쓰나미가 연이어 발생했다. 예를 들면 1872년 3월 현재의 시마네현(島根県) 하마다시(浜田市) 근처에서 발생하여 550여 명의 인명 피해를 낳은 '하마다지진(浜田地震)', 1891년 10월 기후현(岐阜県), 아이치현(愛知県) 지역에서 발생하여 7,200여 명의 인명 피해를 낳은 '노비지진(濃尾地震)', 1894년 6월 도쿄만 북부 지역에서 발생하여 31명이 희생된 '메이지도쿄지진(明治東京地震)', 1894년 10월 야마가타현(山形県) 쇼나이(庄内)평야 북부지역에서 발생하여 720여 명의 사망자를 낳은 '쇼나이지진(庄内地震)', 1896년 6월 일본 동북부지방 해안에서 발생하여 2만여 명 이상의 실종자와 인명피해가 발생한 '메이지산리쿠(明治三陸)지진과 쓰나미' 등이 피해의 정도나 재난 규모면에서 가장 심각한 피해를 초래한 자연재해였다.

이 중에서 특히 노비지진과 메이지산리쿠 쓰나미는 지진과 쓰나미의 규모나 인명피해의 측면에서 우리에게도 들어서 익숙한 간토대지진이나 한신 · 아와지대지진, 그리고 동일본대지진 등 근대기의 거대재난에 버금가는 자연재해였다. 노비지진은 현재의 기후현과 아이치현에 해당하는 미노(美濃)와 오하리(尾張)지방에서 발생한 규모 8이상의 내륙 지각형 지진으로 7천 명 이상의 인명피해와 22만 채 이상의 건물과 가옥 피해를 초래했다. 메이지산리쿠지진과 쓰나미는 2011년 동일본대지진과 쓰나미에 비견할 수 있을 만큼 유사한 형태의 자연재해였다. 피재지도 동일본대지진과 마찬가지로 이와테현(岩手県), 미야기현(宮城県), 아오모리현(青森県), 아키타현(秋田県)을 중심으로 일본 동북부지역 해변에 걸쳐 최고 30m 이상의 대형 쓰나미가 발생하여 막대한 인명피해와 도로와 건물, 가옥, 경작지에 심각한 피해를 초래했다.

이러한 대형 자연재해에 대해 메이지시대 일본 문학자들도 곧바로 대응했으며, 다른 자연재해가 발생했던 때와 마찬가지로 적극적으로 이에 관한 문학적 형상화를 시도했다. 메이지시대 가장 큰 자연재해였던 노비지진과 메이지산리쿠지진 및 쓰나미와 관련한 대표적인 문학 현상이 당대 문학자들의 글들을 모아 작품집을 간행하여 그 수익금을 피재지에 기부하려는 '의연(義捐)소설'이라는 형태로 나타났다. 1891년 노비지진이 발생하자 스즈키 도쿠치(鈴木得知)을 발기인으로 하여 오자키 고요(尾崎紅葉), 야마다 비묘(山田美妙), 쓰보우치 쇼요(坪内逍遥) 등 당시 대표적인 문인들 20명의 글을 모아 '비노진재의연소설(尾濃震災義捐小説)'집으로 출간한 『뒤의 날빛(後の月かげ)』(春陽堂, 1891.12)이 첫 번째 사례이다. 그리고 1896년 메이지산리쿠지진과 쓰나미 당시에도 문예지 『문예구락부(文芸倶楽部)』가 역시 당대 대표적인 작가들의 작품을 모아 특집호로 『해소의연소설(海嘯義捐小説)』(博文館, 1896.7)을 간행한다. 이들 재난문학집은 동시대 문학자들로부터 동의를 얻어 원고를 받아 이 작품집을 판매하여 그 이익금을 피해지에 의연한다는 취지에서 출간된 것이기 때문에 어떤 의미에서는 재난 상황에 대한 매우 적극적인 문학적 대응이라 할 수 있다.

이외에도 메이지시대에는 다양한 작가와 장르의 재난문학이 만들어졌다. 메이지산리쿠지진과 쓰나미 당시 신문 『일본(日本)』에 쓰나미의 의미인 「해소(海嘯)」라는 제목으로 발표한 마사오카 시키(正岡子規)의 하이쿠(俳句) 작품, 민속학의 개척자 야나기다 구니오(柳田國男)가 이와테현(岩手県) 도노(遠野)지방에서 전해지는 일화와 전승 등을 1910년

에 서술한 설화집 『도노이야기(遠野物語)』의 99번째 이야기, 근대 여성문학자 히구치 이치요(樋口一葉)가 이 1894년 메이지도쿄대지진을 일기에 상세하게 기술하였으며, 나아가 집안의 몰락을 원망하여 옛 연인이었던 미남 대의사(代議士)에게 복수하려고 하는 이야기인 소설 「암야(闇夜)」(1894)에 하나의 소재로 그리고 있다는 점, 1889년 구마모토지진(熊本地震) 때 일반인들에게 널리 유포되었던 '가조에우타(数え歌)' 등을 들 수 있다. 라프카디오 헌(小泉八雲)이 산리쿠쓰나미의 소식을 듣고 1854년에 일어난 안세이남해지진(安政南海地震) 당시 쓰나미와 관련하여 쓴 영문소설 '*A Living God*'(1937년에 국정교과서에 「볏가리의 불(稲むらの火)」이라는 타이틀로 게재)도 바로 메이지시대 재난문학에 해당한다.

그림6 메이지산리쿠 쓰나미당시 『풍속화보』의 임시증간 특별호

한편, 메이지시대에 창작된 작품은 아니지만 다니자키 준이치로가 70세가 되어 1894년 메이지도쿄대지진을 활사한 「유소시대(幼少時代)」(1955~1956), 메이지산리쿠지진과 쓰나미를 상세하게 그린 요시무라 아키라(吉村昭)의 르포르타주 문학 『산리쿠해안 대형쓰나미(三陸海岸大津波)』(1970)도 크게는 메이지 재난문학에 속한다고 볼 수 있다.

한편 일본 최초의 화보 잡지인 『풍속화보(風俗画報)』(1889~1916)에서는 이러한 자연재해의 모습을 생생한 그림과 사진으로 담았다. 노비지진, 메이지산리쿠지진 당시에 특집호를 냈으며 홍수 자연재해도 다섯

번에 걸쳐 화보를 게재했다. 이는 그림을 매체로 한다는 의미에서 신문사의 재난기사보다도 재난을 더욱 생생하게 전달하고 있다. 이와 같이 근대기 일본의 재난문학은 1923년 간토대지진 이전인 메이지시대에도 자연재해에 대응한 재난문학이 활발하게 창작되어 여러 장르에 걸쳐 다양한 형태로 존재하고 있었다.

2. 메이지시대 신문의 재난 의연금 모집과 의연소설집 간행

이와 같이 메이지 유신을 통해 문명개화를 슬로건으로 서양근대문명을 적극적으로 수용하며 근대화에 박차를 가했던 메이지시대에도 지진이나 쓰나미, 화산 분화 등 자연재해가 연이어 발생했다. 메이지시대에는 신문이나 잡지 등 근대적인 미디어가 크게 발달함에 따라서 이러한 지진이나 쓰나미 등 자연재해가 신속하게 전국적인 규모로 재난 보도가 이루어졌다.

노비지진 당시에는 지진이 일어나고 이틀 후 "아이치(愛知), 기후(岐阜), 후쿠이(福井) 등 세 현(縣)을 비롯하여 (중략) 참상을 목격하고 수천의 인민은 이로 인해 사상(死傷)의 불행에 빠졌다."[34]라고 『도쿄니치니치신문(東京日日新聞)』은 지진의 피해상을 상세하게 전하고 있다. 메이지산리쿠지진과 쓰나미 재해가 있었던 1896년이 되면 재난 상황 보도는 더욱 신속해졌다. 예를 들면 "해소(海嘯, 대참상) 16일 오후 3시 35분

34 「大震!!」, 『東京日日新聞』, 1891.10.30.

센다이 특발(仙台特發)", "해소(海嘯, 대참상) 16일 오후 1시 39분 아오모리 특발(青森特發)"[35]이라는 표제는 『도쿄아사히신문(東京朝日新聞)』의 기사인데, 거대 쓰나미가 15일 밤늦게 발생했음에도 불구하고 다음날 '전보란'을 통해 일본 동북지방 곳곳의 쓰나미 피해상황을 신속하게 전달하고 있었다. 이 사이에 전보와 같은 통신수단의 발달도 이러한 신속한 보도에 일익을 담당했다. 물론 에도시대에도 지진이나 화재 등 다양한 재해를 가와라반(瓦版)으로 인쇄한 매체가 유통되었다고 하지만, 메이지시대 전보 등 근대적 통신 수단을 통해 자연재난을 전국적으로 신속하게 보도할 수 있었던 것은 근대적 언론 매체의 발달 덕분이라 할 수 있다.

그런데 메이지시대 근대적 언론 매체인 신문사는 재난 상황의 신속한 보도 외에도 자연재해와 관련하여 또 다른 역할을 담당하고 있었다. 재난을 당한 사람들을 금전적으로 돕고 피재지의 복구와 부흥을 위한 의연금을 모집했던 것이다. 일본의 신문사들이 사회적 사업으로 지면의 홍보를 통해 재난 의연금의 모집을 시작한 것은 1885년 요도가와(淀川) 강 홍수 때부터 그 전례를 찾아볼 수 있는데, 다섯 개의 대형 신문사가 합동하여 전국적으로 의연금 모집을 시작한 것은 1886년 영국 여객선 노먼턴호가 조난당했을 때 일본인 승객 25명이 바다에 희생된 사건부터이며, 이후 1888년 반다이산(磐梯山) 화산 분화 당시에는 열다섯 개의 중앙 신문사가 합동으로 공동 의연금 모집을 실시하면서 하나의 관행으로 굳어졌다.[36]

---

35 「電報」, 『東京朝日新聞』, 1896.6.17.

36 北原糸子編, 『日本災害史』, 2012, p.294.

실제 노비지진이 발생했을 때, 1891년 11월 1일자 『도쿄아사히신문』은 1면 상단에 「이재자구휼금모집(罹災者救恤罹金募集)」이라는 제목의 기사를 내어 "여러 자선가 제군, 특별히 우리의 대자비심, 대의협심이 풍부한 애독자 제군, 감히 스스로 나서서 다소의 구휼금을 희사의연하여 이 불행한 동포로 하여금 그 참고(慘苦)의 얼마간을 가볍게 해"[37] 줄 것을 호소하며 재난 의연금을 모집하고 있다. 그리고 메이지산리쿠지진과 쓰나미 재해 당시에도 1896년 6월 20일자 『오사카마이니치신문(大阪毎日新聞)』은 1면 상단에 "아아 동포들이 이러한 참화를 당한 것을 견문하는 자는 그 누가 조금이라도 눈물을 흘리지 않겠는가, (중략) 세상 자선의 군자, 분발하여 계속 증여하시기를"[38]이라는 기사를 통해 의연금 기부를 호소했다. 메이지시대 당시 중앙지나 지방지를 가리지 않고 이러한 재난 의연금 모집이 신문사의 사회사업으로 정착했는데 이들 의연금 모집 기사들은 하나같이 동포에 대한 애정과 그들의 어려움에 대한 자선을 강조했다.

메이지시대 각종 자연재해에 즈음하여 의연금 모집에 가장 높은 실적을 보인 『시사신보(時事新報)』의 의연금 모집사업을 고찰한 도쿠라 다케유키(都倉武之)는 "의연금 응모라고 하는 행동이 사회를 구성하고 있는 시민 혹은 국가를 구성하는 국민의 한 사람이라는 의식을 환기하는 기회가 되었으며, 나아가서는 일본의 문명도를 세계에 보여주는 중요한 의미를 가지"[39]고 있었다고 해설하고 있다. 이러한 설명은 메이지

37 「罹災者救恤罹金募集」, 『東京朝日新聞』, 1891.11.1.

38 「義捐金募集」, 『大阪毎日新聞』, 1896.6.20.

39 都倉武之, 「草創期メディア・イベントとしての義捐金募集―『時事新報』を中心に(二)」日欧

시대 모든 신문들이 곤경을 당한 동포에 대한 애정을 강조하고 모든 기부자들의 명부를 신문에 일일이 게재하였던 사실과 관련이 있었으며, 더구나 자선이나 의협심을 내세우며 도덕성을 강조하는 신문 논조에 잘 드러나 있다. 자연재해로 어려움에 봉착한 동포들을 위해 실시된 의연금 모집은 당시 일본인들 모두에게 국민으로서의 동일성과 일체감을 확인시켜주는 중요한 계기가 되었던 셈이다.

앞에서 보았듯이 메이지시대 문학자들도 화산의 분화, 지진, 쓰나미 등 다양한 형태의 자연재해에 즈음하여 이 자연재해가 초래한 심각한 피해와 참혹한 상황에 비통한 심정을 담아 다수의 재난문학을 창작했다. 그런데 메이지시대의 이러한 재난문학 중 당대 작가들의 문학적 대응을 가장 잘 보여주는 사례가 수십여 명의 문학자들이 원고를 투고해 참여했던 '의연소설집' 간행이다. '비노진재의연소설(尾濃震災義捐小說)'인 『뒤의 달빛』은 "비노(尾濃)지방 진재"에 즈음하여 "매상 순익을 양지(兩地-기후현과 아이치현)에 의연(義捐)하고자"[40] 간행하고 있으며 메이지산리쿠지진과 쓰나미의 『해소의연소설(海嘯義捐小說)』은 "산리쿠 해소의연소설을 간행하여 순익을 올려 이를 의연하"[41]기 위함이라고 밝힌 취지를 보면 작품집의 간행 이유가 잘 나타나 있다. 메이지시대 문학자들은 부모와 자식, 또는 배우자나 연인을 잃고 살아갈 집이나 생활 도구조차도 잃어버린 피재지의 동포를 위해, 자신들의 작품들을 모

比較文化研究会『日欧比較文化研究』6, 2006.10, p.38.

40 「本編発行の趣意」(『後の月かげ』, 春陽堂, 1891.12), pp.1-2.

41 「文芸倶楽部臨時増刊 三陸海嘯義捐小説」, 『文芸倶楽部』第2巻第8編, 博文館, 1896.7, p.174.

아 간행하여 이 수익금을 의연금으로 기부하는 형태를 통해 문학자로서 사회적 역할을 수행하고자 하였던 것이다. 그렇기 때문에 이들 작품집에는 후쿠치 오치(福地桜痴), 쓰보우치 쇼요(坪内逍遙), 아에바 고손(饗庭篁村), 야마다 비묘(山田微妙), 모리 오가이(森鴎外), 히로쓰 류로(広津柳浪), 스즈키 도쿠치(鈴木得知), 이시바시 시안(石橋思案), 오자키 고요(尾崎紅葉), 이즈미 교카(泉鏡花), 고다 로한(幸田露伴) 등 당대를 대표하는 다수 작가들의 작품을 망라하여 싣고 있었다.

이와 같이 1880년대 중후반 이후 사실주의를 통해 일본근대문학이 성립하는 시기라 할 수 있는 1890년대 무렵 가장 큰 자연재해였던 '노비지진'과 '메이지산리쿠지진 및 쓰나미'에 즈음하여 작가들은 '의연'이라는 형식으로 이 거대재난에 적극 대응하고자 했다. 그러면 '노비지진'과 '메이지산리쿠지진 및 쓰나미' 이후 이들 작가들이 '의연소설'이라는 타이틀을 붙이며 소설집을 출간한 의미는 무엇이며 이들 작품집의 사회 · 문화적 의미는 무엇인지를 보도록 하자.

『해소의연소설』과 비노지진의연소설집인 『뒤의 달빛』은 문예지를 포함하여 여러 번에 걸쳐 당시 일간신문에 광고문을 냈다. "산리쿠해소라는 재해는 실제로 천하의 다시없는 참극이다. 이제 박애(博愛)의 문사와 도모하여 문예구락부를 임시로 증간하고, 그 판매 순익을 피해자에게 의연하고자 한다. 바라건대 세상 자인(慈仁)의 군자는 계속 구독의 수고를 하시어 그 여분의 이윤으로서 가장 크게 가장 많이 의연의 재원을 만들게 하라"[42]는 광고문을 『요미우리신문』(1896. 7.14 · 26)과

---

42 「文芸倶楽部 臨時増刊海嘯義捐小説」(『読売新聞』, 1896.7.14.과 1896.7.26.) / 『東京朝日新聞』, 1896.7.15.와 1896.7.30.) 한편 1896년 8월 7일 『東京朝日新聞』에는 이 소설집의 재판발

『도쿄아사히신문』(1896.7.15 · 30) 등 여러 번에 걸쳐 게재했다.

『요미우리신문』과 『도쿄아사히신문』에 낸 尾濃震災義捐小說 광고문

한편 『뒤의 달빛』에 대해서도 "이번 비노지방 진재는 실제로 미증유의 재해로서 그 피재자가 부모와 헤어지고 아이를 잃고 부부와 형제들이 이산(離散)하여 길가의 이슬을 맞고 차가운 바람을 맞고 슬퍼하고 탄식하는 참상을 견문하고는 누가 가만히 좌시할 수 있겠는가? (중략) 발매 1천부의 매상 순익을 두 지역에 의연하고자 하며 (중략) 발매 당일부터 계속 구매하실 것을 희망한다."[43]는 작품집 광고를 『요미우리신문』(1891.12.8)과 『도쿄아사히신문』(1891.12.10)에 연달아 게재하고 있다. 한편 같은 동포들이 겪고 있는 참상과 소설 독자들의 '박애' 정신과 '자인'을 적극적으로 강조하고 있는 의연소설집들은 당시 신문사들의 의연금 모집 캠페인과 그 틀을 같이하고 있었다. 의연소설집 기획자들은 신문광고뿐만 아니라 작품집의 판매 내역과 그 수익금에 관

행 광고문을 내고 있다.

43 「尾濃震災義捐小說 後の月かげ 各種読切」『読売新聞』, 1891.12.8. /『東京朝日新聞』 1891.12.10.

해서도 신문사의 의연금 캠페인과 마찬가지로 그 결과를 일일이 공표했다.

> 일금 삼백 엔(円)이다. 위는 본 박문관에서 해소의연소설을 발행하여 그 이익금을 이와테(岩手), 미야기(宮城), 아오모리(青森) 세 현에 의연한 금액 내역 (중략)
> 위 본지 애독의 제군 및 이 세상 박애의 사람들에게 감사드린다.
> 1896년 9월 박문관(博文館)[44]

이 글은 1896년 9월호 『문예구락부』에 실린 『해소의연소설』의 수익금과 세 현에 대한 기부내용을 독자에게 보고하는 기사로, 이와테현에는 150엔, 미야기현에 100엔, 아오모리현에는 50엔을 박문관의 이름으로 의연했음을 기술하고 있다. 더구나 이 세 현의 지사들이 보내온 감사장에는 해당 금액수령 내역도 함께 게재되어 있었다.

1889년에 대일본제국헌법(大日本帝国憲法)의 공포가 이루어지고, 패전 전까지 일본 도덕교육의 근간이었던 교육칙어(教育勅語)가 1890년에 발포되고 난 후 1890년대에는 근대국민국가로 나아가기 위한 제도적 정비가 이루어지고 다양한 분야에 걸쳐 이러한 흐름이 사상적으로 뒷받침되었다. 이와 같은 시대적 분위기 속에서 노비지진 당시 의연소설집으로 간행된 『뒤의 달빛』과 메이지산리쿠지진과 쓰나미 당시 간행된 『해소의연소설』은 메이지시대 근대적 언론매체로 성장한 신문사

---

44 「海嘯義捐小説義捐金報告」『文芸倶楽部』第2巻第11編, 1896.9, p.227.

의 '의연금 모집'이라는 사회사업의 영향권 속에 위치하고 있었다. 이들 신문사들은 재난 의연금 모집 이벤트를 통해 자비로운 자선 행위와 동포애를 늘 강조했는데, 이러한 행위는 일본이 근대국민국가의 형태를 정비해 가면서 필요로 했던 국민들의 일체감과 공동체 형성에 기여하는 방향으로 기획되었다. 그렇기 때문에 의연소설집들도 단지 자연재해가 할퀴고 지나간 참담한 현실과 비통한 심정을 묘사하는 데 머물지 않고 자연재해를 통해 근대국민국가가 필요로 한 이미지, 즉 재난 속 상상의 공동체를 형상화하는 데 기여했다.

3. 메이지시대 자연재해 의연소설집과 재난에 대한 인식

메이지시대 대표적인 자연재해였던 노비지진과 메이지산리쿠지진을 경험한 당시 문학자들이 만든 의연소설집은 1990년대 근대국민국가 사상과 밀접한 관련을 가지고 추진된 메이지시대 신문사의 의연금 모집에 호응하는 형태를 취했다. 이는 자연재해에 대한 가장 적극적인 문학적 대응이기도 했다. 이 의연소설집 작품들이 이러한 자연재해를 어떻게 형상화했는지를 보며 메이지시대 재난문학의 특징을 검토하도록 한다.

첫 번째 특징은 노비지진과 메이지산리쿠지진 쓰나미를 소재로 하여 자연재해를 묘사한 재난문학 작품들은 대부분의 경우 자연재해의 참상과 공포는 물론, 가족과 지인을 잃은 피해자들의 절규와 비통함을 적극적으로 형상화했다.

작품집 『뒤의 달빛』의 대표작으로는 노비지진을 경험하면서 이전에 도쿄에서 발생했던 안세이대지진을 연상하며 "기왓장이 날아가고 처마가 기울고 집이 무너지고 흙먼지가 순식간에 하늘을 덮고 맹렬한 화재가 팔방으로 일어나서 여자들과 아이들이 울부짖고 절규하는 소리가 도처에 들리"는 지진의 참상을 그린 「만년 하나오(万年鼻緒)」가 있다. "무서운 쓰나미는 집도 사람도 남김없이 사라지게 만들고 (중략) 걸려 있는 시체가 몇 구인지 그 수도 알 수 없다. 가까스로 살아남은 사람들은 (중략) 사리도 분별 못하고 부모 이름을 부르거나 아내를 찾거나 귀여운 우리 아이 구하겠다고 미친 듯이 여기저기서 뛰어다니"는 참상을 그린 『해소의연소설』의 「노의 물방울(櫂の雫)」 역시 쓰나미로 인한 재난의 참상을 생생하게 그리고 있다. 특히 작품집 『해소의연소설』에서는 가족과 연인, 그리고 평소 도움을 주었던 마을 사람을 잃은 자의 슬픔, 갓난아이와 더불어 쓰나미에 휩쓸려 간 참상, 하늘에 대한 원망과 한탄을 그린 작품이 매우 많다. 이러한 스토리는 시대와 지역을 가리지 않고 재난문학에서 가장 일반적으로 볼 수 있는 내용이다.

두 번째 특징은 지진과 쓰나미 전후의 참혹한 광경과 슬픔, 그리고 한탄을 형상화하는 데 머물지 않고 이 의연소설집이라는 작품집의 취지에 호응하여 의연하는 행위 그 자체를 주제로 하고 있다는 점이다.

- 이번 나고야의 대지진으로 집이 무너지거나 불에 타버리거나 하여 곤란한 사람이 많이 있기 때문에 (중략) 실은 오늘 학교 선생님으로부터 대지진의 참상을 듣고 불쌍하고 불쌍하여 견딜 수 없다. 제발 의연금을 주고 싶다고 (중략) 또한 어려움에 처한 사람들을 생

각하면 가령 1전이나 2전이라도 모쪼록 결심한 의연금, 하지 않고는 있을 수 없다.[45]

- 단지 남의 소문만 듣고 있어서는 얼마만큼 비참한지 잘 알 수 없기 때문에 실제로 현장을 돌아보고 과연 어떤지 본 그대로를 써서 도쿄의 신문사로 보내 널리 세상에 알리면 어느 정도 사람들의 자선심을 북돋울 수도 있지 않을까라고 생각해 4, 5일 전 도쿄를 출발하여 아쓰타(熱田)에서 나고야(名古屋)로 나와…[46]

첫 번째 작품은 근대 아동문학을 개척한 이와야 사자나미(巖谷小波)의 소설 「의연금(義捐金)」이라는 작품으로, 주인공 요시마쓰(芳松)가 학교에서 선생님으로부터 노비지진의 참상을 전해 듣고 어려움과 불행에 처한 사람들을 위해 의연금을 내고자 노력하는 이야기이다. 그러나 그의 가정도 어려웠기 때문에 부모가 단념시키려 하자, 심부름 가면서 받은 5전을 분실했다고 거짓말했지만 결국에는 발각되어 아버지로부터 심하게 꾸중을 듣는다. 그러나 이들이 거주하는 나가야(長屋) 관리인인 로쿠베(六兵衛) 노인이 이 시끄러운 소리를 듣고 방문하여 소란의 내용을 알고 가난하지만 어려운 사람들에게 도움이 될 촌지를 내고자 하는 요시마쓰의 생각에 감동하면서 그의 순수한 의도를 칭찬하고 본인도 의연금을 보태려고 한다.

---

45 漣山人, 「義捐金」『後の月かげ』, pp.87-96.

46 思案外史, 「車の上」『海嘯義捐小說』, p.64.

두 번째 소설은 메이지산리쿠지진 쓰나미가 1891년 노비지진 당시보다 10배 이상 참혹한 상황이라며, 노비지진의 재난 경험을 비추어 당시의 참상을 전하고자 한 이시바시 시안(石橋思案)의 「수레 위(車の上)」라는 작품이다. 이 소설은 노비지진 당시의 참상을 서술하고 있지만, 소설의 포인트는 주인공이 직접 경험한 피해지의 재난 상황을 도쿄에 있는 신문사에 송고하여 많은 사람들이 구제를 위해 기부를 하는데 일조하기 위함이었다.

이러한 의미에서 이 두 소설은 재난 의연소설집이라는 취지를 가장 잘 보여주는 작품이라고 지적할 수 있는데, 경제적 빈부와 관계없이 재난을 당한 동포를 위해 의연행위는 응당 해야 하는 것이며, 이러한 기부를 칭찬받아 마땅한 행동으로 널리 확산하고자 했다. 특히 「수레 위」라는 소설에서 "동포 수천의 살아 있는 백성의 목숨을 빼앗는" 참담한 천재를 목도하면서 하늘을 원망하는 장면을 보면 의연행위가 같은 동포에 대한 일체감의 강조와 틀을 같이하고 있음을 알 수 있다.

세 번째 특징은 「수레 위」라는 작품이 "자선가의 기증"과 재난 속에 "선인(善人)"이 존재하고 있음을 적극적으로 그리고 있다는 점을 보더라도 알 수 있듯이, 자연재해 속에서 미담(美談)을 찾아 그것을 사람들에게 널리 알리고자 했다는 점이다.

- 믿어지지 않는 건 신의 재판뿐이다. 아아, 우리들은 이 대재해가 왜 왔는지를 알지 못한다. 또한 신의 재판도 알지 못한다. 그러나 그들 3만의 불행한 사람들은 지금 하늘에서 의롭다고 여겨질 것인가, 그렇다 의롭다고 여겨져야 한다. 적어도 4천만 동포의 이러

한 따뜻한 눈물과 뜨거운 마음이 있는 한은.[47]

- 저쪽에서 사정을 남김없이 들었는데 쓰나미 속의 한 미담(美談), 남몰래 같이 따라 울었다. 이렇게 된 바에는 조금이라도 빨리 고지(幸次)씨는 자수하는 게 좋다. 나는 이 전말을 필기하여 신문지상에 낼 때에는 곧바로 세상의 이야깃거리, 숨겨진 사실이 발표될 것이다.[48]

첫 번째 작품은 야나가와 슌요(柳川春葉)의 「신의 재판(神の裁判)」이라는 소설로, 여기서 메이지산리쿠지진 쓰나미로 희생된 3만 명의 피해자들이 신의 재판을 기다리는 내용이다. 이 소설에서 화자는 신이 타락한 도시를 벌한 "노아의 홍수, 소돔과 고모라의 대화재"와 이 재난이 결코 같을 수 없음을 강조하며 "산리쿠의 우리 불행한 동포"라며 민족적 동일성에 감정이입을 한다. 이 소설에서는 죽은 자와 살아남은 자들은 모두 결국 4천만 동포로서 하나의 동일성을 가지는 존재이며, 살아남은 4천만의 따뜻한 동포애로 희생자들은 신의 재판에서 의로운 존재로 평가받아야 할 같은 동포인 것이다.

두 번째 작품은 미에 스이인(江見水蔭)의 「해변가 흰 파도(磯白波)」라는 글로, 자연재해를 틈타 감옥에서 탈옥한 사람을 두고, 그 가족들이 대형 쓰나미로 몇 만 명이나 희생되었는데도 자신만 살겠다고 탈옥한 행위를 가족들 모두의 수치로 인식하였으며 탈옥자도 결국 자신의 행동을 후회하면서 자수하기로 한다는 소설이다. 이 작품에서는 이러한

47 柳川春葉, 「神の裁判」 『海嘯義捐小説』, p.254.

48 江見水蔭, 「磯白波」 『海嘯義捐小説』, p.57.

탈옥 이야기와 더불어, 재난 시에는 "서로 돕고 도움을 받"으며, "구조하지 않으면 안 된다"는 인식이 곳곳에 반복되고 있는데, 재난 현장 취재를 하러온 신문기자인 나가시마 다다기요(永嶋忠清)는 이러한 사정을 재난의 미담이라 여기며 이 내용을 기사화하여 널리 알리려고 한다.

이렇듯 메이지시대 자연재해 피해자를 의연하기 위해 간행된 소설집 중에서 지진과 쓰나미를 소재로 한 문학작품에서는 피해자든 살아남은 자든 모든 구성원에 대해 '우리들 동포'라는 표현을 많이 사용하고 있다. 따라서 메이지시대의 재난문학은 당시 신문사의 의연금 모집 이벤트가 의도했던 것처럼, 민족적 동일성이라는 틀 속에서 자연재해의 참상을 더불어 슬퍼하고 이러한 가혹한 현실을 극복하고자 했다. 나아가 자연재해를 당하여 서로 상부상조하는 동포들의 미담을 항상화하여 재난 상황 속에서 민족이라는 '상상의 공동체'를 만드는 데 일조했다. 이러한 의연소설집의 방향성은 근대국민국가 형성기였던 메이지시대 재난문학의 가장 큰 특징이었다.[49]

49 정병호, 「메이지(明治)시대의 자연재해와 의연(義捐) 행위로서의 재난문학」(『비교일본학』제42집, 2018.6), pp.309-330 참조.

4. 메이지시대 재난문학 작품 소개

(1) 메이지산리쿠 거대 쓰나미와 하이쿠 문학: 마사오카 시키(正岡子規)의 하이쿠「해소(海嘯)」(『일본(日本)』, 1896.6.29)

❁ 작품 인용

마침 6월 15일 음력 단오를 즈음하여 동북지역 해안 수만 명의 백성들은 해소로 인해 하룻밤 사이에 다치고 상처를 입었다. 아아, 이 정도의 손해는 천재(天災)에도 전쟁에도 전대미문의 일이기 때문에 들을 때마다 소름이 돋지 않을 때가 없다.

꽐꽐 바다가 내는 소리는 장마철의 야음

(ごぼごぼと海鳴る音や五月闇)

창포(菖蒲)를 꽂고 쓰나미 올 거라고 생각했더니

(菖蒲葺いて津波来べしと思ひきや)

검은 산과 같은 큰 파도는 독설(毒舌)을 내밀어 연안의 집들도 나무들도 사람들도 모두 가리지 않고 곧바로 핥아버리고 사라졌다. 아아, 참혹하고도 참담하다. 아비규환의 목소리가 들려와 전신이 나도 모르게 전율한다.

두견새가 구해라 구해라 하는 소리가 다급하다

(時鳥救へ救へと声急なり)

모기떼에 어촌이 죄다 무너졌다

(蚊柱や漁村盡くつぶれたり)

청각채는 이런 쓰나미 지난 뒤의 나무숲인가

(海松かゝるつなみのあとの木立かな)

메꽃에 휘감기는 말부스러기에 파도소리

(晝顔にからむ藻屑や波の音)

여름철 짧은 밤에 소리 없이 타는 말 뼈다귀

(短夜やほろほろ燃ゆる馬の骨)

다행스럽게 살아남은 자들은 부모를 잃거나 아이를 잃거나 아내를 잃고, 또 가옥을 잃거나 식량을 잃고 목숨 하나도 이 세상에 주체 못하는데 어찌 아주 슬프지 않겠는가.

오월 추운데 살아남은 자도 눈물이로구나

(皐月寒し生り残りたるも涙にて)

살아남은 골신(骨身)에 여름의 죽은 빈약하다

(生き残る骨身に夏の粥寒し)

천하의 사람들 누가 이를 슬퍼하지 않겠는가. 죽은 자는 관(棺)이 없고 살아남은 자는 먹을 것 없는데.

장마는 사람들의 눈물이라고 생각 든다

(五月雨は人の涙と思ふべし)

요즘은 반딧불을 보아도 가련하다

(此頃は蛍を見てもあはれなり)

양민이 무슨 죄가 있겠는가. 물의 신을 마땅히 벌해야 한다.

그 어린잎으로 해신(海神)이 노하다니 무슨 일인가

(若葉して海神怒る何事ぞ)

오랜 동안 동쪽 바다의 파도를 막아서 두 번 다시는 이런 재해가 없도록 해야 할 것이다.

거친 바다를 막아서 일어나지 않는 뭉게구름

(あら海をおさえて立ちぬ雲の峰)

황공한 곳(황실)은 이 일을 들으시고는 바로 금전을 하사하시며 시종으로 하여금 실제 상황을 살피게 하셨다.

여름의 풀에 단 이슬로 뒤덮인 천황의 눈물

(夏草や甘露とかゝる御涙)

작품 해설

마사오카 시키(1867~1902)는 하이쿠, 단카(短歌), 소설, 신체시, 평론 등 다양한 문학적 활동을 하였으며 특히 하이쿠와 단카의 근대적 개혁운동을 수행하여 근현대 단시형 시가문학의 근대적 정립에 다대한 역할을 수행했다.

마사오카 시키가 「해소(海嘯)」라는 제목으로 신문 『일본(日本)』에 발표한 하이쿠 14수는 메이지산리쿠지진 쓰나미의 참상과 이에 대한 작가의 비통한 심정을 잘 보여주고 있다. 이 글에서는 전쟁보다 심각한 거대 자연재해에 대한 전율, 피해지의 참혹함에 대한 비통과 한탄, 다시는 이러한 재난이 있어서는 안 된다는 절실함이 생생하게 기술되어 있다. 마사오카 시키는 이 당시 신문 『일본』의 기자직을 수행하고 있었기 때문에 메이지산리쿠 쓰나미의 피해상황과 실상을 누구보다도 빠르고 자세하게 접할 수 있었다. 덕분에 이 「해소」라는 하이쿠 작품은 작가의 비통한 심정과 생생한 현장감이 그대로 전달되고 있는 근대 초기 재난문학의 수작이라 할 수 있다.

(2) 설화문학 속의 메이지 자연재해: 민속학 개척자 야나기다 구니오(柳田國男)의 『도노이야기(遠野物語)』(1910)

❁ 작품 인용

쓰치부치무라(土淵村)의 부촌장 기타가와 기요시(北川清)라는 사람의 집은 히이시(字火石)에 있다. 대대로 불도를 수행하는 승려로서 조부는 쇼후쿠인(正福院)이라고 하는데 학자로서 저작도 많으며 마을을 위해 갖은 노력을 했던 사람이다. 기요시의 동생으로 후쿠지(福二)라는 사람은 해안인 다노하마(田の浜)에 데릴사위로 갔는데, 몇 해 전 큰 쓰나미를 당해 아내와 아이를 잃고 살아남은 두 아이와 더불어 원래의 집터에 오두막집을 세우고 1년 정도 지냈다. 초여름 어느 달밤에 화장실에 가려고 일어났는데 멀리 떨어진 곳에 있어서 가는 길도 파도가 치는 물가이다. 안개가 낀 밤에 그 안개 속에서 남녀 두 사람이 다가오는 것을 보았는데 여자는 바로 죽은 자신의 아내였다. 자신도 모르게 그

미행하여 멀리 후나코시무라(船越村) 쪽으로 가는 갑(岬)의 동굴 있는 곳까지 쫓아갔다. 이름을 불렀더니 돌아보고 생긋 웃었다. 남자는 누군가 하고 보았더니 이 사람도 같은 마을 사람으로 쓰나미 재난 때 죽은 자였다. 자신이 데릴사위로 가기 이전에 서로 깊이 마음을 통했다고 들었던 남자이다. 지금은 이 사람과 부부가 되어 있다고 하지만 아이들은 사랑스럽지 않은가라고 했더니 여자는 조금 안색을 바꾸고 울었다. 죽은 사람과 말한다고는 생각되지 않고 슬프고 비참해졌기 때문에 발밑을 보고 있었던 사이에 남녀는 재차 발 빠르게 그곳을 물러나서 오우라(小浦)로 가는 길의 산그늘을 돌아서 보이지 않았다. 쫓아가서 보았더니 갑자기 죽은 사람이었다는 생각이 미쳐서 새벽까지 길 한복판에 서서 생각하다 아침이 되어서야 돌아왔다. 그 후에 오랫동안 괴로웠다고 한다.

작품 해설

이 작품은 야나기다 구니오(1875~1962)가 1910년에 일본 동북지역인 이와테현(岩手県) 도노지방에 전해지는 전승을 그린 설화집이다. 작가이자 구승문학 수집가였다. 사사키 기젠(佐々木喜善)으로부터 들은 이야기를 야나기다 구니오가 기술, 편집한 것으로 일본 민속학의 선구적인 작품이다.

이 이야기는 「도노이야기」 중에서 99번째 설화로 메이지산리쿠 쓰나미 당시 심각한 피해를 받았던 쓰치부치무라(土淵村) 마을을 배경으로 하고 있다. 어느 날 밤에 이 자연재해로 죽은 아내가 역시 이 쓰나미로 죽은 결혼 전 연인과 함께 있는 장면을 목격하는 한 남자의 이야기이다. 이야기가 초현실적인 모티프이기는 하지만, 결혼 전 한 남자를 만나고 있었지만 다른 데릴사위와 결혼할 수밖에 없었던 경위, 쓰나미로 함께 죽은 연인이 다시 나타나지만 현실 속의 남편이 건네는 아이 이야기에 슬퍼하는 모습, 죽은 아내에 대해 말을 건네고 끝까지 이들을 쫓아가는 남편의 모습 등이 상당히 애상감 있게 표현되어 있다. 동북지역의 쓰나미 자연재해가 이 지역의 설화와 민속학에도 얼마만큼 투영되어 있는지를 잘 보여주는 작품이다.

(3) 메이지 자연재해와 의연소설집: 『뒤의 달빛(後の月かげ)』(1891)과 『해소의연소설(海嘯義捐小説)』(1896)

❖ 작품 인용

• 「본편 발행의 취의(本編発行の趣意)」(『뒤의 달빛(後の月かげ)』, 春陽堂, 1891.12)

지난 안세이(安政) 2년(1855) 에도대지진(江戸大地震) 당시에는 내가 아직 어렸지만 그 참상을 근방에서 보고 지금에 이르기까지 잊을 수 없다. 따라서 이번에 비노(尾濃)지방의 진재 소식을 듣고 부모와 헤어지고 아이를 잃고, 부부와 형제들이 이산(離散)하여 길가의 이슬을 맞고 차가운 바람을 맞고 슬퍼하며 탄식하는 정황을 살피고 있으면 잠자코 좌시할 수 없다. 그래서 문학 제 명가들에게 자작의 명문 각 하나씩 기고를 청하고 이것을 슌요도(春陽堂) 주인에게 부탁하여 하나의 소책

자로 만들어 발매하여 일천 부의 매상 순익을 두 지역에 의연(義捐)하고자 한다.

• 「문예구락부 임시증간 산리쿠해소의연소설(文芸俱楽部臨時増刊 三陸海嘯義捐小説)」(『문예구락부(文芸俱楽部)』, 博文館, 1896.7)

산리쿠 거대 쓰나미가 일어나자 폐 박문관은 신속하게 특파원을 파견하여 실황을 시찰하도록 하였으며 또한 이를 사진으로 찍어 각 잡지에서 남김없이 독자들에게 보도하였다. 이제는 그 비참함을 차마 간과할 수 없다. 후쿠치 오치(福地桜痴), 아에바 고손(饗庭篁村), 요다 갓카이(依田学海), 모리 오가이(森鴎外), 스즈키 도쿠치(鈴木得知), 오자키 고요(尾崎紅葉), 고다 로한(幸田露伴), 미야자키 산마이(宮崎三昧) 등 제 선생을 비롯하여 각 문학 대가(大家) 50여 명 및 각 화백의 찬조를 얻어 산리쿠해소의연소설을 간행하여 순익을 올려서 이를 의연하고자 한다.

작품 해설

메이지시대에 일어난 다양한 형태의 자연재해 중 가장 피해가 심각했던 것은 1891년 10월 28일 현재의 아이치현과 기후현에 발생하였던 '노비(濃尾)지진'과 2011년 동일본대지진과 비슷한 유형으로 일본 동북부지역 해안에 엄청난 쓰나미 피해를 주었던 1896년 6월 15일의 '메이지산리쿠(明治三陸)지진과 쓰나미'였다. 이러한 거대재난을 즈음하여 메이지시대 문학자들은 동시대 작가들의 작품을 모아 작품집을 만들어 이 판매 수익금을 피재지에 보내려고 하는 '의연소설집'을

기획했다. 첫 번째 글이 1891년 노비지진을 즈음하여 스즈키 도쿠치(鈴木得知)를 발기인으로 하여 발간한 '비노진재의연소설(尾濃震災義捐小說)'인 『뒤의 달빛(後の月かげ)』의 소설집 간행 취지문이다. 두 번째 글은 1896년 메이지산리쿠지진과 쓰나미 피해자를 위해 당시 대표적인 문예지인 『문예구락부(文芸倶楽部)』가 임시증간호로 간행한 『해소의연소설(海嘯義捐小說)』의 발행을 알리는 문장이다. 이 두 의연소설집은 메이지시대 근대적 언론매체로 발전한 신문사의 재난 의연금 모집 사업과 같은 유형의 이벤트라고 할 수 있다. 이 의연소설집을 통해 근대국민국가의 이념이라 할 수 있는 민족적 동일성의 이미지를 적극적으로 만들어갔을 뿐만 아니라 이러한 자연재해의 실상을 반영한 작품을 다수 게재했다.

제4장

간토(関東)대지진과 재난문학

1. 간토대지진의 특징과 정치・사회적 영향

1923년 9월 1일 도쿄는 아침부터 가랑비가 간간히 내렸으며 점심시간 가까이에는 초속 10m에 달하는 강한 남쪽 바람이 불고 있었다. 당시 토요일은 반일 근무이기 때문에 오전 업무를 끝마친 모든 관공서와 회사가 한주의 업무를 파할 시간인 오전 11시 58분 44초 도쿄의 모든 건물과 대지가 크게 흔들리기 시작했다. 근대 이후 재난역사상 가장 큰 피해를 남긴 간토대지진이 도쿄, 가나가와현(神奈川県), 지바현(千葉県), 사이타마현(埼玉県), 시즈오카현(静岡県), 야마나시현(山梨県)에 각각 진도 5에서 6을 기록하며 엄청난 타격을 주는 순간이었다. 진원지는 규모 7.9의 강도였다. 근대일본의 수도였던 도쿄는 물론 요코하마 등 수많은 인구가 밀집해 있었던 수도권 전역에 건물 붕괴, 화재, 산사태, 쓰나미 등의 피해가 발생하였으며 10만 5천여 명이 사망하거나 실종되었다.

특히 간토대지진 당시 수도권 전역에서 일어난 화재로 인해 피해규모는 눈덩이처럼 불어났다. 도쿄에서는 지진 이후 곧바로 132곳에서 화재가 일어나 2일간 계속되어 전 도시의 64%에 이르는 지역이 초토화되었다. 9월 1일 야간에는 기온이 46도에 이를 정도로 화재 규모는 엄청났는데, 이 화재로 약 5만 명 정도가 희생되었다. 특히 혼죠구(本所区, 현재의 黒田区)의 구육군 피복창(被服廠) 부지에 약 4만 명의 사람들이 화재를 피해 모여 있었는데, 갑자기 거대한 회오리바람이 일어나 이

바람을 타고 불이 옮겨 붙어 모여 있던 대부분의 사람들이 목숨을 잃었다. 지진 그 자체보다 이렇게 화재로 인한 피해가 훨씬 심각했던 이유는 점심시간 가까운 시간대에 지진이 일어났기 때문에 많은 가정에서 불을 사용하고 있었다는 점, 일본에 목조 건물이 많았던 점, 동시다발적인 화재로 소방당국이 충분히 대응할 수 없었던 점 등을 들 수 있다.[50]

이 지진 발생으로 도시의 교통 등 인프라 시설은 물론, 통신시설, 우편관련 시설, 신문 등 언론 관련 시설에도 타격을 주었으며, 큰 여진과 화재가 이어지는 가운데 수도권 시민들은 불안한 심정으로 피난길에 올랐다. 도쿄는 지진과 화재로 수도 기능을 완전히 상실하고 말았다. 그리고 군과 경찰을 중심으로 정부는 각 지역에 질서를 회복하겠다는 조치로 자경단(自警團) 조직에 적극 개입하는 한편, 혼란을 극복하고 사회 질서를 회복한다는 명분으로 9월 2일 곧바로 계엄령을 선포했다. 이러한 과정에서 제1차세계대전 이후 군축여론의 분위기 속에서 다소 위축되어 있던 군대가 사회질서 유지 역할을 담당하면서 일본 사회에 전면으로 등장하는 계기가 만들어졌다. 다음 문장은 간토대지진을 전후하여 일본의 정치적, 사회적 변화를 이해하는 데 매우 중요한 내용이다.

> 간토대지진은 그 가공할 천재(天災)와 인재(人災)의 더블 펀치에 의해 다이쇼(大正) 데모크라시의 종언을 고하고 쇼와(昭和) 군국주의와 금

50 NHK情報ネットワーク・NHKソフトウェア 編, 『NHK20世紀日本 大災害の記録』(日本放送出版協会, 2002).

융공황 시대의 막이 열리는 전조가 되었다. (중략) 그러나 제도 부흥 때에 보인 국민의 샘솟는 듯한 에너지와 통반석 같은 굳은 단결심, 그리고 한편으로 불행 속에서 서로 돕고, 또한 조선인들을 목숨 걸고 비호한 의협심 두터운, 인간으로서의 따뜻함이 있는 사람들이 있었던 점 (중략) 영구히 남아 계속 이야기되었다.[51]

다이쇼 시대는 이른바 '다이쇼 데모크라시'라고 불리는 개방적이고 민본주의 지향적인 분위기가 무르익고 있었던 시기였다. 보통선거를 요구하는 목소리가 힘을 얻어가면서 집회, 결사의 자유를 둘러싼 운동이 일어나고 노동자의 단결권과 파업권을 요구하는 주장이 고양되었고 남녀평등이나 자유교육 등의 목소리도 높아졌으며 군대의 해외파병 중지 요구도 비등했으며 정치적으로도 1917년 본격적인 의미의 정당내각이 들어서기도 했다. 그러나 간토대지진을 계기로 하여 정부는 지진이라는 재난상황을 계엄령 발령으로 정부의 뜻에 맞게 사회 분위기를 통제하려고 했다. 예를 들면 9월 7일에 발령된 긴급칙령(緊急勅令) '치안유지를 위한 벌칙에 관한 건'이 이에 해당한다. 이 칙령은 1925년에 공포된 일본사회의 적극적인 사상통제를 위한 '치안유지법'의 전신에 해당하는 칙령으로 국가의 질서유지라는 명분으로 사회를 적극적으로 통제하기 위한 한 방편이었다.

이러한 가운데, 군대와 경찰은 간토대지진 이후 3대 학살사건이라 불리는 '아마카스(甘粕) 사건', '가메이도(亀戸) 사건', '조선인 학살 사

51 中島陽一郎,『関東大震災ーその實相と歴史的意義』(雄山閣, 1973), 서문.

건'에 깊숙이 개입하게 된다. 가메이도 사건은 사회주의자이자 노동쟁의 등으로 불온시 되었던 히라사와 게이시치(平沢計七, 1889~1923), 가와이 도시토라(川合義虎, 1902~1923) 등 10명이 간토대지진의 혼란 속에서 가메이도(亀戸) 경찰에 체포되어 기병 제1사단(騎兵第1旅団)에 의해 사살된 사건이다. 아마카스 사건은 메이지 · 다이쇼 시대 일본의 대표적인 아나키스트인 오스기 사카에(大杉栄, 1885~1923)가 9월 16일 작가인 이토 노에(伊藤野枝)와 더불어 헌병대에 연행되어 헌병대사령부에서 살해를 당한 사건인데 이 두 사건은 계엄령 하에서 자행된 대표적인 불법탄압 사건이다. 오스기 사카에를 불법으로 체포, 구금, 살해한 육군헌병대위 아마카스 마사히코(甘粕正彦, 1891~1945)는 짧은 기간만 복역하고 출소했으며 나중에 만주로 건너가 만주의 관동군(関東軍)에 관련하면서 만주국 건설에 일익을 담당했다.

이러한 과정에서 사회주의나 노동조합 운동에 대한 통제와 탄압이 강화되었으며 결국 1925년 치안유지법이 성립되어 사상통제를 적극적으로 실시하게 된다. 이와 더불어 군비도 간토대지진 이전과 달리 확장되는 방향으로 전환되었고, 다양한 방면에서 재난수습을 위한 거대 예산이 소모되고 경제가 악화되는 과정에서 1927년에는 금융공황을 맞이하게 된다. 이러한 사회적 흐름 속에서 일본사회는 이른바 군부를 중심으로 한 '군국주의'가 강화되어 1931년 만주사변, 1937년 중일전쟁, 1941년 태평양 전쟁으로 이어지게 되었는데 간토대지진은 이러한 정치적, 사회적 변화의 터닝포인트가 되었다고 볼 수 있다.

한편, 대지진 이후 완전히 괴멸상태에 이른 수도 도쿄를 새롭게 부흥시키기 위한 다양한 움직임도 나타났다. 9월 2일에 전 수상의 급작스러운 죽음으로 공석이었던 수상 자리에 오른 야마모토 곤효헤이(山本権兵衛)는 스스로 총재를 역임한 '제도부흥심의회(帝都復興審議会)'를 설치했으며, 9월 27일에는 내무대신이었던 고토 신페이(後藤新平)를 총재로 하는 '제도부흥원(帝都復興院)'이 만들어져 이곳에서 수도부흥계획이 입안 · 추진되었다. 실제 고토 신페이가 계획하였던 부흥계획은 예산 문제로 크게 축소되었지만 에도(江戸)시대 이후 수도 도쿄를 완전히 탈바꿈시키는 대개조 작업이었다. 고토 신페이는 간토대지진 이후 수도를 옮겨야 한다는 천도론을 부정하고 서양의 최신 도시 계획을 참조하면서 30억 엔의 부흥비를 책정하고자 했다. 부흥 예산은 국회에서 대폭 삭감되었지만 고토 신페이를 중심으로 그들이 계획했던 대개조 작업이 빠르게 진행되었다. 수도 부흥이라는 계획 중 가장 중요한 대상은 근대적 수도에 걸맞는 간선도로를 구축하는 작업이었다. 에도시대부터 이어져 오던 시가형태를 벗어나 도로와 인도를 구분하고 가로수의 식수는 물론 도로도 새롭게 포장하고 도로폭도 크게 확장시켜 동서 2대 간선도로를 중심으로 간선가로 52개, 보조선가로 122개를 새롭게 구축하고자 했다. 그리고 도쿄의 하천운하의 중요성을 고려하여 근대식 부흥교량을 새로 설치하고 재난 시 방재와 피난처의 역할까지 담당할 수 있는 신개념의 3대 공원과 52개의 소공원을 새롭게 조성했다. 그리고 이 52개의 소공원은 주변의 소학교와 연계하여 지역 커뮤니티의 중심적 역할을 수행할 수 있는 기능을 부여했다.[52]

이러한 도쿄의 부흥과정을 통해 도쿄는 완전히 일변한 모던한 근대

52 越沢明, 『後藤新平—大震災と帝都復興』(ちくま新書, 2011), pp.265-286.

도시로 탈바꿈하였으며, 1930년 3월에는 제도부흥기념장(帝都復興記念章)이 만들어져 부흥에 기여한 자들에게 수여되었으며 수도의 부흥 완성을 기념하는 행사가 열렸다. 한편 1960년부터 일부지역을 제외하고 간토대지진이 일어났던 9월 1일을 '방재의 날'로 정해 방재훈련을 실시하고 있다.

2. 간토대지진의 유언비어와 조선인 학살

일본근대문학 작가 중 문예지 『문학계(文學界)』 활동을 통해 낭만주의 근대시를 개척하고 『파계(破戒)』(1906)라는 작품을 통해 일본 자연주의문학을 개척한 시마자키 도손(島崎藤村)은 「아이에게 보내는 편지(子に送る手紙)」(1923)라는 작품에서 간토대지진을 다음과 같이 서술하고 있다.

> "적이 온다, 적이 와…"
> 이천 명이나 되는 적이 습격해 올 것이라고 하는 옛날이야기라고 해야 믿을 법한 풍문은 그다음 날에도 계속되었다. (중략) 이 비참한 지진에 편승해 한층 사람 마음을 혼란스럽게 만드는 동포들이 있을 것이라고는 믿고 싶지 않았다. 우리들은 우리들 안에서 출몰할지 모를 유령을 두려워했다. 그런 유언비어에 자극 받아 적도 아닌 상대방이 진짜 적이 되어 나타날 것을 겁냈다. 이런 때에 신문이라도 있어서 정확한 보도를 전해 주었다면 좋았을 텐데 하고 우리는 생각했다.

이 소설은 당시 도쿄에 살았던 작가가 나가노현(長野県) 기소(木曾)의 산지에서 혼자 생활하는 장남에게 편지 형식으로 도쿄의 지진과 화재의 상황, 가족들이 무사하게 지내고 있다는 안부를 적은 작품이다. 그런데 여기에 인용한 문장은 조선인이 습격한다거나 우물을 독을 푼다는 유언비어를 통해 간토대지진 당시 조선인 학살사건을 전경화하고 있는 부분인데 이 조선인 학살사건을 정확하게 적시하고 있지는 않지만 당시의 살벌한 현장을 다소 비판적으로 그리고 있다.

실제, 대지진이 일어나고 화재가 도쿄와 요코하마 등지로 빠르게 번지고 있었을 무렵 조선인이 습격해 온다거나 폭탄테러를 자행하거나 불을 지르고 우물에 독약을 풀고 있다는 이야기가 퍼지기 시작했다. 9월 3일자 『도쿄일일신문(東京日日新聞)』의 "불령선인(不逞鮮人) 각지에 방화하여 제도(帝都)에 계엄령을 실시하다", "조선인이 도처에 난도질을 해댄다. 200명 칼을 빼서 집결, 경관대와 충돌하다"라는 제목의 기사, 9월 4일자 『호쿠리쿠타임스(北陸タイムス)』의 "피난민에게 폭탄을 던지고, 우물에 독약을 투입", "삼백의 조선인 강도와 강간" 등 언론사들도 전혀 확인되지 않은 내용을 여과 없이 그대로 보도했다. 그래서 이러한 유언비어가 수도권, 지방을 가리지 않고 민간인들 사이에 확산되어 갔는데 유언비어가 이토록 광범위하게 확산되고 국민들이 이를 그대로 맹신하게 만든 근저에는 바로 군과 경찰이 있었다.

조선인이 집단적으로 습격하여 공권력에 대항한다거나 약탈과 방화를 한다는 유언비어가 초기에 경찰과 군대의 통신망으로 전달되었으며, 군대와 경찰은 각 지방에 이러한 내용을 타전하며 경계를 늦추지 말고 조선인의 단속을 촉구했다. 당시 통신과 전기시설 등 사회 기반시설이 붕괴된 상태에서 일반인들은 국가의 치안과 안전을 담당하는 기관인 군대와 경찰의 이러한 통신을 그대로 신봉할 수밖에 없었다.[53] 실제 군대와 경찰은 유언비어를 확산시킨 책임뿐만 아니라 스스로가 조선인들, 나아가 중국인, 사회주의자를 불법 구금하고 폭력을 가하며 학살하기도 했다. 예를 들면 이치가와 고노다이(市川国府台)의 야전 중포(重砲) 제1연대의 이와나미(岩波) 소위가 소마쓰가와(小松川)에서 조선인 노동자 200명을 살해하는 등 광범위하게 공권력에 의한 폭력과 학살이 이루어졌다.[54]

간토대지진이 일어난 당일 오후부터 일부 지역에서 이러한 유언비어가 유포되다 그날 저녁시간대부터 아니면 늦어도 9월 2일부터는 본격적으로 조선인에 대한 폭력이 이루어진다. 그래서 도쿄와 요코하마 등 간토지역을 중심으로 민간에서는 자경단, 재향군인회, 청년단 등의 조직이나 군중들에 의해, 나아가 위에서 언급했듯이 경찰이나 군대에 의해 집단적인 학살이 폭넓게 이루어졌다. 이에 대해서는 지금까지 많은 연구가 이루어져 당시의 증언이나 경험담, 그리고 보도 등을 통해 그 실상이 널리 알려져 있는데, 살해 방법도 죽창이나 투석, 그리고 무차별적인 구타 등을 통해 잔인하게 이루어졌다. 이 조선인 학살 관련 보도는 실제 언론통제를 실시하여 금지되었다가 10월 20일 이후가 되어서야 해금되어 이들의 희생에 대한 보도가 이루어지기 시작했다.

한편 당시 조선인을 '불령선인(不逞鮮人)'이라는 차별어를 통해 불온시하고 있었던 이유는 1919년 3.1 독립운동 이후 조선인에 대한 공포

53 中島陽一郎,『関東大震災ーその實相と歷史的意義』(雄山閣, 1973), p.158.

54 松尾章一,『関東大震災と戒厳令』(吉川弘文館, 2003), pp.80-88.

의식의 발현이 존재했기 때문이다. 실제 1910년 조선이 강제병합되기 이전부터 독립운동이 활발하게 이루어졌고 일본은 이러한 독립운동가들을 불온시하고 있었는데, 전국적 규모로 평화적 방법으로 전개되었던 3.1 독립운동에 위협을 느낀 일본인들이 조선인들에 대해 '불령' 이란 용어를 덧칠하여, 무엇인가 위험한 행동을 할 대상으로 간주하던 편견과 무의식이 집단적으로 공유되어 있었던 것이다.

이러한 폭력을 통해 실제 몇 명이 살해되었는지에 대해서는 여러 가지 이론이 존재한다. 당시 일본정부에서는 200~300명이 살해되었다고 밝혔으나 일본인 요시노 사쿠조(吉野作造)는 3,000명, 간토대지진 직후에 상해『독립신문』이 파견한 조사단은 6,400~6,600명이라고 발표했다. 금병동(琴秉洞)은 간토대지진 전후 간토지역의 재일조선인 숫자가 대폭 줄어든 상황을 고려하여 6,000명 이상이라고 보고 있으며『독립신문』의 조사가 신빙성이 있는 것으로 판단되고 있다.[55] 따라서 당시 일본 정부 발표와 상당한 차이가 존재하지만 지금까지 이루어진 피학살자 관련 연구내용을 보면 엄청난 숫자에 이르고 있음을 알 수 있다.

그런데 작가 구도 미요코(工藤美代子)는 2009년에『간토(関東)대지진 「조선인학살」의 진실』(産経新聞出版)이라는 책을 통해 간토대지진 당시에 일어난 조선인학살을 부정하고자 했으며 이를 둘러싼 일본 내 교육에 대해서도 이의를 제기했다. 이는 1990년대부터 이루어진 일본사회의 우경화 경향과 역사수정주의의 단면을 잘 보여주는데, 2011년 3 · 11 동일본대지진 이후 일본 사회의 단결과 애국주의 호소의 분위기 속에서 이

---

55 琴秉洞編, 「朝鮮人虐殺に關する知識人の反応1」(緑蔭書房, 1996).

러한 분위기는 더욱 심화되었다. 그 일단이 바로 2010년대 재일코리안이나 한국인을 공격하던 헤이트스피치 데모로 나타났다. 도쿄 신주쿠의 신오쿠보 지역에서 이러한 헤이트스피치에 항거하였던 가토 나오키(加藤直樹)의 글이 시사하는 바가 적지 않다.

간토대진재로부터 90년 후인 2013년, 나는 많은 시간을 도쿄 · 신오쿠보(新大久保) 노상에서 보내고 있었다. 그 전년부터 신오쿠보에서 재특회(在特会, 재일특권을 용납하지 않는 시민의 모임) 등의 민족차별주의자(레이시스트) 단체가 "한국인을 내쫓아라" 따위를 외치고, "좋은 한국인도 나쁜 한국인도 모두 죽여라"라는 플래카드를 내건 데모를 행하고 있었던 것은, 이에 대한 항의행동과 더불어 독자들에게도 기억에 새로울 것이다.
그렇지만 "불령조선인"이라는 문자를 그들의 플래카드에서 발견했을 때, 나는 1923년 간토대진재시의 조선인학살을 상기하고 오싹했다. 레이시스트들의 '죽여라'라는 외침은 90년 전에 도쿄의 노상에 울렸던 '죽여라'라는 외침과 공명하고 있다―.[56]

한편, 이러한 사태는 「참사의 뒤, 참사의 전(惨事のあと, 惨事のまえ)」이라는 소설에서 이미 경종을 울리고 있었다. 이 소설은 동일본대지진 1년을 맞이하여 일본과 미국, 영국에서 동시에 간행된 진재소설집 『그래도 3월은, 다시(それでも三月は, また)』에 실린 영국 소설가 데이비드 피

56 加藤直樹, 『九月, 東京の路上で』(ころから, 2014), pp.5-6.

스(David Peace)의 작품이다. 여기서 작품의 공간은 1923년 간토대지진 당시 아쿠타가와 류노스케(芥川竜之介)가 가와바타 야스나리(川端康成)의 안부를 걱정하여 그를 만나러 가는 길에 목도하는 지진 후 상황을 그리고 있다. 여기서 "아쿠타가와는 이 지진이 완전히 수습되는 일은 없다고 믿었다. 참사는 이제부터 올 거라고 믿고 있었다."[57]라는 대목으로 끝난다. 아쿠타가와가 가와바타 야스나리를 만나고 돌아오는 노상에서, 학살당한 조선인의 사체를 보고, 유언비어에 해당하는 조선인의 증거를 보지 못했음을 실토하는 한 순사의 말을 듣고 아쿠타가와는 더 큰 참사가 찾아올 거라는 미래를 상상하는데, 이는 간토대지진 참사 이후일 뿐만 아니라 동일본대지진 이후의 헤이트스피치에 준하는 상황에 대한 경고이기도 했다.

한편, 간토대지진이 어느 정도 안정적인 분위기로 돌아서고 조선인 학살관련 보도금지 지침이 해제될 시점부터 이러한 폭력과 살해를 비판적으로 형상화하는 재난문학이 다수 창작된다. 다케히사 유메지(竹久夢二) 『도쿄재난화신(東京災難画信)』(『都新聞』, 1923.9.14.~10.4), 도쿠타 슈세이(徳田秋声) 『파이어건(ファイヤガン)』(『中央公論』, 1923.11), 에구치 칸(江口渙) 『차 안에서 생긴 일(車中の出来事)』(「東京朝日新聞」, 1923.12), 아키타 우쟈쿠(秋田雨雀) 『해골의 무도(骸骨の舞踏)』(「演劇新潮」, 1924.4), 엣츄야 리이치(越中谷利一) 『한 병졸의 진재수기(一兵卒の震災手記)』(「解放」, 1927.9), 아쿠타가와 류노스케 『어느 자경단원의 말(或自警団の言葉)』(『文芸春秋』, 1932.11) 등의 작품과 에세이가 이에 해당한다.

---

57 David Peace,「惨事のあと，惨事のまえ」(『それでも三月は，また』, 講談社, 2012), p.273.

3. 간토대지진과 문학계의 전환

고전문학이나 전근대 역사자료에서도 다양한 자연재해를 묘사한 글들이 결코 적지는 않지만, 근대기에 들어와서는 언론매체나 통신기술의 발달과 각종 출판문화의 보급과 대중화로 인해 자연재해의 충격과 상황을 형상화한 문학작품이 헤아릴 수 없을 정도로 급증했다. 특히 도시의 근대화로 인구가 밀집되어 있었던 도쿄와 요코하마 등의 수도권을 타격하여 10만 명이 넘는 희생자를 초래한 간토대지진은 정치, 경제는 물론 문화, 사회, 사상의 면에서도 상상 이상의 충격을 안겨주었다.

이러한 타격으로 간토대지진은 "인적, 물적 측면에 그치지 않고 문화적 측면에서도 매우 커다란 영향을 수반했음은 두말할 필요도 없는"[58]데 공연문화, 연극문화, 미술문화 등 모든 예술분야에도 상당한 충격을 주어 새로운 변화를 초래했다. 그 중에서, 일본문학계를 지탱하는 문단의 측면에서 본다면 그 문학사조의 성격이 간토대지진을 경계로 하여 결정적인 전환을 만들었다. 아래 문장이 이러한 사정을 잘 보여주고 있다.

> 진재(震災) 체험은 사람들에 따라서 다양한 차이가 나지만 그렇게 하여 무상과 불신, 공포와 불안이 강하게 의식되면서 대지진과 화재의 체험을 헤쳐나간 지점에 일본문학의 1924년을 맞이했다. 이전의 도

58 池上公平, 「岸田劉生—鵠沼から京都へ」(『共同研究 歴史と文学—芸術—関東大震災』, 共立女子大学総合文化研究所, 2004.1), p.99.

회문예와는 이질적인 도회문학으로서 신감각파가 일어나고 다다이즘을 중심으로 하는 아방가르드의 대담한 실험이 활기를 만들어 내고 프롤레타리아문학의 새로운 전개가 시작된다. 1923년에서 24년에 걸쳐 상황은 완전히 일변(一變)하게 된 것이다.[59]

이 문장에 잘 나타나 있듯이 간토대지진 이후 일본문학계는 작가들이 지진과 화재의 공포와 경험을 반영하여 이러한 참상을 문학작품으로 형상화하고 이에 관한 평론과 에세이를 남겼다는 단순한 체험에 머무는 것이 아니었다. 즉 지진과 화재의 문학 형상화라는 현상에 그치지 않고 오히려 간토대지진의 체험과 재난 이후 사회문화적 분위기의 급격한 변화는 문학사조의 변환, 즉 문예잡지 『문예시대(文芸時代)』(1924)와 『문예전선(文芸戦線)』(1924)으로 대표되는 신감각파(新感覚派) 문학과 프롤레타리아문학 사조의 성립을 촉진했다. 전자는 문학적 표현기교와 사물을 포착하는 감각 형식의 일대변화를 일으켰으며 후자는 사상적인 측면에서 사회주의 리얼리즘 문학의 성립을 의미하는데 이러한 의미에서 일본근대문학은 표현형식과 사상내용의 측면에서 기존의 문단과는 변별되는 일대 혁신이 일어났다. 사실 일본문학사에서는 정치적 · 역사적 시대구분법에 입각하여 메이지유신부터 1945년까지를 근대문학, 패전 이후를 현대문학으로 편의적인 시대구분을 하고 있다. 그렇지만 문학 자체의 표현내용과 표현형식의 측면에서 본다면 간토대지진의 충격은 실제 일본문학이 근대문학에서 현대문학으로 전

59 小田切進, 『昭和文学の成立』(勁草書房, 1965), p.46.

환되는 터닝포인트였다고 해도 좋을 것이다.[60] 이를 실제 작가의 목소리를 통해 보다 상세하게 보도록 한다.

> 1923년의 대지진이 나에게 덮쳐왔다. 그리고 내가 믿었던 미(美)에 대한 신앙은 이 불행으로 인해 홀연히 파괴되었다. 신감각파라고 사람들이 나에게 이름붙인 시기가 이때부터 시작되었다. 눈으로 보던 대도회가 망망한 믿을 수 없는 불탄 들판이 되어 주위에 퍼져 있었다. 그러한 가운데를 자동차라고 하는 속력의 변화물이 처음으로 세상에 우왕좌왕하기 시작하고 곧바로 라디오라는 성음(聲音)의 기형물이 나타나고 비행기라는 조류의 모형이 실용물로써 공중을 날기 시작했다. 이들은 모두 진재 직후 우리나라에 처음으로 생긴 근대과학의 구상물이다. 불 탄 들판에 이러한 근대과학의 첨단이 계속 형태를 띠고 나타난 청년기의 인간의 감각은 어떤 의미에서든 변하지 않을 수 없다.[61]

이 문장은 가와바타 야스나리(川端康成)와 더불어 신감각파 문학운동을 주도하였던 요코미쓰 리이치(横光利一)가 대지진이 일어나고 한참 뒤인 1941년에 쓴 글이다. 이 글에서는 대지진의 충격과 공포, 폐허로 변해버린 대도회, 기존 미(美)에 대한 신앙과 감각의 붕괴, 새롭게 변한 도시에 나타난 근대과학의 구상물들, 이로 인해 사물을 포착하는 감각이

60 정병호, 「3·11 동일본대지진을 둘러싼 2011년 〈진재(震災)/원전(原發)문학〉의 논의와 전개」(『3·11 동일본대지진과 일본』, 도서출판 문, 2012), pp.313-331 참조.

61 横光利一, 「解説に代へて(1)」(『三代名作全集—横光利一集』, 河出書房, 1941).

변화하지 않을 수 없었던 당시 작가의 현실 체험이 잘 표현되어 있다.

특히, 이러한 문학사조의 새로운 전환은 지진과 화재에 대한 단순한 경험과 공포 때문만은 아니다. 이 커다란 문학적 전환은 유언비어와 통제적인 사회분위기 강화로 인해 오스기 사카에, 히라사와 게이시치 등 사회주의자와 조선인의 학살, 정치 · 사회 · 문화에 대한 불안과 공포의 확산, 치안유지법 공포로 이어지는 사회적 분위기의 변화, 이러한 변화에 대응할 수 있는 프롤레타리아 문학운동의 필요성, 변화된 시대상과 분위기에 대한 작가들의 민감한 반응과 이를 새롭게 포착할 감각과 기교의 필요성, 기성문단의 동요 등이 낳은 결과라 할 수 있다. 미요시 유키오(三好行雄)도 이른바 이 당시 젊은 문학자를 중심으로 한 '진후파(震後派)' 작가에 관해 "자아의 해체와 분열의 의식, 인간성의 도탈적인 감각에 대한 불신 등이 그 지표인데 그러한 정신풍토를 모태로 하여 마르크스주의 문학과 신감각파 문학이 급속하게 성장"[62]하게 되었다고 설명하고 있다. 이러한 의미에서 일본문학 연구자들이 말하는 대로 간토대지진의 여파는 단지 '다이쇼문학에서 쇼와문학으로' 나아가는 계기가 되었다거나 '쇼와문학 성립'의 경계 지점일 뿐 아니라 위에서 지적한 대로 근대문학에서 현대문학으로 전환하는 일대사건이었다고도 볼 수 있다.[63]

물론 일본근현대문학 중에서 이러한 '진재'를 작품 소재로 한 수많

62　三好行雄, 「地震と文学—関東大震災をめぐって」(『東京大学公開講座 地震』, 東京大学出版会, 1976), p.301.

63　정병호 「3·11 동일본대지진을 둘러싼 2011년 〈진재(震災)/원전(原發)문학〉의 논의와 전개」『3·11 동일본대지진과 일본』(도서출판 문, 2012).

은 문학작품들이 창작되어 왔음은 위의 사실만 보더라도 충분히 짐작할 수 있다. 시마자키 도손의 『아들에게 보내는 편지』 외에도 오가와 미메이(小川未明)의 『예기치 않은 일(許らざる事)』(『改造』, 1923.11), 가와바타 야스나리(川端康成)의 『대화재 구경(大火見物)』(『文芸春秋』, 1923.11), 마사무네 하쿠초(正宗白鳥)의 『타인의 재난(他人の災難)』(『中央公論』, 1924.1), 도쿠다 슈세이(德田秋聲)의 『불안 속에서(不安のなかに)』(『中央公論』, 1924.1), 사토미 준(里見弴)의 『비겁(卑怯)』(『新潮』, 1924.1) 등 다양한 세대의 작가가 이들 재난의 경험을 소설작품으로 만들었다. 이 뿐만 아니라 동시대 또는 어느 정도 시간적 간격을 두고 간토대지진의 경험과 사회상의 변화를 반영하여 다니자키 준이치로(谷崎潤一郎), 나가이 가후(永井荷風), 호리 다쓰오(堀辰雄), 노가미 도요이치로(野上豊一郎), 무로 사이세이(室生犀星), 아쿠타가와 류노스케(芥川竜之介), 가타하라 하쿠슈(北原白秋) 등 당시 대다수 작가들이 재난관련 작품과 경험담을 남기고 있다. 또한 『신조(新潮)』, 『문예춘추(文芸春愁)』, 『와세다문학(早稲田文学)』, 『개조(改造)』, 『중앙공론(中央公論)』 등 수많은 문학잡지 등에서 '진재와 문학' 관련 특집기사를 연이어 쏟아내고 있었다.[64]

64　小田切進『昭和文学の成立』과 岸睦子「近代文学者たちの震災記録」(志村有弘編『大震災の記録と文学』, 勉誠出版, 2011.7) 참조.

4. 간토대지진과 재난 문학 소개

(1) 대지진을 천벌로 보는 재난인식에 대한 반박 평론 : 아쿠타가와 류노스케(芥川龍之介) 「1923년 9월 1일의 대지진에 즈음하여(大正十二年九月一日の大震に際して)」(1923.9)

❁ 작품 인용

[인용1]

대지진 잡기(大震雑記)(『中央公論』, 1923.10)

나는 선량한 시민이다. 그러나 내 소견에 따르면 기쿠치 간(菊池寛)은 이런 자격이 부족하다.

계엄령이 발포된 후, 나는 궐련을 문채로 기쿠치와 잡담을 나누고 있었다. 다만 잡담이라고 하더라도 지진 이외의 이야기가 나온 것은 아니다. 그러던 중에 나는 큰 불의 원인은 ○○○○○○○○인 것 같다고 말했다. 그러자 기쿠치는 눈썹을 치켜 올리면서 "거짓이야, 자네"라고 일갈하였다. 나는 물론 그렇게 듣고 보니 "그럼 거짓말이겠지"라고 말할 수밖에 없었다. 그러나 말한 김에 한 번 더 여하튼 ○○○○는 볼셰비키의 앞잡이라고 한다고 말했다. 기쿠치는 이번에는 눈썹을 치켜 올리더니 "거짓이야, 자네. 그런 말은"이라고 몹시 꾸짖었다. 나는 다시 "저런, 그것도 거짓이야?"라고 곧바로 자설(?)을 철회했다.

다시 내 소견에 따르면 선량한 시민이라는 것은 볼셰비키와 ○○○○의 음모가 존재함을 믿는 것이다. 만약에 믿을 수 없는 경우에는 적어도 믿고 있는 것 같은 표정을 가장해야 한다. 그렇지만 야만스런 기쿠치 간은 믿지도 않거니와 믿는 흉내조차 내지 않는다. 이것은 완전히 선량한 시민의 자격을 포기했다고 봐야 할 것이다. 선량한 시민임과 동시에 용감한 자경단의 일원인 나는 기쿠치를 위해 아쉬워하지 않을 수 없다.

가장 선량한 시민이 되는 일은, ―어쨌든 고심을 요하는 것이다.

[인용2]

대지진에 즈음한 감상(大震に際せる感想)(『改造』, 1923.10)

이 대지진을 천벌이라고 생각하라고 하는 것은 시부사와(渋沢) 자작이 말한 바이다. 누군가 스스로 되돌아보면 다리에 상처가 없는 자가 있겠는가. 다리에 상처가 있음은 천벌을 받은 까닭, 또는 천벌을 받았다고 생각할 수 있는 까닭이 될 수도 있다. 그렇지만 나는 처자를 죽이고 그는 집도 불타지 않은 것을 보면 누군가 또한 이른바 천벌의 불공평함에 놀라지 않겠는가. 불공평한 천벌을 믿는 것은 천벌을 믿지 않는 것과 같다. 아니, 하늘이 백성에게, ―당세에 행해지는 말을 사용하면 자연이 우리들 인간에게 냉담함을 알지 않으면 안 된다.

자연은 인간에게 냉담하다. 대지진은 부르주아와 프롤레타리아를 나누지 않는다. 맹화(猛火)는 인자(仁者)와 부랑자를 나누지 않는다. 자연의 눈에는 인간도 벼룩도 가리지 않는다고 한 투르게네프의 산문시는 진실이다. 뿐만 아니라 인간 안에 있는 자연도 인간 안에 있는 인간에게 애련을 가지지 않는다. 대지진과 맹화는 도쿄 시민에게 히비야(日比谷) 공원 연못에 노는 학과 집오리를 먹게 만들었다. 만약에 구호(救

護)가 미치지 않는다고 하면 도쿄 시민은 야수와 같이 인육을 먹을지도 모른다.

히비야 공원 연못에 노는 학과 집오리를 먹게 만든 경우의 참담함은 두려워해야 할 일이다. 그렇지만 학과 집오리를—아니, 인육을 먹었다고 하더라도, 먹은 사실은 두려워할 필요가 없다. 자연은 인간에게 냉담하기 때문이다. 인간 안에 있는 자연도 또한 인간 안에 있는 인간에게 애련을 드리우는 일이 없기 때문이다. 학과 집오리를 먹기 때문에 도쿄시민을 수심(獸心)이라고 하는 것은 —나아가 일절 인간을 금수와 다를 바가 없다고 하는 것은 필경 무기력한 센티멘털리즘일 뿐이다.

자연은 인간에게 냉담하다. 그렇지만 인간이기 때문에 인간인 사실을 경멸할 수 없다. 인간인 존엄을 포기할 수 없다. 인육을 먹지 않으면 생존하기 어렵다고 하라. 그대와 더불어 인육을 먹자. 인육을 먹고 배가 부르면 그대의 부모, 처자를 비롯하여 이웃을 사랑하는데 주저하지 말아라. 그 뒤에 더욱 여력이 있으면 풍경을 사랑하고, 예술을 사랑하고, 만반의 학문을 사랑해야 한다.

누군가 스스로 되돌아보면 발에 상처 없는 자가 있겠는가. 나와 같은 자는 양발에 상처, 거의 양발을 중단(中斷)시키려고 한다. 그렇지만 다행히도 이 대지진을 천벌이라고 생각할 수 없다. 하물며 천벌이 불공평한 데에도 저주의 소리를 낼 수 없다. 단지 자제(姉弟)의 집이 불타고 여러 명의 친우가 죽었기 때문에 그치기 어려운 유감을 느낄 뿐이다. 우리들은 모두 탄식할 만하다. 탄식하더라도 절망해서는 안 된다. 절망은 죽음과 암흑으로의 문이다.

동포여. 두꺼운 철면피를 깔아라. '컨닝'이 발각된 중학생처럼, 천벌이라는 따위 믿지 마라. 내가 이 말을 하는 까닭은 시부사 자작의 한마디로부터 거침없이 무엇이든 지껄일 수 있는 나의 재력(才力)을 보이기 위함이다. 그렇지만 반드시 그 때문만은 아니다. 동포여. 냉담한 자연 앞에 아담 이래의 인간을 수립하라. 부정적 정신의 노예가 되지 말아라.

작품 해설

위의 두 글은 천재적 소설가인 아쿠타가와 류노스케가 도쿄대지진이 일어나고 얼마 지나지 않아 쓴 두 편의 에세이이다. 근대문학 작가 출신으로 일본의 대표적인 보수 정치가이자 당시 도쿄도 지사였던 이시하라 신타로(石原慎太郎)가 3 · 11 동일본대지진이 일어나고 얼마 지나지 않아 이 지진과 쓰나미는 사욕으로 가득 찬 일본인에 대해 하늘이 내린 벌일 수 있다는 천벌론을 제기하여 많은 비판을 받은 적이 있었다. 위의 에세이에서 일본 경제계를 대표했던 시부사와 에이이치(渋沢栄一)가 제기하였던 대지진 곧 천벌이라는 재난인식도 크게 이와 같은 선상에 위치하고 있었다. 다이쇼 데모크라시로 대변되는 민주적인 시대 분위기, 사회주의의 대두, 쌀 소동을 비롯한 다양한 사회저항 운동, 대중문화의 개화 등 개방적이고 자유로운 시대풍조에 대해 이를 국민정신의 위기이자 타락이라고 보고 간토대지진을 이러한 사회 풍조에 대한 하늘의 벌이라는 의미를 부여하고자 했다. 아쿠타가와는 재난을 이렇게 천벌로 보는 논리에 대해 강한 비판과 거부감을 표현하며, 참혹한 재난 이후에 절망하지 말고 다시 인간성을 세우고 예술과

학문을 사랑할 것을 권유하고 있다. 한편 첫 번째 글에서 언론통제로 복자로 처리되어 있는 ○○○○○○○○○는 '불령선인의 방화다(不逞鮮人の放火だ)', ○○○○는 '불령선인(不逞鮮人)'이라고 여겨지는데, 이 작품은 당시 조선인을 불온시하고 학살했던 분위기를 기쿠치 간과 나누는 대화에 빗대어 은유적으로 비판하고 있다.

(2) 재해 피난과 조선인 학살 재난문학: 에구치 간(江口渙)「차 안에서 생긴 일(車中の出来事)」(1923.12)

❁ 작품 인용

지붕이라는 지붕은 물론, 연결기(連結機) 위에서 기관차의 기관 주위에까지 마치 나방의 유충에 괴인 개미처럼, 표면 전체에 도쿄(東京)에서 피난민을 태운 우리들의 열차가 아카바네(赤羽) 철교를 북쪽으로 건넌 것은 9월 8일 오후 6시가 지나서였을까. 기차 안은 지진 소문, 화재 소문, 조선인, 사회주의자 소문으로 가득 넘쳤다. (중략) 기차가 아라카와(荒川) 철교를 거의 건너려던 참이었다. 모두의 이야기에 귀를 기울이면서 멍하게 밖을 바라보던 나는 1정(町)이 채 되지는 않는 상류를, 물가 가까이에 뭔가 하얀, 길고 가느다란 것이 떠내려 오는 것을 알아차렸다. 다량으로 수증기를 품어 희미하게 흐려 보이는 비가 막 그친 후의 땅거미와, 조금 탁해진 강물 때문에 처음에는 그 하얀 것이 무엇인지 조금도 짐작이 가지 않았다.

그러나 밭두렁의 풀숲 위를 한 무리의 사람들이 그 하얀 것을 좇아

뛰는 듯 줄줄이 오는 것을 보았을 때, 각별히 모두 손에 죽창과 갈고랑이 같은 것을 들고 있고 하얀 것을 향해 계속하여 돌을 던지는 것을 보았을 때 그것이 무엇인지 나는 비로소 알았다.

"저것은 뭐예요?"

옆에 서 있던 젊은 남자가 나에게 이렇게 물었다.

"아무래도 사해(死骸) 같군요."

"틀림없이 조선인이겠죠. 그렇지 않으면 주의자일까요."

"글쎄. 어느 쪽일까요."(중략)

"야, 조선인, 조선인이다."

"뭐, 조선인이라고. 어디, 어디?"

"저걸 봐, 저것을."

이런 외침이 여기저기 일어나자, 차내는 곧바로 미친 듯한 함성소리로 가득 차버렸다. (중략) 이윽고 기차가 철교를 다 건너고 그것들 모두가 시계에서 사라졌을 때에도 사람들의 동요는 진정되지 않았다. 그리고 조선인과 주의자에 대한 소문이 한층 더 열띠게 이야기되었음은 두말할 필요도 없다.

그러고 나서 20분 정도 지난 뒤였다. 내 쪽에서 세 석 뒤의 좌석에서 돌연 싸움이 시작되었다. (중략) 싸움은 한참 동안 계속되었다. 그러자 재향군인인 듯한 쪽이 한쪽 손을 그물선반에 걸치고 돌연 좌석에서 일어났다.

"여러분, 이 녀석은 조선인이야, 뻔뻔스런 녀석이다. 이런 곳에 몰래 들어와 있어"

이렇게 외치자 한쪽 손으로 상대를 가리키면서 네모난 턱을 쑥 내밀고 의기양양하게 차 안을 둘러보더니 갑자기 발을 들어 머리를 찼다. 이 경우, 조선인이라는 말이 차 안에서 어떤 쇼크를 주었을지는 내가 설명할 필요도 없다. 차 안은 곧바로 모두 일어났다. 신음하는 듯한 호통과 욕설이 주변 일대에 용솟음치고 피가 나올 듯한 흥분이 순식간에 섬뜩한 소용돌이를 일으키는 속에서 모두의 신체는 무서운 기세로 파도를 쳤다.

"난 조선인이 아니야, 조선인이 아니야." (중략)

이윽고 다음 역에 도착했을 때, 그 남자는 홈을 굳게 지키고 있던 소방대와 청년단, 재향군인단에게 인도되었다. 그리고 손이든 옷깃이든 할 것 없이 마구 잡아 거꾸로 창문에서 밖으로 질질 끌려 나오더니 어느 샌가 끔찍할 만큼 철권의 비를 흠뻑 뒤집어썼다.

"이봐, 그런 짓 그만둬. 멈춰, 일본인이야. 일본인."

나는 엉겁결에 창문에서 머리를 내밀고 이렇게 외쳤다. 옆에 있었던 두세 명의 사람도 역시 같은 말을 고함쳤다. 그러나 홈의 인파는 그런 말에 귀 기울이지 않았다. 고함과 규환의 소용돌이 속에 그 남자를 에워싼 채, 많은 사람들이 개찰구 쪽으로 이동해갔다. 그리고 어느 샌가 쇠갈고리와 수레 채가 여기저기 번뜩이더니 모자를 빼앗기고 안경을 벗겨진 그 남자의 옆얼굴에서 붉게 피가 흐르는 것을 나는 전등 빛으로 똑똑히 보았다. (중략) 그리고 무방어의 소수자를 다수의 무기와 힘으로 득의양양하게 학살한, 용감하고도 충실한 '야마토다마시(大和魂)'에 대해, 마음으로부터 모멸과 증오를 느끼지 않을 수 없었다. 특히 그 우매함과 비열함과 무절제에 대해서.

작품 해설

이 소설은 무정부주의와 사회주의 사상에 공명하고 있었던 에구치 간(江口渙)이 1923년 12월 11일과 12일 『도쿄아사히(東京朝日)신문』 '학예란'에 발표한 「차 안의 사건(車中の出来事)」이라는 단편소설이다. 이 소설은 실제 조선인이 죽창과 쇠고랑으로 무장한 사람들에 의해 학살 당하는 장면과 더불어 강한 여진이 계속되는 도쿄를 피해 피난 가는 기차 안의 모습을 그리고 있다. 특히 우연히 말싸움을 하던 중 재향군인인 듯한 사람이 한 일본인 상인을 조선인이라고 거짓 고발하여 이 사람들이 군중들로부터 무차별 폭력을 당하는 이야기가 이 소설의 주요 모티프이다. 무엇보다 이 작품은 조선인과 사회주의자들에게 광적인 적대감이 휘몰아치는 기차 안의 이상한 풍경을 통해 간토대지진 이후 일본사회의 일방적인 군중심리와 소수자를 해치는 폭력을 비판적으로 고발하고 있다. 실제 당시 수도권뿐만 아니라 지방에서도 조선인에 대한 유언비어가 횡횡하였으며 이들에 대한 학살과 폭력이 가해졌다. 나아가 표준어가 약한 일부 일본인들도 이러한 광적인 군중심리로 인해 조선인으로 오해를 받아 다수가 희생당한 기록도 존재한다. 이 작품은 대지진 이후, 재난에 대한 공포, 그러한 집단적인 무의식과 편견이 특정한 소수자로 향했을 때의 광적인 분위기를 잘 보여주는 재난문학이라고 할 수 있다.

제5장

지진재해를 시가로 읊다

1. 진재영(震災詠)의 일반화

근대의 '진재 문학'에 관해서는 3 · 11 동일본대지진 이후 논의가 활발해졌지만, 주로 주요 작가의 소설이나 에세이, 평론 등 산문 중심으로 연구가 이루어졌다. 실제로 2011년 이후 지진과 문학에 관한 연구서 기무라 아키코(木村朗子)의 『진재후 문학론(震災後文学論)』(青土社, 2013)이나 마에다 준(前田潤)의 『지진과 문학(地震と文学)』(笠間書院, 2016)에서도 소설이 중심적으로 다루어지고, 관련 선집이라 할 수 있는 시무라 구니이로(志村有弘)의 『대지진의 기록과 문학(大地震の記録と文学)』(勉誠出版, 2011)에서도 산문만을 선정했다. 따라서 진재 시가(詩歌)를 대상으로 한 재난의 문학화가 충분히 수면 위에서 논의되었다고 보기는 어렵다. 이러한 경향은 간토대지진 관련 문학을 둘러싸고도 동일하게 지적할 수 있는 내용으로, 시마자키 도손(島崎藤村)이나 아쿠타가와 류노스케(芥川竜之介) 등 유명 작가들의 산문 진재기록이 널리 알려져 있다.

그런데 흥미롭게도 현대 일본에서는 지진과 같은 재난 발생에 대한 가장 즉각적인 문학적 반응으로서 단카(短歌)나 하이쿠(俳句), 센류(川柳), 시 등의 시가 문학이 대규모로 창작되는 특징이 있다. 그리고 근대에 들어서 마치 봉인이 풀린 듯 폭발적으로 지진 재해 자체와 그 후의 삶을 읊은 '진재영(震災詠)'이 등장하게 되었다. 진재영이란 지진 재해와 관련된 내용의 단카나 하이쿠와 같은 일본의 단시형 시가를 일컫는다. 특히 시가 장르에 다수의 사람들이 참여하여 대량의 시가를 창작하고 적극적으로 재난 당시의 상황과 이후의 인간의 삶과 죽음을 목도한 감각에 초점을 맞추어 묘사하는 경향은 1995년 한신 · 아와지대지진, 2011년 3 · 11 동일본대지진 등 현재에 가까워올수록 현저해진다. 즉 근대 이후 진재영이라는 시가는 SNS나 미디어를 통해 무수히 창작되고 빠르게 유통되면서 가장 즉각적이면서 강력한 재난 문학으로서 기능하기에 이른 것이다.

이번 장에서는 전근대에는 볼 수 없었던 '진재영' 등장이라는 문학 현상에 주목하여 1923년의 간토대지진 직후 수많은 가인(歌人)들에 의해 창작된 진재영 실작(實作) 단카를 읽어보고자 한다. 일본에서 고전 와카(和歌)가 근대 단카로 이행하면서 오랜 세월 노래하지 않던 지진이 시가에서 읊어지고, 이러한 진재영에 재난이 어떻게 문학적으로 표현되며 그것이 수행한 기능은 어떠하였는지 특징과 의미를 함께 생각할 수 있을 것이다.

2. 간토대지진 진재영의 의의

1923년 9월 1일 제국 일본의 심장인 도쿄를 강타한 간토대지진이 일본의 문학자들에게 많은 영향을 준 것은 주지의 사실이다. 일본 문단에는 간토대지진을 기점으로 초래된 변화에 대하여, 소설 장르를 예로 들자면 소설에서는 사(私)소설을 더 순수화한 심경(心境)소설로 경도되는 현상이 지적되곤 했는데 '사(私)'로 기우는 현상은 이 시기 진재영 단카에서도 인정할 수 있는 측면이다.

특히 간토대지진 당시의 진재영에서는 단시(短詩)라서 부족할 수밖에 없는 서사성이 연작(連作)의 형태로 보완되며 묘사의 생생함을 갖추는 사례를 볼 수 있다. 또한 가인들은 믿기지 않는 현실 속 재난에서 감각이 이화(異化)되고 공황상태에 놓이거나 정신적 착종을 일으키는 자타(自他)를 그려내기도 한다. 그러면서 한편으로는 신불(神佛)이라는 절대적 존재에게 의지하려는 면모, 또 그 반대로 절대적 신불이라는 존재조차 믿을 수 없다는 회의(懷疑)를 표명함으로써 생존자들 간의 소통과 공감을 꾀하는 방식을 확인하게 된다. 또 다른 한편으로는 간토대지진 진재영은 인간 본성이 선의와 악의 양단을 보여주는 다양한 사례를 통해 이재민의 군상을 그려내는 데에 성공했다.

근대 이후 일본에서는 대지진과 같은 재난 직후의 실어(失語) 상태에서 '말'을 되찾아가는 과정에서 단카, 하이쿠와 같은 짧은 시가가 많이 선택되었고, 이것은 수많은 진재의 존재로 입증되었다. 유명 하이진(俳人) 하세가와 가이(長谷川櫂)는 동일본대지진 직후 12일간의 혼란과 불안의 기록을 단카로 지어 『진재 가집(震災歌集)』을 발표했는데, 그 안에서 다음과 같이 말했다.

> 대지진은 일본이라는 나라의 양태를 바꾸어 버릴 정도의 일대사이다. 그러나 시가는 그에 당당히 마주해야 한다. 언젠가는 평안의 시대가 올 것이다. 그 평안의 시대가 와도 무슨 일이 일어나든 흔들림 없는, 그에 당당히 대항할 수 있는 단카, 하이쿠여야 한다.[65]

---

65 長谷川櫂, 『震災歌集』(中央公論新社, 2011), pp.145-146.

여기에서 단카와 같은 짧은 시가가 삶을 지속하거나 재건할 '말의 힘'으로서 기대를 모으는 재난 문학으로서의 당당한 제 역할을 부여받은 장르라는 것을 읽어낼 수 있다.

즉 진재영이란 당시의 재난에 얽힌 말과 마음이 의탁된 하나의 기억 장치[66]로 작용한 것이므로, 재난의 기억을 선별적으로 수용하거나 배제했을 것은 당연하다. 간토대지진 진재영에서 출발하여 재난 상황과 가장 정련된 말의 표현인 시가 문학이 서로 본질적으로 어떠한 상관관계를 맺고 어떠한 역할을 부여받으며 그것이 시간의 흐름에 따라 어떠한 변화를 수반하는지 추적해 보는 것도 흥미로울 것이다.

3. 간토대지진 진재영 소개

다양한 간토대지진 진재영의 사례를 직접 독해해 가면, 대략적으로 유형화한 일기처럼 충실한 문학적 기록으로서의 단카, 전대미문의 재난으로 인해 감각에 이상이나 착오가 초래된 것을 표현한 단카, 재난 상황에서 인간의 극단적 본성이 두 갈래로 발현된 단카, 그리고 재난 속 자연영의 특징 등에 접근할 수 있다.

66 小谷稔, 「短歌の写生とその周辺(八) 関東大震災」「短歌現代」Vol.27 No.2, 2003, 短歌新聞社, p.76.

(1) 간토대지진을 상세히 기록한 진재영

• 시계받침대 남아서 높이 있네 열두 시 되기 이 분 전에 멈춰선 커다란 시계바늘(時計台残りて高し十二時まへ二分にてとまるその大き針)[67]

이 단카는 와세다(早稲田)대학 교수를 역임하고 사회 비평과 서민정서로 유명한 가인 구보타 우쓰보(窪田空穂, 1877~1967)의 작품으로, 간토대지진 직후의 한 장면을 사진처럼 담아내고 있다.

1923년 9월 1일 오전 11시 58분 도쿄 앞바다 사가미 만(相模湾)을 진원지로 하여 도쿄와 요코하마 등 인구밀도 높은 수도권을 강타한 간토대지진은 사망자가 14만 명에 이른 미증유의 대지진이었다. 사망자 중 약 8할에 이르는 10만 명 이상의 사람들은 화재에 의해 목숨을 잃은 재난으로, 현재 일본은 간토대지진이 발생한 9월 1일을 '방재의 날'로 지정하고 있다.

그림8 지진 발생 당시 11시 58분에 바늘이 멈춰선 시계

간토대지진 관련 진재영 단카를 읽어나갈 때 가장 두드러지는 것은 일기처럼 생생하게 재난의 현장을 각자가 처한 입장에서 기록한다는 작가 의식이라고 할 수 있다. 재난 상황에서 인간의

67 이번 장에서 인용한 단카 및 가인 설명은 엄인경・김보경 편역, 『시가로 읽는 간토대지진』(역락, 2017)에 근거한다.

생사가 오가는 현장을 기록한다는 면이 두드러지는 다음 단카들을 살펴보기로 하자.

- 생생하게도 천재지변 현상을 보게 되는가 이렇게도 처참한 날을 만날 줄이야.[1일]

  (まざまざと天変地異を見るものかかくすさまじき日にあふものか[一日])

- 하늘 사르는 불꽃의 소용돌이 위에 떠서는 고요하기만 한 달빛 슬프기 짝이 없구나.[1일 밤]

  (空をやくほのおのうづの上にしてしづかなる月のかなしかりけり[一日夜])

- 두려워하며 동트기를 맞이한 아침의 눈에 들어온 부용꽃이 붉은 것도 슬프다.[2일 아침]

  (恐ろしみ明しし朝の目にしみて芙蓉の花の赤きもかなし[二日朝])

- 너무하게도 하늘이 내린 재앙 거대하기에 마음만 아파하고 눈물도 나지 않아.[불탄 자리에 서서]

  (あまりにも天つ災の大いなる心にいたいて泪もいでず[やけあとに立ちて])

위는 근대의 와카연구에서도 일인자였을 뿐 아니라, 유명 단카 잡지 『마음의 꽃(心の花)』을 주재하여 수많은 유력 가인들을 배출해낸 사사키 노부쓰나(佐佐木信綱, 1872~1963)의 작품이다. 그는 가제(歌題)를「대지진 겁화(大震劫火)」로 붙여 지은 연작(連作) 중에 일시 및 시간대나 장소를 단카 뒤에 적시하고 있다.

9월 1일 길 위에서

• 이 대지진은 흔들고 흔들려서 우리 집으로 돌아가고 싶다는 생각만 그저 하네.

(大地震はゆすりゆすれりわが家に帰らんとのみただに思へり)

2일 밤은 후시미궁(伏見宮) 문 앞에서 노숙을 하다

• 한밤중이라 여겨지는 무렵에 비가 내리네 타오르는 불길은 하늘을 그을려도.

(真夜中とおぼゆる頃に雨ふれり燃えたてる火はそらをこがすも)

3일 저녁 발행소에 도착하다

• 길거리에서 저녁의 소나기에 몸은 젖어도 어린 자식마저도 안 울고 걷고 있네.

(みちにして夕立雨にぬるれどもをさなき子すら泣かずあゆめり)

또한 위의 단카는 사사키 노부쓰나에게서 가르침을 받다가 이후 마사오카 시키(正岡子規)에게 사사받고 당시 『아라라기(アララギ)』를 근거로 활발히 단카를 창작한 오카 후모토(岡麓, 1877~1951)의 단카이다. 오카의 경우 간토대지진으로 집이 타버려 『아라라기』 동료들이 이를 단카에 많이 거론할 정도로 직접적 지진 피해를 심하게 입은 것으로 알려진 가인이다.

이상의 경우처럼 눈앞에 펼쳐진 대재난을 기록한다는 의식이 가시화된 단카는, 단카가 탄생하게 된 정황이나 배경의 설명적 기능을 갖는 고토바가키(詞書)나 좌주(左注)의 위치에 일시나 시간대, 혹은 공간의 이름을 구체적으로 기재하는 형식에서 외형적인 특징이 가장 잘 드러난다. 다시 말해 날짜나 시간대의 경과에 따라 재난의 현장 상황이 어떻게 추이되는지 혹은 장소 이동에 따라 재난 현실이 어떻게 비치는지를 일기나 일지처럼 상세히 기록하고 있는 것이 두드러진다.

재난 상황의 상세한 기록이라는 측면이 가장 부각되는 단카의 사례는 『아라라기』의 가인 쓰키지 후지코(築地藤子, 1896~1993)에게서 볼 수 있다. 나중에 그녀는 일본 가인 중에서 특이하게 동남아시아 정서를 드러내게 되는데, 쓰키지가 「9월 1일 요코하마(横浜)의 우리집에서」라는 가제로 발표한 다음의 연작을 읽어보자.

9월 1일 요코하마(横浜)의 우리집에서

- 지진 속에서 잠들어 있는 아이 안아 올리고 걸으려 하였더니 집이 무너졌도다.

  (地震のなかに眠り居る子を抱き上げ歩むとすれば家はくづれつ)

- 귀 기울이니 이렇게 조용한가 양쪽 어깨에 걸쳐 있는 기둥을 어찌 치워야 하나.

  (耳すませば此静けさや両肩に掛る柱をいかでか退けむ)

- 숨이 막히는 벽 바른 흙 속에서 숨을 참으며 아직 잠에서 안 깬 내 아이 지탱하네.

  (むせばしき壁土の中に息こらへ猶覚めずゐる吾子をささへつ)

- 지붕 아래의 빛 있는 쪽 향하여 나아가려고 무릎을 움직이니 아이 울기 시작해.

  (屋根の下の光ある方へ出でなむと膝を動かすに子は泣き出でぬ)

- 옆집 사람이 내 이름을 부르는 소리가 들려 나는 이렇게 목숨 구하게 되는 걸까.

(隣人のわが名を呼ばふ声聞ゆ我は命を助かるべきか)

- 기어 나와서 보니 눈앞의 광경 편평하구나 보이는 모든 곳의 집들은 무너졌네.

(這ひ出でて見れば目の前は平らなり見ゆるかぎりの家は壊れつ)

- 아직 지진이 남은 풀밭 위에서 양손을 짚고 살려줘 고맙다고 감사 인사를 한다.

(なほ揺るる草原の上に両手つき有難しと御礼申す)

여기에서 보는 쓰키지의 작품은, 근대 단카가 연작이라는 방식으로 서사성을 보완한 좋은 사례라고 할 수 있다. 8세기 『만요슈(万葉集)』이후의 일본 고전 와카(和歌)는 한 수나 혹은 증답가(贈答歌)일 경우, 현대인들에게는 두 수 안에 내재된 배경이나 일정 정취를 수반하는 와카의 명소 우타마쿠라(歌枕)를 비롯한 가어(歌語)의 연원이나 스토리를 알고 있어야 노래 본연의 의미가 온전히 파악된다는 감상의 부담이 작용한다. 그러나 위의 연작들을 읽어보면, 아이를 안고 있다가 갑자기 맞닥뜨린 지진 발생의 순간부터 무너진 집안에서 아이를 필사적으로 보호하는 모성, 가까스로 무너진 집밖으로 나와서 천재지변을 당한 세상의 모습을 보기까지의 과정이 한 수 한 수에 현장감 넘치게 그려져 있어서, 마치 한 편의 탈출기(脫出記)와도 같은 인상을 준다.

그런데 기록적인 성격을 드러낸 단카라고 하더라도 기록 자체가 목적인 르포르타주와 다른 점이 존재한다. 그것은 객관적 보도가 아니라 재난에서 살아남은 사람의 사적이고 주관적인 정서가 분출된다는 점에서 문학적 특성으로 드러날 것이다. 특히 간토대지진 당시에는 이재민들이 주로 화재에 의해 고통스러운 체험을 하게 되고 그 사실적인 묘사가 생생히 전달되는 중에 재난 현장에서 불에 타 죽은 육신을 포착한다는 공통점을 발견할 수 있다.

- 멀고 가까운 연기에 하늘까지 흐려진 듯해 닷새를 지나고도 여전히 타오르니.

  (遠近の烟に空やにごうらし五日を経つつなほ燃ゆるもの)

- 불탄 자리를 밟으면서 사람들 무리가 간다 살아있는 자들도 산 것 같지도 않다.

  (焼け跡をふみつつ人の群れゆけり生きたるものも生けりともなし)

위는 『아라라기』 편집에 평생 종사하며 자연과 인간의 합일이라는 독자적 세계를 구축한 시마키 아키히코(島木赤彦, 1876~1926)의 작품으로 지진과 화재의 재난 현장 속에서 산 자와 죽은 자가 같은 길에 놓인 것을 노래하고 있다. 또한 로마자 표기와 생활파 단카로 유명한 도키 젠마로(土岐善麿, 1885~1980)는 「피 복창 터(被服廠跡)」라는 가제로 아래와 같은 연작을 잡지 『개조(改造)』에 발표하였다.

- 겹겹이 쌓인 시신들의 아래에 소리도 없이 눈 뜨고 있는 사람 생명도 가엽구나.

  (折りかさなるむくろの下にひそやかに眼をあけにけむ人のいのちあはれ)

- 회오리바람 불길에 숨이 막혀 지금도 당장 쓰러지고 있구나 한 사람 또 한 사람.

(つむじ風焔にむせて今ははや倒れたりけむひとりまたひとり)

- 길가에 있는 도랑의 안쪽에는 드러난 해골 거뭇거뭇 불타서 사람들 차마 못 봐.

(路ばたの溝のなかなるされかうべ黒黒と焦げて人顧みず)

- 불에 탄 들판 푹 들어간 웅덩이 밟아 넘으며 위태롭게 밟았네 해골들의 더미를.

(焼はらの窪みの湿りふみ越えてあやふく踏めり骨の堆みを)

- 던져 넣는가 멍석 위의 사체는 공중제비 돌고 곧바로 사라지네 붉은 화염속으로.

(投げ込むや筵のかばねもんそり打ちすなはちあらず焔のなかに)

- 태우다 태우나 아직 태우지 못한 사람 시신을 운반해 오는구나 불탄 들판의 저쪽.

(焼きやきていまだ焼かれぬなき骸を運びくるかも焼原のかなた)

도키의 작품에서도 역시 생사를 코앞에서 목도하는 충격, 시신을 무차별 소각하는 처참함에 대한 생생한 묘사가 두드러진다. '피복창 터'란 당시 스미다 구(墨田区)에 있던 공터여서 대지진이 발생하자 많은 사람들이 피난을 했던 곳인데, 순식간에 맹렬한 불길에 휩싸여 4만4천 명의 엄청난 사망자가 발생한 대참사의 현장이었다. 특히나 '회오리바람(つむじ風)'이라는 단어를 사용하고 내 육체 가까이에 수많은 시신들이 배치되어 있다는 묘사에서 명백히 중세의 『호조키(方丈記)』의 5대 재난 묘사를 연상시키는 이미지가 읽히므로, 여기에서 일본 재난 문학상의 표현적 특징을 지적할 수 있다.

그림9 간토대지진 당시 피복창 터 현장

간토대지진 당시 『마음의 꽃』이나 『아라라기』와 같은 주요 단카 잡지는 인쇄소 상황이 회복되는 대로 회원 가인들의 진재영을 모아 특집으로 편집했다. 이러한 단카 전문 잡지나 『개조』와 같은 종합 잡지에 기고된 진재영에서는 재난의 현실을 문학적으로 구성한다는 뚜렷한 의식 하에 생생한 현실을 기록으로 남기고자 한 단카가 수적으로 가장 큰 비중을 차지한다.

단카를 통해 일기, 혹은 일지를 기록하듯 시간대와 장소에 따라 상세하게 진재의 정황을 묘사한 압축적 표현은 그 현장감과 생생함에 있어서 산문 이상으로 압도적인 전달력을 보여준다. 또한 서사에 불리하다고 여겨지는 단시형(短詩型) 단카가 연작이라는 형식을 활용함으로써 그 불리함을 극복하고 있는 사례들도 확인할 수 있다. 그리고 진재영 단카에 기록된 생생한 죽음의 묘사법은 『호조키』 이후 무상감에 기반을 둔 일본 재난 문학의 표현을 답습하는 의식이 내포되어 있음도 알 수 있다.

(2) 재난 시의 현실감각 상실에 관한 진재영

이번에는 지옥을 방불케 하는 간토대지진의 참화(慘禍) 속에서 비현실적 현실에 경악을 느끼고, 그것이 결국 꿈과 현실의 구분마저 모호하게 만드는 감각적인 착종에 관해 살펴보기로 한다. 실제로 간토대지진 진재영 단카에서는 '꿈(夢)'이라든가 '악몽(悪夢)', 그에 대비되는 '현실(現, うつつ)', 또는 경악스러운 현실과 이를 인지하는 '마음(心)'과 같은 가어가 빈출하고 있는 것을 확인할 수 있다.

- 틀림이 없게 현실로서 보면서 여전히 이는 악몽 속에 있는 건 아닌가 여겨지는나.

  (まさしくも現にみつゝ猶もこは悪夢の中にありやとおもふ)

- 겨우 하룻밤 비몽사몽하다가 깨어서 보니 내 몸에 달려 있던 그 무엇도 없구나.

  (たゞ一夜うつつの夢のさめてみれば身にそふものは何ものもなく)

- 눈에 익었던 마을인줄 몰랐네 거친 들판인가 걸어가는 나조차 현실감이 없구나.

  (見慣れたる町かや知らぬ曠野かやゆく我さへぞうつつなきかな)

- 천황 있는 곳 해자로 내려가서 옷 빨아 입는 내 신세조차도 꿈이라 생각하리.

  (大君の御濠に下りて衣すすぐ己が身すらを夢と思はむ)

위의 단카는 각각 사사키 노부쓰나, 다이쇼 삼대 미인으로 일컬어진 여류 가인 구조 다케코(九条武子, 1887~1928), 남편과 잡지 『조온(潮音)』을 편집, 발행하며 폭넓은 작풍을 보인 시가 미쓰코(四賀光子, 1885~1976), 그리고 시마키 아카히코의 작품이다. 여기에서 보듯 가인들은 현실로써는 도저히 받아들이기 어려운 진재 상황에서 공황 상태에 빠진 인간의 심적 작용을 노래하고 있다. 이러한 단카에서는 패닉 상태에서 인지 감각이 제대로 기능하지 않는 것에 대한 토로가 눈에 띈다고 할 수 있다.

재난으로 인한 감각의 착종을 이야기하기 위해 간토대지진 진재영에서 두드러지는 감각에 관해 정리해 보자. 물론 화재로 인한 사망자가 많았던 간토대지진 당시 불에 타버린 제국의 수도 도쿄의 참상 속에 타는 냄새에 관한 후각적 묘사가 아주 없는 것은 아니지만, 일단은 청각과 시각 두 감각에 의존한 사례가 압도적으로 많다.

- 지진이 일으킨 흙먼지 연기처럼 오른 시가지 그저 이상하게도 고요함과 닮았다.
  (地震のむた土煙りせる下街はただにあやしく静けきに似たり)
- 나라가 온통 전화를 불러대도 멸망했는가 대도읍인 도쿄는 적막하게 있구나.
  (国こぞり電話を呼べど亡びたりや大東京の静かにありぬ)
- 흑과 같은 어둠에 들어서도 답하지 않는 수도에는 사람들 과연 살아있는가.
  (ぬばたまの夜に入れども応へざる都は人のはた生きてありや)

피복창 터에서

• 불탄 들판에 겹치고 겹쳐 죽은 사람들 보고 울며 슬퍼하려도 목소리도 안 나와.

(焼原に重なり死ねる人を見て泣き悲しまむ声も起らず)

첫 번째는 화가를 겸하여 가집의 표지나 장정에도 관여하고『아라라기』동인들에게 큰 의지가 된 가인이었던 히라후쿠 햐쿠스이(平福百穂, 1877~1933)의 단카다. 그의 단카에는 원래「1923년 9월 1일 대지진, 우에노 공원(上野公園)에서」라는 고토바가키가 있으며, 재난의 압도적 광경에 소리조차 내지 못하는 억압된 청각적 상황을 잘 보여준다.

다음의 두 수는 당시『오사카마이니치신분(大阪毎日新聞)』의 기자로서 간토대지진 이후에는『아라라기』동인들을 후원했던 가인 나카무라 겐키치(中村健吉, 1889~1934)의 작품이다. 그가 오사카에서 기자생활을 했던 만큼 당시 오사카에서 도쿄의 소식이 끊긴 것에 대해 얼마나 불안하게 여겼는지를 다음과 같이 상세한 고토바가키로 전달한 바 있다.

9월 1일에는 정오 가까운 시각 오사카(大阪)에서도 미진을 느꼈는데, 그것이 간토(関東) 지역에 유사 이래의 대참사를 일으킨 것이라고는 아무도 상상하지 못했다. 그저 한 때 제국의 수도로 통하는 모든 통신기관이 작동하지 않았으므로 사람들은 어떻게 된 것인지 몹시 이상하게 여길 뿐이었다. 그러나 밤에 들어서도 제국의 수도는 여전히 국내에 그 소식을 전하지 않으므로 이때가 되어서야 비로소 사람들은 불안한 생각에 몰리기에 이르렀다.

나마무라 겐키치는 긴 고토바가키로 도쿄의 소식이 전하지 않는 오사카 지역의 불안과 걱정을 서술하였으며, 아래의 예에서도 알 수 있는 것처럼 산문의 고토바가키로 정황을 설명한 다음 단카로 그 불안감과 놀라움을 응축시켜 표현하는 방식을 잘 구사하고 있다.

깊은 밤이 되어서야 비로소 기슈(紀州)[68] 시오노미사키(潮岬) 무선전화국에서 '대지진 맹화재, 요코하마 전멸, 도쿄 괴멸 염상(炎上) 중' 이라고 모골이 송연한 정보가 그저 한마디 들어왔는데, 그것도 툭 끊기고 그 뒤로는 원래대로의 깊은 적막한 세상으로 되돌아갔다

• 나라의 목숨 아직은 어딘가에 지켜지겠지 도읍의 상황 소식 깊은 밤에 들리다.

(国のいのちいまだ何処かに保ちたらし都のたより夜ぶかくきこゆ)

• 밤이 깊어진 하늘 어딘가에서 오고가겠지 세상을 놀라게 할 그저 한 마디 소식.

(夜の更くる空のいづこゆかよひけむ世を驚かしただのひと言)

• 먼 세상에서 희미한 말소리를 듣는 듯하다 두려운 그 소식에 귀를 의심하노라.

(遠世よりかすかなる言を聞くごとし恐しきこゑに耳をうたがふ)

• 해 뜨는 일본 어두운 밤 왔구나 오늘로써 이 나라의 도읍지 사라져 버렸노라.

(日の本に暗き夜きたり今日をもちて国のみやこは亡くなりにけり)

68 와카야마현(和歌山県) 전체 지역과 미에현(三重県) 남부 일대를 이르는 옛 지역.

또한 앞의 「피복창 터」라는 고토바가키의 네 번째 단카는 다카다 나미키치(高田浪吉, 1898~1962)의 단카로, 그는 간토대지진으로 모친과 여동생 세 명을 잃은 가장 비극적 피재자로 알려진 가인이다. 그의 노래는 앞에서 나온 '피복창 터'의 엄청난 인명 피해의 참상을 마주하고 목소리마저 나오지 않는다는 내용을 담고 있다. 이와 같이 청각적 상황을 다룬 진재영에서는 생명력을 빼앗긴 적막과 고요가 강조되면서 재난 직후의 억압된 음성적인 환경을 보여준다.

이제 시각적 상황을 그린 단카를 살펴보자.

• 현미로 끓인 죽을 깊이 느끼며 맛을 보았다 촛불 켜놓은 빛이 어둑한 그 앞에서.

(玄米の粥をしみじみ味はひぬ蝋燭の燈のをぐらき前に)

• 거대한 수도 보이는 곳은 전부 불타버리고 저녁이 되었지만 불빛조차 없구나.

(大き都みわたす限り焼け亡びて夕べとなれど灯影さへな)

• 어슴푸레한 촛불의 빛 아래에 이런 밤 시간 마음이 가라앉아 저녁밥을 먹는다.

(ほのぐらき蠟燭の灯にこの夜ごろ心落ちゐて夕餉とるなり)

세 수는 각각 종생토록 『마음의 꽃』 책임편집자를 맡은 이시쿠레 지마타(石榑千亦, 1869~1942), 『아라라기』에서 나중에 추방된 후지사와 후루미(藤沢古実, 1897~1967), 그리고 히라쿠후 하쿠스이의 단카다. 이와 같은 지진 후의 시각적 상황을 표현한 단카에서는 시간대에 따라 두

가지 경향을 보인다. 하나는 시간 배경이 시야가 확보된 낮일 경우에는 하늘을 메운 매캐한 연기에 관한 묘사가 많다는 것이고, 또 하나는 밤일 경우 위에서 보듯 암흑 속 촛불이 많이 거론된다는 점이다.

그런데 소리가 억압된 적막과 어둠 속에서 촛불만이 미약하게 켜진 압도적 감각 환경을 뒤흔드는 청각적 요소가 새롭게 등장한다. 3·11 동일본대지진 이후 재난과 사회적 문제의 화두가 된 풍평피해(風評被害)와도 연결되는 흉흉한 소문이나 근거 없는 유언비어의 횡행 등이 그러한 요소라 하겠다.

> 아카바하시(赤羽橋) 신코인(心光院)에 피난, 유언비어 빈번히 전해지다
>
> • 소곤소곤히 누군가에게 배운 암호의 말을 새벽녘 어둠 속에 직접 말하는 나는.
>
> (ひそひそとをしへられたるあひことば暁闇におり立つわれは)
>
> • 소란스러운 소문은 일어나고 오늘밤에도 이틀 밤을 이어서 화염이는 것 보여.
>
> (騒がしき噂さは起る今宵なほ二夜にかけて炎むら立ち見ゆ)
>
> • 이미 들으니 후지산 지대에는 지진이 일어 땅이 갈라져 김을 뿜어낸다 하더라.
>
> (すでに聞けば富士山帯に地震おこり土裂けて湯気を噴きてありてふ)

간토대지진 직후 도쿄에는 유언비어와 근거 없는 소문이 돌고 자경단(自警團)이 조직되었으며 이것이 조선인 학살이라는 참극으로 이어

진 것은 잘 알려진 사실이다. 어둠 속에서 타 지역과 단절된 듯한 고요함을 뒤흔드는 청각적 요소란 바로 위에서 보이는 바와 같다. 구체적으로 첫째 수에서 도키 젠마로는 '유언비어'로 한껏 불안이 고조된 상황에서 '암호'를 사용해야만 하는 긴장된 입장을 이야기했고, 둘째 수에서 히라후쿠는 화재가 전혀 진압되지 않은 상황에서 '소란스러운 소문'이 횡행하는 불안한 현실을 말한다. 또한 셋째 수의 나카무라 겐키치는 서로의 소식을 알 수 없는 불통의 상황에서 재난 현장으로 전달되는 '후지산'이 분화할지도 모른다는 근거는 없으나 경악할 뉴스의 파장을 묘사했다.

한편 이러한 청각적 상황과 대비되는 시각이라는 감각의 위화감은 다음과 같은 단카에서 극명히 드러난다.

- 돌로 지어진 얼음창고 무너져 녹다가 남은 얼음이 빛나누나 불에 탄 들판 위에.
  (石造の氷室くづれ溶け残る氷ひかれり焼原の上に)

여기에서 보듯 그 위화감이란 불탄 자리에서 녹는 얼음의 빛과 같은, 다시 말해 불과 얼음이 공존하는 감각이라 할 수 있다. 이처럼 감각적인 착종과 이상(異常)을 다루는 단카와 더불어 특기할 만한 것은, 잡지 『마음의 꽃』을 근거로 한 가인들에게서 특히 많이 보이는 재난 후 심리에 관한 내용이다. 대표적으로 『마음의 꽃』 주재자 사사키 노부쓰나의 단카와 『소설신수(小説神髄)』로 유명한 쓰보우치 쇼요(坪内逍遥, 1859~1935)의 단카 두 수를 보기로 한다.

- 아비의 지옥 규환의 지옥이라 그림은 보고 말로는 들어봤지 설마 목격하다니.

  (阿鼻地獄叫喚地獄画には見つ言には聞きつまさ目にむかふ)

- 노아 세상도 이렇기야 했을까 미친 듯 거친 불길의 바다 속에 모든 것 사라지네.

  (ノアの世もかくやありけむ荒れくるふ火の海のうちに物みなほろびぬ)

- 악마 같은 신 저주의 목소린가 큰소리 내며 불타버린 마을을 휘젓는 밤의 폭풍.

  (魔の神の呪ひの声かおらびつゝ焼跡の町を荒るゝ夜あらし)

이 작품들에서 가인들은 간토대지진을 세상의 종말이라고 하거나, 대지진을 하늘이 내린 재앙, 혹은 악마신의 저주로 받아들이며, 현실과 동떨어진 과거의 세상을 마음으로 상상하는 것을 확인할 수 있다.

이처럼 믿을 수 없는 재난 현실에 대한 위화감과 감각적 착종, 심리적 혼돈은 이윽고 다음과 같은 정신 분열적 상태를 초래한다.

죽은 누이를 그리다

- 앞을 오가는 사람들의 사이에 섞여 있다가 내 누이의 모습이 보이게 될 것 같다.

  (行きかよふ人らのなかにまじらひて妹の姿見えてくるらし)

- 추억 떠올릴 의지처조차 없는 불탄 자리에 지금 서 있는 나는 진정한 나이런가.

  (思ひ出のよすがだになき焼跡にいまたつ我はまことの我か)

• 연고도 없는 나에게 호소하며 되풀이하는 남편을 잃어버린 어떤 아내로구나.

(ゆかりなき吾に訴へて繰り言す夫失ひし人の妻はや)

오차노미즈(お茶の水) 다리

• 아내도 애도 죽었다 죽었다며 혼잣말하고 불을 뿜는 다리판 밟으며 남자 간다.

(妻も子も死ねり死ねりとひとりごち火を吐く橋板踏みて男ゆく)

그림10 간토대지진 당시 오차노미즈 다리

첫 수는 간토대지진 당시 어머니와 누이들을 모두 잃어 진재 당시부터 그의 처지를 함께 슬퍼하고 동정한 동료 가인들의 단카가 많았던 다카다 나미키치의 노래로, 죽은 것이 분명한 누이가 눈앞에 보일 듯한 당시의 현장감 넘치는 착각을 다루고 있다. 그리고 두 번째 단카에서 구조 다케코는 "나는 진정한 나이런가"라는 의문에서 명백하게 보여주듯, 재난 현실에 놓인 자신의 아이덴티티가 동요됨을 직시하고 있다. 결국 쓰키지 후지코의 세 번째 노래와 구보타 우쓰보의 「오차노미즈 다리」라는 고토바가키의 네 번째 노래처럼 근친 혈육을 상실하고 제정신을 잃게 되는 사람들의 모습을 통해, 엄청난 재난의 현실 앞에 지각 능력이 상실되거나 정신이 분열된 상태를 읽어낼 수 있다.

이와 같이 생사의 갈림을 목도하는 재난 현장을 배경으로 탄생한 단카에서 일본인의 사생관(死生觀)과 밀접한 관련이 있다고 여겨지는 것이 바로 신불(神仏)에 대한 의식이었다.

• 온갖 것들이 모조리 타 없어진 한가운데에 여전히 그대로 계신 관세음보살님.
(ことごとく焼け亡びたる只だなかになほいましたまふ観世音菩薩)

• 길마다 가득 사람의 시신들은 무수하구나 회향하는 목소리 끊임없이 들려 와.
(道々の人のしかばね数しれず回向の声を絶たず来にけり)

• 뒤척거리며 밤하늘을 보다가 시간 지났다 기도해야 할 신도 없다고 생각하리.
(いねがてに夜ぞら仰ぎて時立ちぬ祈るべき神もなしと思はむ)

• 기댈 곳 없는 분노가 치미누나 시나가와(品川)는 집들도 나란하고 사람들 화장도 해.
(よるべなき憤しさよ品川は家並正しく人化粧らひたり)

위쪽 후지사와 후루미의 두 수에서는 자연재해로 인한 죽음을 어쩔 수 없는 것이라 체념하고 받아들이며 희생자의 회향(回向)을 비는 만가(挽歌)적 성격마저 느껴진다. 사찰이나 신사, 신불을 소재로 다루는 단카의 경우에 의식 또는 무의식적으로 영적인 존재나 신, 신에 해당되는 존재를 느끼거나 마음의 의지처로 삼고자 하는 심리작용이 반영되고 죽은 자들을 진혼하는 내용이 담긴다. 다만 아래쪽 쓰키지 후지코의 두 수에서 보듯 대규모 인명의 희생이라는 현실 앞에서 혹여 신이란 없는 것이 아닐까 하는 의구심과 알 수 없는 분노가 치미는 것에서 절대자의 위상이 동요하는 현상 역시 지적할 수 있다.

간토대지진 진재영에서는 끔찍한 재난의 현실에서 감각적 위화감을 느끼며 공황 상태에 빠질 수밖에 없는 심리 묘사와 더불어, 현실 초월적 신불이나 먼 과거를 상상하는 기제(機制)가 발현되는 것을 확인할 수 있다. 이처럼 개인의 경험 영역을 초월하는 신불, 또는 신적인 존재를 상정해 두고 공적인 언어로서 단카 작품을 창작했다는 것은, 역설식으로 살아남은 사람들 간에 경험과 심리가 소통되고 공감되기를 바란 시도였다.

(3) 재난 속에서 보는 인간과 자연

대지진으로 인해 삶이 처절히 파괴된 현장에서 진재영은 인간의 다양한 군상을 그려낸다. 그것은 극한 상황에서 인간성을 상실해버리는 국면을 목격해서이기도 하지만, 반대로 눈앞에 펼쳐진 재난 상황을 수습하고 복구하리라는 희망 또한 관념적 존재가 아닌 사람에게 걸 수밖에 없다는 인식이 바탕에 있기 때문일 것이다.

이제 진재영 속에 드러나는 인간성의 긍정적인 발현이나 상실상(狀)에 관해 살펴보자. 먼저 살아 있는 사람을 소재로 삼은 진재영에서 가장 자주 접하게 되는 사례는 인간의 삶의 터전이라 할 집에 대한 갈구,

그리고 가족에 대한 맹목적인 보호본능에 관한 내용이다.

- 어머니시여 불길 속에 계시며 병들은 딸을 돌보기 어려워서 같이 돌아가셨나.

  (母うへよ火なかにありて病める娘(こ)をいたはりかねてともに死にけむ)

- 아직은 어린 나의 누이여 울며 불타오르는 화염 속에서 혼자 헤매이고 있는가.

  (いとけなき妹よ泣きて燃えあがる火なかに一人さまよひにけむ)

나미키치의 어머니 여동생 세 명 행방불명되다

- 부모 자식도 화염 속에서 서로 생이별 하니 너무도 슬프구나 행방조차 모르고.

  (親も子も炎のなかの生き別れかなしきかなや行方しれずも)

- 아아 슬퍼라 불길 오르는 속에 헤어져버린 가족을 찾는다고 오늘도 나서누나.

  (あなあはれ火の中にして別れにしうからさがすと今日も行きにけり)

특히나 앞서 소개했던 다카다 나미키치의 비극은 본인의 육성으로 위의 두 수와 같이 표현됨은 두말할 나위도 없는 일이다. 또한 아래쪽 두 수는 후지사와 후루미의 단카인데, 다카다 일가의 비극이 『아라라기』 동인들에게도 혈육 상실의 가장 극명한 예로 비쳤던 것을 알 수 있는 사례이다.

큰딸의 피난처를 묻다

- 길가에 있는 시체들을 보고는 아직 못 찾은 내 자식 떠올리며 마음 조급하구나.

(みちのべの死骸をみてはまだあはぬわが子思ひて心せかるる)

아울러 위의 오카 후모토의 단카처럼 극한 상황에서 자식을 찾는 모습으로 대표되듯이, 혈육의 죽음이나 이별이 최대의 불안과 공포이고 가족의 안위와 구출만이 지상 가치인 것은 간토대지진 진재영에서 인간 본성에 기반을 둘 때 가장 쉽게 마주하게 되는 내용이다. 이러한 단카에서는 혈육이 곁에 있지 않은 극한 재난 상황 속에서 인간 본성이 가속과 집으로 향하는 것을 보여준다.

이제 재난의 어려운 현실 상황에도 불구하고 타인을 돕는 인간성에 대한 신뢰를 노래한 단카로 옮겨가 보자.

- 헐떡거리며 도망을 치던 도중의 염천 하에서 물을 주었던 아이 잊을 수가 없노라.

(あへぎつつ逃るる路の炎天に水くれし子を忘るるなかれ)

- 알든 모르든 사람들도 한탄을 같이 하누나 깨끗한 물 푸면서 서로 양보를 한다.

(知る知らぬ人も嘆きを共にせり清水汲みつつ相ゆづるなり)

- 다행스럽게 살아난 이 내 몸을 가련히 여긴 사람들의 온정을 예전에 알았던가.

(幸ありて生きし此身を憐れます人の情けをかねて思へや)

• 꽤 오래 지난 가지절임마저도 감사하구나 사람들 베푼 정을 생각하며 먹는다.

(古りにける茄子の漬ものありがたし人のなさけを思ひて食すも)

도키 젠마로의 첫 수와 쓰키지 후지코의 단카 세 수인데, 여기에서는 재난의 현장에서 피신해야 하는 급박한 상황과 피난살이 속에서 당시 매우 귀했던 식수와 식량을 나누어주는 사람들의 원조의 손길과 양보의 자세를 통해 인간이 품은 온정에 대한 감사와 인간성 신뢰가 잘 드러난다.

다음은 구조 다케코와 고토 미요코(五島美代子)의 단카이다.

• 내가 가진 힘 넘치는 걸 느낀다 창조해내는 백성의 한 명이라 나 스스로 기꺼워.

(わが力みなぎり覚ゆ創造の民のひとりと我をよろこぶ)

• 구축해 나갈 도읍을 위해서는 아주 조그만 돌이라도 되어라 조그마한 이내 몸.

(きづきゆく都のための小さなる石となさしめ小さきこの身)

이 작품들은 인간성에 대한 신뢰와 믿음을 전제로 창조와 재건의 의지를 드러낸다고 볼 수 있다. 이처럼 재난 상황에서 복구와 새로운 창조의 힘을 스스로의 몸으로 보이려는 단카가 구조나 고토와 같은 여성가인들에 의해서 창작되었다는 것은 재생(再生)과 모성(母性)이 서로 관련된 개념임을 뒷받침하는 사례로서 특기할 수 있다.

그런데 이와는 사뭇 대조적으로 극한 상황 속에서 인간 본성이 상실되는 것에 대한 경각심을 보이는 강렬한 단카도 있다.

- 불빛 꺼버린 마을 암흑이로다 함성 소리가 가까운 동쪽 부근 골목에서 일어나.
  (あかり消せる町は真暗なり鬨の声近く東の小路におこる)
- 갑자기 뚝 소란 조용해지고 다리 저 편에 그 쫓기던 사람은 죽임을 당했겠지.
  (ひたと,さわぎ静まる橋のかなた,かの追はれしは殺されにけむ)
- 양 기슭에서 그저 던지고 던진 돌팔매 아래 가라앉은 남자는 결국 떠오르지 않고.
  (両岸よりひた投げに投ぐる礫のした沈みし男遂に浮び来ず)

첫 번째 구보타 우쓰보의 작품에서는 간토대지진 당시 자경단 활동에서 위험인물로 몰린 누군가가 색출되어 함성과 소란이 났던 일화를 전한다. 아래쪽 두 수는 도키 젠마로의 단카인데, 무슨 사유인지는 알 수 없지만 쫓기던 누군가가 결국 물속으로 들어가고 돌팔매질로 살해당한 참혹한 사건을 구성한 것이다. 이처럼 극한 상황에서 자연재해가 아닌 인간에 의해 살인이 자행되거나 죽음이 방관되어 버리는 인간 본성을 상실한 섬뜩한 사례를 다루는 단카에서는 인간성 상실, 바꿔 말하면 비인간적인 면모가 발현되는 것을 확인하게 된다.

한편으로 재난 속 인간 군상을 드러낼 때 가장 특징적인 예로 다음의 구보타 우쓰보의 단카를 들 수 있다.

• 간다구(神田区)에는 집집마다 있다는 빈대벌레가 하나 안 남았다고 웃지만 슬프구나.

(神田区の家毎にゐる南京虫一つ残らじと笑ひてかなしき)

그림11 간토대지진 당시 간다구 일대의 참상

간토대지진 당시 야마노테(山の手)라 일컬어지는 도쿄 높은 지대의 고급주택가보다 서민 동네라 할 수 있는 시타마치(下町)의 피해가 유독 컸고, 특히 시타마치 중에서도 간다 지역은 그 피해상이 처참한 지경이었다고 한다. 그런데 그 와중에 빈대도 살아남지 못했을 것이라며 유머를 잃지 않은 모습을 보이고 있는데, 이처럼 인간만이 구사할 수 있는 말의 유희와 웃음을 통해 단적으로나마 재난 상황 한가운데에서도 인간다움을 드러내는 것이다. 말도 되지 않는 진재의 처참한 정황 속에서도 웃음을 찾으려는 노력은 인간의 고유한 면모라 할 수 있기 때문이다.

이제 간토대지진 관련 진재영에서 의외로 모습을 많이 드러내는 자연영(自然詠)의 사례를 살펴보고자 한다. 다음은 각각 시가 미쓰코, 고토 미요코, 구보타 우쓰보의 단카이다.

• 목숨 부지해 열흘은 지났노라 가을은 이제 하얀 무궁화나무 꽃을

피우는구나.

(いのち生きて十日は過ぎぬ秋はやも白き木槿の花咲きにけり)

• 검게 그을린 도읍의 시신들이 눈에 배이니 올해의 가을에는 꽃이 밝아 보인다.

(黒ずみし都のかばね目にしめばことしの秋の花のあかるさ)

• 이상하게도 뭉쳐서 빛이 나는 새하얀 구름 나무에 매미 우나 사람 소리는 없네.

(あやしくも凝りてかがやくましら雲木に蟬なけど人の音はなき)

• 태연하게도 춤추는 나비로군 씁쓸한 듯이 마당을 보던 조카 중얼거리고 있다.

(平気にも舞ふ蝶かなとさびしげに庭見る甥のつぶやきにけり)

위의 단카에서 보이는 무궁화, 가을 꽃, 매미, 나비와 같은 자연물은 철저히 파괴된 인간의 삶의 터전에서도 주위를 아랑곳하지 않고 자기 존재를 증명한다. 이 밖의 간토대지진의 진재영에서 부용꽃 같은 식물이나 귀뚜라미, 멧새 등의 동물, 달이나 구름 같은 경물은 천재지변이라는 변동 속에서도 한결같은 부동의 것으로 제시되는 노래가 많다. 이와 같은 동식물을 비롯한 자연의 것들은, 재난을 당한 극한 상황에서 유동적, 가변적인 인간 운명 및 자기 본성에 따라 행동하거나 선택할 수밖에 없는 인간을 두드러지게 하는 대조물로써 작용한다고 볼 수 있다.

• 지진의 사태 그 상태로 있어라 돌로 된 절벽 실가지 벚나무가 피어

늘어졌으니.

(震崩れそのままなれや石崖に枝垂れ桜は咲き枝垂れたり)

- 일본 이 나라 지진 후의 벚꽃은 어떠하려나 멋지게 필 것인가 기다리고 기다려.

(日本の震後のさくらいかならん色にさくやと待ちに待ちたり)

이것은 일본 근대의 대표적 여성문학자 오카모토 가노코(岡本かの子, 1889~1939)가 「벚꽃(桜)」이라는 제목 하에 지은 130수 연작 중에서 지진이라는 말을 직접 드러낸 단카를 발췌한 것이다. 인간보다 오히려 자연물에 초점을 맞춤으로써 지진의 상황에서도 유지되는 생명력을 암시하는 태도는 오카모토의 단카에서 상당히 두드러지는 방식이라고 하겠다.

이처럼 간토대지진 진재영 중에서도 인간과 자연을 소재로 한 단카에서는 재난 상황에서 본성을 드러내는 인간의 군상이 다양한 각도로 제시되는 것을 검토해 보았다. 측은지심과 연민을 전제로 한 인간적 신뢰감과 그것을 확인하는 순간의 고마움을 통해 인간성의 발현을 다루는가 하면, 비인간적인 면모가 드러나는 순간의 두려움을 내포한 단카도 있다. 또한 재난 상황에서 동요할 수밖에 없는 인간의 모습의 대조물처럼 부동, 불변의 자연물이 단카의 소재가 되는 많은 사례는 결국 생명력 회복이라는 메시지를 가탁(假託)하는 하나의 문학적 기법임을 확인했다.

제6장

원폭의 경험과 핵(核)재난 관련 서사

1. 히로시마 • 나가사키 원폭 투하와 점령군의 검열

1945년 8월 6일과 9일, 일본 히로시마와 나가사키에 원자폭탄이 투하되었다. 도시는 순식간에 완전히 파괴되었고, 즉사한 사람 외에 원폭증(原爆症)에 의한 사망자까지 더하면 히로시마에서는 약 14만 명, 나가사키에서는 약 7만 명이 죽음에 이르렀다.

며칠 뒤인 14일, 아직 히로시마와 나가사키에서는 필사적인 구조가 이어지고 있었던 때, 일본정부는 포츠담 선언(Potsdam Declaration)[69]을 수락하기로 했음을 연합국군 측에 알렸고, 9월 2일에는 항복문서에 조인을 하게 된다. 이를 기점으로 일본은 미국을 주체로 한 연합국군(連合国軍最高司令官総司令部, General Headquarters, the Supreme Commander for the Allied Powers)의 점령 하에 정식으로 들어가게 된다. 이처럼 피폭을 경험한 패전국으로서 전후를 맞이하게 되었다는 사실은 그 후 일본인의 핵에 대한 의식에 다대한 영향을 미치게 된다.

그럼에도 불구하고 점령기의 전반에 해당하는 1945년부터 1949년까지 많은 사람들에게 원자폭탄은 결코 특별히 공포나 기피의 대상이 아니었다. 점령군에 의한 엄격한 검열제도가 존재했고 원폭의 피해

---

69 미국, 영국, 중국의 3개국 대표가 1945년 7월 독일의 포츠담에 모여 일본의 항복 조건과 사후 처리에 관하여 발표한 선언이다. 이 때 결정된 항복 조건은 제국주의적 지도 세력의 제거와 전범자의 처벌, 그리고 이후 연합국에 의한 일본의 점령, 일본 영토의 제한, 철저한 민주화 등이었다.

에 대한 모든 미디어 보도는 이 검열의 대상이었기 때문에 원폭의 무서움이나 위협만을 강조한 정보는 대중에게 유통되지 못했다. 오히려 점령군과의 마찰을 피하고 검열을 피하기 위해 원폭은 평화의 초석으로 다뤄지는 경우가 많았는데, 이 같은 경향이 더욱 널리 사회에 공유된 큰 계기를 제공한 것이 나가이 다카시(永井隆, 1908~1951)의 저술 활동이었다.

나가이 다카시는 나가사키 의학대학(長崎医科大学, 현 나가사키대학 의학부)에서 방사선의학을 전공했다. 나가사키 시에 원자폭탄이 투하되었을 당시 나가이는 폭탄이 폭발한 중심지로부터 약 700미터 가량 떨어진 나가사키 의대 진찰실에 있었다. 나가이는 본인 또한 우측 뇌동맥이 절단되는 중상을 입었음에도 불구하고 천으로 머리를 감싼 채 구조 활동에 임했다.

그는 이튿날 미군이 뿌린 전단지를 읽고 전날 나가사키에 투하된 것이 원자폭탄이었음을 알게 되었고, 사흘 째 되던 11일에 일단 귀가하여 형체를 알아보기 힘든 상태였던 아내의 시신을 수습했다. 그리고 다음 날 다른 가족들이 피난 중이던 니시우라카미(西浦上)로 이동하여 피폭자들의 구조본부를 설치하고 본격적인 구조 활동을 개시했다.

그러나 약 한 달 뒤인 9월 10일경 나가이는 혼수상태에 빠졌고, 그로부터 열흘 뒤에도 상처에서 출혈이 멈추지 않은 채 또다시 혼수상태에 빠져 결국 구조반은 불가피하게 해산했다. 그 후에도 그는 다른 곳에서 구조 활동을 지속했고 「원자폭탄 구호 보고서(原子爆弾救護報告書)」를 작성하여 나가사키 의대에 제출했다. 1946년 나가사키 의대의 교수로 취임하였으나 같은 해 여름 나가사키 역 부근에서 쓰러진 후에는 병상에서 생활을 보내게 되었고, 백혈병 증세를 보이다 결국 1951년 숨을 거두었다.

이처럼 스스로의 피폭 경험은 물론 구조 활동을 통해 누구보다 가까이서 그 참혹함을 지켜봤음에도 불구하고, 가톨릭 신자였던 나가이는 원자폭탄 투하를 '신의 섭리'라고 받아들였다. 본인이 집필한 「원자폭탄 구호 보고서」에서 그는 원자폭탄의 원리를 이용하여 문화에 공헌할 수 있도록 더욱 연구에 매진하고 싶다는 뜻과 함께 문명의 형태가 원자력 에너지를 이용함으로써 완전히 변화할 수 있을 것이며 이를 통해 새로운 행복한 세계를 만들어낼 수 있을 것이라는 등 원자력의 이용에 대해 긍정적인 견해를 내비치기도 했다.

원자폭탄 투하와 관련된 나가이의 대표적인 저서로는 『이 아이를 남겨두고(この子を残して)』(1948)와 『나가사키의 종(長崎の鐘)』(1949)을 들 수 있다. 『이 아이를 남겨두고』는 수명이 얼마 남지 않은 나가이가 아이들을 남겨둔 채 죽음을 맞이해야 하는 심정과 더불어 전쟁, 그리고 자신의 전공분야와 관련된 병으로 인해 죽음에까지 이르게 된 처지에 대한 복잡한 심경을 써내려간 수필이다. 1983년 기노시타 게이스케(木下惠介, 1912~1998) 감독에 의해 영화화되기도 했다.

『나가사키의 종』은 원폭 투하 후 완전히 파괴된 도시의 모습, 화상을 입고 죽어가는 병원의 동료나 시민들 등 피폭 당시의 여러 상황과 더불어 부상을 입은 채 피폭자의 구호 활동에 임했던 자신의 기억 등을 기록한 수필이다. 집필이 완성된 뒤에도 점령군의 검열로 인해 바로 출판되지는 못했는데 다행히 얼마 지나지 않아 화제를 불러일으키게 되면서 1948년 간행될 수 있었다. 1950년에는 감독 오바 히데오(大

庭秀雄, 1910~1997)에 의해 영화로 제작되었는데 이는 일본인 감독이 원폭을 다룬 첫 극영화라는 점에서 특기할 만하다. 그러나 검열로 인하여 역시 원폭의 피해상황을 제대로 다루지는 못하고 나가이의 생전 활동을 그리는 것에 그치고 말았다.

이 시기의 작품 중 흥미로운 것으로 다나카 신이치(田中晋一, 1928~)의 만화 『초인 아톰(超人アトム――怪奇城の巻)』(1948)을 들 수 있다. 이 작품은 당시 소년을 대상으로 한 대중문화에서 유행하였던 과학의 발전을 배경으로 한 일종의 권선징악을 주제로 한 영웅서사이며, 아직 점령기였던 만큼 원폭을 직접 다루고 있지는 않지만 주인공의 이름이 '아톰(アトム)'이라는 점은 주목할 만하다.

아톰이라는 이름의 주인공이 등장하는 또 다른 작품으로는 하라 겐지(原研兒)의 「아톰 소년(アトム少年)」(『少年少女譚海』1949.7 특대호)라는 그림이야기(絵物語)가 있다. 주인공 '아톰 소년(アトム少年)'은 히로시마 출생으로 '피카돈의 자손(ピカドンの孫, 피카돈-원자폭탄을 일컫는 속어로 피카는 원자폭탄의 섬광, 돈은 폭발음을 나타냄)'이라고 불린다. 아톰 소년은 어마어마한 초인적 능력과 괴력을 지녔는데 작품 속에서 학자들은 이를 두고 원자폭탄의 방사능이 작용한 결과라고 주장한다. 방사능이 오히려 신체 능력을 향상시킨다는 식으로 원자폭탄 피폭을 긍정적으로 묘사한 이유는 역시 당시 점령군의 검열을 피하기 위한 방책이었다고 보아야 할 것이다.

당시 원자폭탄을 작품 속에서 다루는 것에 대해 점령군은 매우 민감하게 반응하며 그 어떤 소재보다 엄격한 검열을 행했다. 사실 히로시마에 원폭이 투하된 당시, 도쿄의 다큐멘터리영화 제작사인 닛폰영화사(日本映画社)는 자사의 카메라맨을 즉시 히로시마로 파견하여 정황을 찍어 오도록 했다. 그러다 이때 촬영된 필름 중 하나는 먼저 일본군 당국에 넘어가 후에 점령군에게 압수되었고, 다른 하나는 분실되고 말았다. 또한 히로시마의 아마추어 카메라맨이 당시의 참상을 기록한 8mm 필름도 존재했지만 피해자의 시신을 찍은 장면 등 모든 중요한 부분이 영상에서 사라지게 된다.

같은 해 9월 닛폰영화사는 다시 한 번 원폭을 다룬 뉴스 릴을 제작하지만, 점령군의 검열책임자로부터 영화가 원자폭탄의 영향력을 지나치게 과장하고 있다는 지적을 받고, 제목을 비롯하여 여러 부분에 대한 수정을 요구받았다. 뿐만 아니라 같은 시기 일본의 영화제작사 및 배급사들이 협력하여 촬영 스태프의 물자를 마련하고 문부성의 허락을 받아 수십 명의 과학자들과 함께 히로시마와 나가사키에서 촬영을 감행했다. 그러나 촬영을 진행하던 도중 점령군 헌병이 나가사키 촬영팀의 카메라맨을 체포하고 제작진 측에 즉각 촬영을 중지할 것을 명령했는데, 제작진 측의 강한 저항에 부딪히자 미국 정부가 군사적 목적의 조사(Strategic Bombing Survey)에 사용할 목적으로 다시 촬영을 허가하여 12월에 겨우 촬영을 완료할 수 있었다.

이러한 우여곡절 끝에 제작된 다큐멘터리영화의 영어 버전이 이듬해 4월 완성되는데 점령군 측에서 붙인 영문 제목은 "The Effect of the Atomic Bomb", 즉 원자폭탄의 '효과'였다. 원래 이 다큐멘터리를 제작한 일본 영화제작자들의 목적은 피폭된 피해자들의 시점에서 그 피해 양상을 묘사하는 데 있었으나, 위 영문 제목에 분명히 나타난 것처럼 점령군은 어디까지나 원자폭탄의 군사 무기로써의 효과에 초점을 두었던 것이다. 이에 그치지 않고 점령군은 완성된 버전에 쓰이지 않은 모든 촬영 필름까지 전부 압수했는데, 이는 남은 촬영분이 자신들의 점령 방침에 위배되거나 '평화적'으로 일본을 점령한다는 자신들의 당위성을 위협하지 않도록 하려는 사전 조치였다.

비슷한 시기 또 다른 대형영화사인 쇼치쿠(株式会社松竹)에서도 히로시마에 관한 영화 제작을 기획했다. 이 기획안에 대한 회의에서 점령군 측 검열관들은 영화 속에서 원자폭탄이 전쟁을 비난하기 위한 소재로 사용되고 있음을 지적하며, 전쟁에 대한 비판은 어디까지나 전쟁을 일으킨 일본의 시스템 전체에 대한 것이어야 하며 그 대상이 전쟁에서 사용된 '특정 무기', 즉 원자폭탄이 되어서는 안 된다고 민감한 반응을 보였다.

이상의 여러 사례를 통해 점령 당시 히로시마와 나가사키의 원폭에 대한 묘사는 점령군에 의해 상당히 엄격하게 통제되었다는 사실을 알 수 있다. 특히 그들의 관심은 원자폭탄이라는 새로운 무기를 군사적으로 이용하기 위해 이것이 인체와 환경에 미치는 영향을 히로시마와 나가사키의 경우를 통해 '조사'하는 데 있었을 뿐, 피해자나 희생자들의 고통에 대해서는 다루기를 원하지 않았다. 또한 촬영된 필름의 완성본뿐만 아니라 여기에 사용되지 않은 필름까지도 모두 압수한 사례에 잘 드러나듯이 다큐멘터리 촬영 등을 통해 알게 된 정보를 자신들이 완벽하게 통제함으로써 원자폭탄에 대한 독점권을 유지하려 했다. 나아가 일련의 다큐멘터리에 대한 검열 기록에서 검열관들의 반응을 통해 짐작할 수 있는 것처럼, 점령군은 핵무기 사용에 대한 윤리적 비난을 두려워하고 있었으며 원자폭탄 투하는 어디까지나 야만적이고 미개한 일본에 의해 시작된 전쟁을 끝내기 위한 어쩔 수 없는 선택이었다고 '정당화'하려 했다.

또한 점령군은 무엇보다도 원폭이 사람과 환경에게 미치는 물리적 효과가 영상에 담겼을 때 이것이 끼치게 될 큰 시각적 영향력을 우려했다. 인도주의를 견지하며 평화를 수호하는 지도자로서 미국이 전범국인 일본을 재건하기 위해 노력한다는 이미지를 유지하기 위해서라도 원폭투하와 그 이후의 참상을 그대로 촬영한 영상의 유통은 용납할 수 없었던 것이다.

이 같은 패전 후 몇 년 간의 분위기와는 반대로, 점령 후기에 들어선 이후에는 미디어를 중심으로 핵의 군사적 이용에 대한 위기감이 고조되었다. 1949년 4월 트루먼(Harry S. Truman, 1884~1872) 미국 대통령이 원자력 병기의 사용을 주저하지 않겠다고 선언한 지 얼마 지나지 않아, 9월에는 소련이 원자폭탄을 보유하고 있는 사실이 밝혀졌다. 이에 더불어 냉전 체제가 굳어져 가는 가운데 1950년 6월에는 한국전쟁이 발발하기에 이른다. 이러한 국제 정세 속에 일본 국내에서는 샌프란시스코 강화 조약(対日講和條約, Treaty of Peace with Japan)[70]의 조건을 둘러싸고 여러 논쟁이 벌어지는 상황이기도 했는데, 이와 관련한 당시 도쿄대학 총장이었던 난바라 시게루(南原繁, 1889~1974)의 연설이 핵의 군사 이용에 대한 위기감 조성에 결정적 계기를 제공했다.

1950년 3월 도쿄대학 졸업식 연설에서 난바라 시게루는 미국을 비롯한 서방 국가뿐만 아니라 소련이 이끄는 진영의 여러 국가까지 포

70 미국 샌프란시스코에서 1951년 9월 연합국과 일본이 체결한 평화 조약. 제2차 세계대전의 종결을 위해 체결하였으며, 대일강화조약(對日講和條約)이라고도 불린다.

함한 전면적인 강화를 주장했다. 이와 같은 전면 강화를 이루지 못할 경우, 전쟁이 발발할 가능성도 있으며 원자폭탄이나 수소폭탄 등의 무기에 근대과학의 정수가 응집되어 있는 현 세계에서 다음에 일어나게 될 전쟁은 아마도 유사 이래 가장 큰 규모이자 전 인류의 운명을 건 대전(大戰)이 될 것이라고 경고의 목소리를 높였다. 난바라 총장의 이 연설은 같은 해 5월「세계 파국의 위기와 일본의 사명(世界の破局的危機と日本の使命)」이라는 제목으로『세계(世界)』라는 잡지에 게재되어 일반 대중에게도 널리 퍼졌다. 1951년 제작된 데즈카 오사무(手塚治虫, 1928~1989)의 SF만화『다가올 세계(来るべき世界)』는 당시 만연했던 앞으로 다가올지도 모를 또 다른 세계대전에 대한 두려움과 핵무기 사용에 대한 공포를 잘 반영하고 있다.

2. 점령의 종료와 해금(解禁)

1952년 연합국군에 의한 일본점령이 끝나면서 핵에너지에 대한 연구와 원자폭탄에 대한 미디어 보도에 대한 금지도 함께 해금을 맞이했다. 이러한 분위기 속에서 히로시마와 나가사키의 원폭 투하 직후의 상황을 그린 그림이나 사진이 앞다투어 출판되었는데, 이는 두 도시의 피폭자가 아닌 일본인들이 피폭의 참상을 시각적으로 처음 마주하는 최초의 경험이었다.

원폭을 소재로 한 작품을 본격적으로 제작하기 시작한 것은 영화계도 마찬가지였다. 이미 점령 후기에도 앞서 언급한 나가이 다카시의

수기를 영화화한 『나가사키의 종』(영화는 1950년 제작)이나 『나가사키의 노래는 잊을 수 없네(長崎の歌は忘れじ)』(1952)와 같은 원폭을 다룬 영화가 만들어지기는 했으나 아직 점령 상태였던 탓에 이들 영화는 피폭의 참혹함 자체에 초점을 두기보다는 등장인물이 피폭으로 인한 여러 어려움을 극복하는 과정을 그리는 정도에 그칠 수밖에 없었다.

영화 『나가사키의 노래는 잊을 수 없네』의 경우, 감독인 다사카 도모타카(田坂具隆, 1902~1974) 스스로가 히로시마에서 피폭한 경험을 지니고 있다는 점에서 특기할 만하다. 이 영화는 피폭으로 인해 시력을 잃은 한 미망인이 겪는 여러 고통을 잘 그려내고 있으며 원폭 투하에 대한 죄책감을 지닌 전(前) 미군이 등장하기도 하지만, 어디까지나 두 사람이 화해에 이르는 과정이 이야기의 중심을 이루고 있다.

이 시기 히로시마 피폭자를 다룬 영화로서 가장 널리 알려진 것은 실제 히로시마에서 원폭을 경험한 아이들의 수기를 모은 『원폭의 아이들—히로시마 소년소녀의 호소(原爆の子——広島の少年少女のうったえ)』(1951)를 원작으로 한 신도 가네토(新藤兼人, 1912~2012)의 『원폭의 아이들(原爆の子)』(1952)일 것이다. 이 영화는 피폭의 후유증으로 인하여 제대로 된 생활이 불가능한 아이들의 실태와 그들이 겪는 어려움을 다큐멘터리적 수법으로 생생하게 담아내어 당시 일본 사회에 커다란 반향을 불러일으켰다.

3. 비키니(ビキニ) 수소폭탄 실험과 다이고후쿠류마루(第五福竜丸)의 피폭

통칭 비키니 섬이라 불리는 비키니 환초(Bikini Atoll)는 태평양 중앙과 마셜 제도에 위치하고 있는데, 미국은 이 섬을 핵 실험장으로 이용하기 위해 거주하던 주민들을 이웃의 롱겔라프 환초(Rongelap Atoll)로 이주시키고 1958년까지 수차례에 걸쳐 핵무기 실험을 실행했다.

미국은 비키니 섬의 공중, 수중 그리고 해수면에서 다양한 핵무기를 사용해 폭발 실험을 진행했는데 그러던 1954년 3월 1일, 당시 행해졌던 실험 중 가장 강력한 수소폭탄이 폭발하게 된다. 이 폭탄은 작은 규모의 비키니 섬에 서식하던 모든 생물을 순식간에 증발시켰으며 폭발로 인해 발생한 핵 구름이 약 160킬로미터에 달하는 지역을 전부 뒤덮었다.

폭발에서 발생한 방사능의 낙진은 매우 심각하여 인근 섬에서 거주중이던 주민들이 모두 피폭되었다. 또한 미국 정부는 위험구역을 지정하여 그 안에서 어선의 작업을 금지하였으나, 그들로서도 매회 실험에서 사용하는 핵의 파괴력을 정확히 가늠할 수 없는 상황이었다. 따라서 3월 1일 실험 당시 일본의 어선 다이고후쿠류마루(第五福龍丸)는 미정부가 발표한 위험구역 바깥에서 작업 중이었음에도 불구하고 배에 타고 있던 선원들은 물론 이들이 포획한 어류까지 모두 방사성 낙진에 오염되었다. 선원들은 네다섯 시간 동안 방사성 낙진을 온 몸에 뒤집어 쓴 채 작업을 했고 이후에도 피폭된 신체와 선체를 완전히 씻어내지 못한 상태로 약 2주가 걸려서야 겨우 귀항할 수 있었다.

이 사건은 1954년 3월 『요미우리신문(読売新聞)』에서 최초로 보도되었고 피해를 입은 선원들의 상태에 전 일본 국민의 관심이 집중되었다. 더불어 방사능에 오염된 참치가 일본 국내시장에 유통 중이라는 보도가 퍼져 사람들을 불안에 떨게 만들었다. 다시 말해 핵폭발이 일어난 장소 부근에 있던 선원들뿐 아니라 식품까지 방사능에 오염되면서 멀리 떨어진 일본에 살고 있는 자신들까지도 피폭되었을 가능성이 있다는 의식이 생겼고, 이로 인하여 핵에 대한 사람들의 공포심이 이전과는 비교할 수 없을 정도로 커져갔던 것이다.

이 같은 상황에서 선원 중 한 명인 구보야마 아이키치(久保山愛吉, 1914~1954)가 결국 사망에 이르게 되어 일본의 모든 언론은 이를 일제히 크게 보도했다. 구보야마의 죽음은 핵실험과 피폭이 단지 그 한 개인에게 일어난 불행이 아니라 가까운 미래에 전 인류에게 다가올 수도 있다는 공포심을 심어주었으며, 그와 동시에 히로시마, 나가사키의 피폭자들을 다시금 상기시키는 요인으로 작용했다. 이는 핵에너지를 평화적으로 이용할 수 있도록 연구 및 개발해야 한다는 의식으로 이어졌으며 대규모의 원폭 금지 서명운동(原水爆禁止運動)이 전개되는 중요한 계기가 되었다. 무엇보다 중요한 것은 다이고후쿠류마루 피폭사건으로 인하여 일본인들이 경험한 일련의 피폭을 둘러싼 기억은 그들의 피해자 의식만을 강화하는 방향으로 널리 공유되기 시작했고, 이후 히로시마와 나가사키에 관한 서사에서 그 외의 다른 전쟁의 기억, 특히 아시아에서 일본이 행했던 가해의 기억들은 점차 망각되어 가는 양상을 보였다는 점이다.

4. 원폭문학이라는 장르의 형성

원폭문학(原爆文学, Atomic bomb literature)을 사전적으로 정의하면 원폭이나 핵에 관한 문학이라 할 수 있다. 1973년 출판된 일본 최초의 본격적인 원폭문학 연구서라 할 수 있는 나가오카 히로요시(長岡弘芳, 1932~1989)의 저작 『원폭문학사(原爆文学史)』에서는 이 장르를 "원폭 투하가 초래한, 눈에 보이는 것에만 국한하지 않고, 내부로부터 인간존재를 좀먹게 하는 그 사실까지를 제재로 하는 문학[71]"이라고 정의한다.

앞서 언급한 것처럼 연합국군의 점령 하에 놓여있던 1940년 후반에서 1950년 초반까지는 히로시마 · 나가사키 원폭 투하와 그로 인한 피해를 다룬 모든 미디어는 점령군의 검열 대상이었다. 그럼에도 불구하고 생존자와 점령군의 검열에 반발하는 작가들을 중심으로 원폭을 다룬 몇몇 작품이 발표되었다. 예를 들어, 앞에서 다룬 나가이 다카시나 하라 다미키(原民喜, 1905~1951), 오타 요코(大田洋子, 1906~1963), 또는 구리하라 사다코(栗原貞子, 1913~2005), 도게 산키치(峠三吉, 1917~1953)와 같은 원폭 체험자들이 소설과 시, 에세이를 쓰기 시작했다.

이 시기에도 이미 '원폭문학'이라는 말이 사용되고 있었고, 원폭문학은 위의 체험자들에 의한 "현장의 재현으로부터 시작"[72]되었다고 보는 견해도 있으나 이것이 특정 문학 장르를 가리키는 용어로 인식되기 시작한 것은 1960년대 중반 이후라 보는 것이 일반적인 견해이다. 이 시기에 하라 다미키의 『여름의 꽃(夏の花)』(1947)과 이부세 마스지(井伏

71 長岡弘芳, 『原爆文学史』(風媒社, 1973), p.3.

72 石田耕治, 「原爆文学への決意」『安芸文学』第11号, 1962, p.2.

鱒二, 1898~1993)의 『검은 비(黒い雨)』(1965)가 일본의 국어교과서에 실리고 나가오카의 『원폭문학사(原爆文学史)』가 간행되었다.

이부세 마스지의 『검은 비』는 당시 문학비평계에서 좋은 평가를 받으면서 원폭문학의 기준과도 같은 작품으로 자리매김하게 되었다. 저명한 평론가인 에토 준(江藤淳, 1932~1999)은 이 작품이 정치적인 대립을 넘어서서 '서민'의 체험을 '평상심(平常心)'을 지니고 그려내는 데 성공하였다고 평가했고 이와 유사한 견해가 비평계의 주류를 이루었다. 그와 함께 원폭 체험 당사자가 아닌 이부세가 쓴 『검은 비』가 지닌 '평상심'과는 대치되는 작품들로 더 앞서 집필된 『여름의 꽃』과 같은 작품은 점점 배제되어 갔다.[73]

일본의 문학평론가들 사이에서 원폭문학은 '기록'인가 아니면 '문학/소설'인가 하는 주제를 둘러싸고 오랜 기간 의견이 갈리기도 했다. 예를 들어, "〈원폭문학〉이라는 개념에 관해서는 픽션과 논픽션의 두 장르가 공존한다는 모순을 내포하고 있다"[74]는 주장이나, 원폭문학에 대하여 "문제는, 피폭의 참극을 아무리 채록하더라도 인간을 그려내지 못한다면 〈기록〉은 되더라도 〈소설〉은 될 수 없다"[75]는 등의 주장이 여러 문학비평잡지를 중심으로 개진되었다.

---

73 川口隆行, 「『原爆文学』という問題領域・再考」『原爆文学研究』第1号, 2002, p.18.

74 亀井千明, 「昭和25年版『屍の街』の文脈——大田洋子が見極めた被爆5年後」『原爆文学研究』第4号, 2006, p.118.

75 大里恭三郎, 「祭りの場」林京子 (原爆文学〈特集〉)——(作品論)」『国文学解釈と鑑賞』第50巻9号, 1985.8, p.98.

5. 주요 작품 소개

(1) 하라 다미키(原民喜) 『여름의 꽃(夏の花)』(1947)

❁ 작품 인용

[인용1]

나는 거리로 나가 꽃을 사 들고 아내의 무덤을 찾아가기로 했다. 주머니 속에는 불단에서 가져온 향이 한 묶음 있었다. 8월 15일이 아내의 첫 번째 우란분(盂蘭盆)이었는데, 그때까지 이 고향 거리가 무사할지 의심스러운 구석이 있었다. 마침 전기가 공급되지 않는 날이었지만, 아침부터 꽃을 들고 거리를 돌아다니는 사내는 나 외에 찾아볼 수가 없었다. 그 꽃의 이름은 알 수 없었지만 작고 가련한 노란 꽃잎이 야성미를 띠고 있어 참으로 여름의 꽃다웠다.[76]

[인용2]

나는 화장실에 있었기 때문에 목숨을 건질 수 있었다. 8월 6일 아침, 나는 8시 무렵 잠자리에서 일어났다. 그 전날 밤에 공습경보가 두 번이나 있었지만 아무 일도 없었기에 새벽이 오기 전에는 옷을 전부 벗어, 오랜만에 잠옷으로 갈아입고 잠을 잤다. 그랬기 때문에 일어났을 때도 팬티 하나만 입고 있었다. 여동생은 그 모습을 보더니 늦잠을 잤

---

76 하라 다미키, 박현석 역, 『여름의 꽃』 (현인, 2017), p.3.

다며 툴툴 잔소리를 해댔지만 나는 아무 말 없이 화장실로 들어갔다.

그로부터 몇 초 뒤의 일인지 확실하지는 않지만, 갑자기 내 머리 위로 일격이 가해졌으며 눈앞으로 시커먼 어둠이 밀려들었다. 나도 모르게 우와아 하고 소리를 지르며 머리에 손을 대고 일어났다. 새카맣게 어두웠기 때문에 폭풍과도 같은 것이 추락하는 소리 외에는 아무것도 알 수가 없었다. 더듬더듬 문을 열고 보니 툇마루가 있었다. 그때까지 나는 우와아 하는 내 목소리를, 쏴아- 하는 소리 속에서 분명하게 귀로 듣기는 했지만 눈이 보이지 않았기 때문에 몸부림을 치고 있었다. 그런데 툇마루로 나가자, 곧 희미한 빛 속으로 파괴된 가옥이 떠오르고 정신도 또렷해지기 시작했다.

그것은 끔찍한 꿈에서 일어난 일과 비슷했다. 처음 내 머리에 일격이 가해지고 눈에 보이지 않게 되었을 때, 나는 내가 쓰러진 것이 아니라는 사실을 알았다. 그리고 굉장히 성가신 일이 일어난 것이라는 생각이 들어서 화가 났다. 또한 우와아 소리치고 있는 내 목소리가 왠지 다른 사람의 목소리처럼 들려왔다. 그런데 희미하게나마 주위의 모습이 눈에 들어오기 시작하자 이번에는 참극의 무대 속에 서 있는 것 같다는 느낌이 들었다. 분명 이런 광경은 영화 등에서 본 적이 있었다. 무럭무럭 피어오르는 흙먼지 너머로 파란 공간이 보이고, 뒤이어 그 공간의 숫자가 늘어 갔다. 벽이 떨어져 나간 곳과 전혀 생각지도 못했던 방향에서 빛이 비치기 시작했다. 다다미가 어지러이 널려 있는 마루 위로 슬슬 걸어가고 있는데 맞은편에서 잡아먹을 듯한 기세로 여동생이 달려왔다.

"다치지 않았어? 다치지 않았어? 괜찮아?" 라고 외친 뒤 여동생은

"눈에서 피가 나, 빨리 씻어."라며 부엌의 개수대에 수돗물이 나온다는 사실을 알려주었다.[77]

작품 해설

『여름의 꽃』은 하라 다미키의 단편소설로, 내용의 많은 부분이 작가 스스로가 히로시마에서 피폭한 체험과 피폭 직후 이를 기록한 그의 일기 「피폭 당시의 노트(原爆被災時のノート)」를 바탕으로 한 작품이다. 1947년 잡지 『미타문학(三田文学)』에 발표되었는데 점령군의 검열을 피하기 위해 피폭자에 대한 묘사를 비롯한 몇 군데의 내용을 삭제하고, 원폭과는 연관성이 없을 것 같은 '여름의 꽃'이라는 제목을 단 채 게재되었다. 이 당시 삭제된 부분을 되살린 완전한 버전은 하라가 사망한 후인 1953년 가도카와서점(角川書店版)에서 간행한 『하라 다미키 작품집(原民喜作品集)』에서 처음으로 공개되었다. 또한 『여름의 꽃』은 1975년, 출판사 산세이도(三省堂)에서 간행한 교과서에 실렸다.

『여름의 꽃』의 작중 화자인 '나'는 이름 모를 가련한 정취를 풍기는 황금빛의 꽃을 들고 세상을 떠난 아내와 부모님의 묘를 찾는다. 그로부터 이틀 뒤, '나'의 불안이 적중한 것인지 거리에는 원폭의 섬광이 번뜩였고 그는 참극의 한복판으로 내몰리게 된다. 강으로 도망친 그는 둘째 형과 만나게 되고 둘은 상류로 거슬러 올라가는데, 그곳에서 두 사람은 차마 눈뜨고 볼 수 없는 참혹한 광경을 목격하게 된다. 그리고

77 앞의 책, p.4.

형의 집에서 일하던 하녀를 만나게 되는데 그녀는 갓난아이를 안은 채 '광선'을 덮어써서 가슴과 손, 얼굴에 심한 화상을 입고 있었다. 셋은 함께 피난을 떠나지만 그녀는 계속해서 물을 달라고 애원하다가 한 달여 만에 숨을 거두고 만다.

앞서 언급한 것처럼 『여름의 꽃』은 작가 자신의 체험을 바탕으로 하였으며 작중화자인 '나'가 히로시마의 거리에서 마주하는 수많은 피폭자들의 고통스러운 모습을 생생하게 전달한다는 점에서 피폭의 '기록'으로서의 가치를 인정받고 있다. 또 동시에 [인용1]에서 잘 나타나듯이 피폭의 기억과 경험을 문학적 필치로 담아내고 있어 많은 일본의 비평가들에게 그 문학작품으로서의 수준을 높이 평가받는 등, 원폭문학의 대표작으로 간주되고 있다.

(2) 나가이 다카시(永井隆) 『나가사키의 종(長崎の鐘)』(1949)

❁ 작품 인용

지모토 노인은 가비라다케 산꼭대기에서 풀을 베고 있었다. 여기서는 우라카미가 남서쪽 3킬로미터에 비스듬히 내려다보인다. 우라카미의 아름다운 거리며 언덕은 무심하게 여름 햇빛을 받고 있다. 그때 지모토 노인의 귀에 돌연 작은 굉음이 들렸다. 낫을 든 채, 허리를 펴고 하늘을 쳐다보았다. 바로 머리 위에 손바닥 모양의 구름 한 조각이 있을 뿐, 하늘은 대체로 맑았다. 전투기 폭음은 바로 그 구름 위에서 들려왔다. 잠시 쳐다보고 있노라니 무엇인가가 나타났다. 틀림없는

B-29기였다. 구름 한가운데 돌출 부분에서 반짝 은색으로 빛나는 작은 점! 고도가 8천 미터 정도나 될까, 하고 생각하는 순간 갑자기 무엇인가를 떨어뜨린다.

앗! 가늘고 긴 까만 물체. 폭탄이다, 폭탄!

지모토 노인은 그대로 그곳에 넙죽 엎드렸다. 5초, 10초, 20초, 1분, 숨을 죽이고 있는 동안, 시간은 경과했다.

번쩍! 갑자기 빛이 났다. 엄청난 빛이었다. 소리는 전혀 없었다. 지모토 노인은 겨우 머리를 들었다.

'우라카미다! 우라카미가 당했다!'

우라카미 대성당의 상공에 바로 조금 전까지 없었던 거대한 흰 연기가 피어오르더니, 놀라운 속도로 무럭무럭 커지고 있었다. 그중에서도 지모토 노인의 간을 그야말로 콩알만 하게 만든 것은 그 흰 연기 기둥 아래서 우라카미의 언덕과 산과 평원을 넘어 이쪽을 향해 맹렬한 기세로 밀어닥치는 엄청난 돌풍이었다.

언덕 위의 집들과 나무들, 땅 위에 솟아있는 물체란 물체는 모조리 쓰러뜨려 때려 부수고 날려버린 돌풍이 눈 깜짝할 사이에 바로 밑에 내려다보이는 수풀을 휩쓸며 이 가비라다케의 산중턱을 향해 달려오고 있지 않는가.

"대체 무슨 날벼락이람!" 마치 눈에 보이지 않는 거대한 불도저가 땅을 고르며 굴러 오고 있는 것 같다. 자기마저 그 불도저에 깔릴 것 같아 지모토 노인은 합장을 하며 "하느님 아버지! 나무아미타불!"을 부르며 다시 땅바닥에 고개를 박았다.

우지끈, 뚝딱! 고막을 찢을 듯한 무시무시한 소리가 산이 떠나가라

울린 것과 동시에 지모토 노인의 몸은 엎드린 그대로 사뿐히 날려갔다. 5미터 정도 떨어져 있는 밭 가운데 내동댕이쳐진 지모토 노인은 겨우 눈을 뜨고 사방을 돌아보았다. 근처의 나무란 나무는 모조리 가지가 꺾이고 풀도 잎도 온데간데없이 사라져 버렸다. 불쾌한 송진 냄새만이 코를 찌를 뿐이었다.[78]

작품 해설

나가사키에 원자폭탄이 투하된 당시, 도시 전체는 완전히 파괴되었다. 나가이 다카시가 근무 중이던 나가사키 의과대학도 예외는 아니었는데, 그는 당시의 상황을 기록한 수필 『나가사키의 종』 속에서 화상을 입고 죽어가는 동료와 나가사키의 시민들의 모습을 그려내고 있다. 제목인 '나가사키의 종'이란 도시의 폐허 속 우라가미 성당(浦上天主堂)이 무너져 내린 벽돌 사이로 놀랍게도 망가지지 않은 채 발굴되었던 종을 가리키고 있다. 인용문에서 소개한 내용은 원자폭탄이 투하된 순간을 목격한 지모토라는 인물의 경험을 서술한 것으로 지금껏 한 번도 경험하지 못한 거대한 정체불명의 무엇인가를 눈앞에 두고 공포에 사로잡힌 한 인간의 감정이 잘 전달되어 온다.

78 나가이 다카시, 김재일 역, 『그날, 나가사키에 무슨 일이 있었나』(도서출판 섬, 2011), pp.23-25.

(3) 데즈카 오사무(手塚治虫) 『다가올 세계(来るべき世界)』(1951)

작품 해설

『다가올 세계』의 간략한 줄거리는 다음과 같다. 작중 세계는 스타국(スター國)과 우란 연방(ウラン蓮邦)이라는 두 강대국이 대립하는 가운데 냉전의 구도가 굳어져 가는 중이다. 과학자인 야마다노(山田野) 박사는 스타국의 핵실험장이었던 섬의 생태계를 조사하던 중, 수년간 행해진 핵실험으로 인하여 섬의 생물들이 정상적이지 않은 진화를 보이고 있음을 목격하고 충격을 받는다. 그리고 작은 인간의 형태를 하고 텔레파시나 염력 등의 초능력을 지닌 '후우문(フウムーン)'이라는 생명체를 발견하고 포획하여 일본으로 데려간다.

야마다노 박사는 스타국에서 개최된 원자력 회의에 출석하여 핵실험이 야기할 수 있는 환경의 위기를 설명하지만, 회의장은 스타국의 원자력 위원장인 노타아린(ノタアリン)과 우란연방의 레도노프(レドノフ) 대사의 신경전이 벌어지는 무대가 되어버리고 아무도 박사의 보고에는 귀를 기울이지 않는다. 노타아린 위원장에게는 코코아(ココア)라는 이름의 딸이 있고 그녀는 신문사 사장의 아들인 로크(ロック)와 연인 관계인데, 로크는 노타아린을 인터뷰하려 시도하지만 실패로 끝나고 만다.

망연자실한 로크에게 람프(ランプ)라는 이름의 부랑자가 다가와 노타아린의 기사를 쓰고 싶다면 그의 자택에 숨어들어갈 도구를 빌려주겠다고 제안한다. 그러나 이 람프라는 남자는 우란연방의 스파이와 연

결된 자로, 우란연방은 그를 이용하여 노타아린을 암살하려는 계획을 세우고 있었다. 람프는 로크에게 도구와 함께 폭탄을 건네주고, 이러한 내막을 모르는 로크는 그 도구와 폭탄을 함께 지닌 채 노타아린 저택에 숨어들지만 결국 람프와 함께 암살 미수로 체포되고 만다.

노타아린은 잡혀온 로크를 세뇌와 교육을 통해 비밀리에 스파이로 훈련시켜 우란연방의 과학성(科学省)에 보낸다. 우란연방의 통치자는 철의 심장이라 불리는 위스키(ウィスキー) 장관으로 그에게는 포포냐(ポポーニャ)라는 이름의 딸이 있다. 과학자인 포포냐는 냉철한 성격의 소유자로 실은 남들 모르게 툰드라 평원의 지하 깊은 곳에 위치한 요새 겸 태양폭탄 공장의 책임자이기도 하다.

우란연방으로 잡혀간 로크는 이 지하공장으로 보내져 강제 노역을 하게 되고, 우연한 일을 계기로 '후우문'이 실은 여럿 존재하고 그들만의 사회를 구성하고 있으며 인간이 모르는 곳에서 높은 지능과 텔레파시 능력을 이용하여 어떤 비밀 계획을 세우고 있다는 사실을 알게 된다. 그러던 어느 날, 북극해에서 갑자기 큰 핵폭발이 발생하고 얼음이 갈라진 곳에서 숨어있던 수많은 후우문이 모습을 드러낸다.

이처럼 냉전이라는 당시의 국제 정세와 핵에너지에 대한 위기감을 잘 반영하고 있는 SF만화 『다가올 세계』는 1980년 『후우문(フウムーン)』이라는 제목으로 애니메이션으로 제작 · 방영되기도 하였으며, 흔히 『로스트 월드(ロストワールド)』, 『메트로폴리스(メトロポリス)』와 더불어 데즈카 오사무의 초기 SF 3부작이라 일컬어진다.

(4) 신도 가네토(新藤兼人)『원폭의 아이들(原爆の子)』(1952)

작품 해설

영화『원폭의 아이들』은 일본에서 개봉한 이듬해인 1953년 칸 국제영화제에 출품되었으며, 그 후 영국 아카데미상을 비롯하여 여러 영화제에서 상을 수상하면서 지금까지도 원폭을 제재로 한 영화의 고전처럼 여겨지고 있다.

히로시마에서 피폭된 아이들의 수기 등을 바탕으로 제작된 영화이기는 하나 감독인 신도 가네토 역시 히로시마 출신이라는 배경을 지녔기에 신도 자신의 어린 시절 경험 등도 영화 속에 많이 녹아있다. 영화는 원자폭탄 투하와 이에 따른 재해를 직접적으로 그리고 있지는 않으며, 대신 그 재난에서 살아남은 사람들의 6년 후를 담아내는 데 집중한다.

원자폭탄이 떨어졌을 당시 유치원 교사로 재직 중이었던 여주인공 이시카와 다카코(石川孝子)는 네 명의 가족 중 유일한 생존자이다. 6년이 지난 지금 그녀는 세토내해(瀬戸内海)의 작은 섬에서 초등학교 교사로 일하고 있다. 그러던 어느 날 그녀는 수년 만에 히로시마로 돌아가 옛 제자들 중 살아남은 세 명의 아이들을 찾아가게 된다.

배를 타고 히로시마에 근접해 가면서 다카코는 그날의 기억을 되살린다. 공습경보도 해제되었던 바로 '그날', 히로시마 사람들은 쾌청하고 푸른 하늘 아래 직장과 학교를 향해 발걸음을 재촉하고 있었다. 그때 별안간 하늘에서 원자폭탄이 떨어졌고 그 직후의 참상은 이루 말로 표현할 수 없는 것이었다. 피폭한 사람들의 참혹한 모습이나 열풍(熱風)에 의해 날아가 버린 사람들. 영화는 이러한 당시의 상황을 담담한 시선으로 영상에 담아낸다.

히로시마에 도착하여 거리를 걷던 중 다카코는 한 명의 걸인과 마주친다. 얼굴이 심한 화상으로 문드러지고 눈도 보이지 않는 이 남자는 과거 그녀의 아버지가 운영하던 회사에서 일하던 직원이었다. 남자에 대한 동정심을 누를 수 없었던 다카코는 그의 집까지 동행하여 피폭 후의 생활에 대해 묻는다. 이후 영화는 남자와 다카코, 그리고 예전 제자들 중 살아남은 세 명과의 관계를 중심으로 전개되어 간다.

(5) 혼다 이시로(本多猪四郎) 『고질라(ゴジラ)』(1954)

작품 해설

비키니 핵실험 사건과 관련된 작품 중 가장 대표적인 것은 역시 혼다 이시로(本多猪四郎, 1911~1993) 감독의 영화 『고질라』라 할 수 있다.

개봉 당시 『고질라』 포스터는 제목 위에 파란 글씨로 크게 "수폭 대괴수 공상영화(水爆大怪獣空想映画)"라는 설명을 달아 인쇄되었는데, 이 문구만 보아도 『고질라』가 비키니 핵실험 사건을 소재로 다루고 있음을 바로 알 수 있다. 태평양을 항해 중이던 화물선이 갑작스러운 섬광이 번쩍인 후 가라앉는 영화의 도입부 또한 비키니 핵실험과 이로 인한 다이고후쿠류마루의 피폭을 다룬 작품임을 처음부터 직접적으로 나타내고 있다.

영화의 제목이기도 한 '고질라'는 수소폭탄 실험에 의해 서식지에서 쫓겨난 쥐라기의 공룡으로 방사능을 뒤집어 쓴 몸으로 수차례에 걸쳐 일본 본토를 습격한다. 위에서 언급한 영화 도입부의 선박의 침몰과 유사한 사건이 몇 번이나 계속해서 발생하고, 얼마 되지 않는 생존자들은 입을 모아 거대한 괴물을 목격했다고 증언한다. 고생물학자인 야마네(山根) 박사와 딸이자 조수인 에미코(恵美子), 그리고 그녀의 연인이며 해양구조 기관의 소장인 오가타(尾形) 등으로 구성된 조사단은 침몰사건이 발생한 현장 근처의 섬으로 파견되고, 그들의 눈앞에도 목격담 속의 괴물이 모습을 드러낸다. 섬에 전설처럼 전해 내려오는 이야기로부터 '고질라'라고 불리는 이 괴물은 몰래 살아남은 고대의 생물로 반복되는 수소폭탄 실험으로 인한 방사능의 영향으로 깨어나게 된 것이었다.

이윽고 이 괴물은 도쿄에 상륙하여 거리를 불바다로 만드는데, 야마네 박사가 아끼는 제자인 과학자 세리자와(芹沢)는 이를 저지하고자 무서운 위력을 지닌 어떤 물질을 발명해내려 한다. 그러나 그 기술이 언젠가 악용될 것을 두려워한 그는 정작 이것을 사용하기를 주저한다.

여러 차례 제작된 일련의 '고질라 시리즈'의 원작이라 할 수 있는 1954년판 『고질라』의 줄거리는 대략 위와 같이 전개된다. 『고질라』는 큰 흥행을 기록하였고 곧 할리우드 자본이 이 영화를 사들여 새로운 감독과 주연 배우를 기용하여 추가 촬영과 재편집을 행하여 1956년 『Godzilla, King of the Monsters!』라는 제목으로 미(美) 전역에서 개봉했다. 이후에도 '고질라' 이야기는 일본 내에서 여러 차례 다시 제작되었고, 1998년 할리우드에서도 다시 한 번 제작되었다. 영화

『고질라』 제작 60주년을 맞이한 2014년에는 또 다른 할리우드 판인 「GODZILLA ゴジラ」가 개봉하기도 했다. 가장 최근작은 2016년 제작된 『신 고질라(シン・ゴジラ)』로 도호(東宝)영화사에서 제작된 고질라 시리즈로는 스물아홉 번째 작품이다.

당시 일본인들이 느끼고 있던 핵에 대한 비판적인 의식은 영화 마지막 부분, 만약 수소폭탄 실험이 계속된다면 저 고질라와 같은 종류의 생명체가 또다시 세상 어딘가에서 나타날지 모른다는 야마네 박사의 대사에 잘 반영되어 있다.

(6) 이부세 마스지(井伏鱒二) 『검은 비(黒い雨)』(1965)

❁ 작품 인용

노지마 씨 부인의 생가는 그윽하고 아늑한 집이다. 이 정도의 저택이라면 몇 정보의 전답을 딸려 있을 테지. 몇 십 정보 정도는 될까 하고 정원에 있는 인공동산을 바라보는 동안 경계경보 해제 사이렌이 들려왔다. 시계를 보니 8시다. 언제나 이맘때가 되면 미군의 기상 관측기가 날아와 히로시마 상공을 지나간다. 전과 같이 그것이려니 하고 마음에 두지 않았다. 마당으로 뛰어든 근처의 아이들 4, 5명이 문 안에 세워 둔 트럭 짐칸 가장자리에 매달려 놀고 있었다. 노지마 씨 장인이 우리에게 차를 권하겠다고 다기를 이것저것 옮겨 왔다. 나는 다도의 예법상 나이도 어려 말석에 앉았다. 방 안은 서늘하고 기분이 상쾌했다. 그의 장인은 부글부글 끓어오르는 솥뚜껑을 열었다. 그때 문 밖에서 청백색 빛이 무섭게 번뜩였다. 동에서 서쪽을 향해, 다시 말하면 히로시마 시가지에서 후루에 뒷산을 향해 튀어간 것 같다. 태양의 몇 백 배 크기의 유성과 같았다. 곧이어 굉장한 소리가 울려 퍼졌다. "야, 빛이 세차게 흩날린다." 엉겁결에 노지마 씨 장인이 말한 것을 들었다. 우리들은 모두 일어서자마자 밖으로 뛰어나가 정원의 바위랑 나뭇가지를 방패삼아 몸을 숨겼다. 트럭에서 뛰어내린 아이들은 꾸지람을 듣고 도망가듯이 앞다투어 문 밖으로 뛰어나갔다. 땅바닥에 넘어진 한 아이는 냉큼 일어나 절뚝거리며 달려갔다. 트럭 가장자리에 걸터앉았다가 세찬 바람에 밀려 떨어진 게 분명했다. "방공호는 뒤편에 있습니다." 노지마 씨가 말했으나 누구도 일어서 가려 들지 않았다. 노지마 씨도 꼼짝하지 않았다.

9시경 출발. 한길에 나오니 히로시마 상공에 검은 구름이 솟아오르고 천둥소리가 요란스레 들려왔다. 노지마 씨는 앞에서 자전거로 쏜살같이 달려오는 사내를 보자, 자전거를 세워 무엇인가 서로 귓속말로 얘기를 주고받는다. 우리가 걱정하지 않도록 도로의 교통 사정이라도 알아본 모양이다. (중략) 뱃사공에게 말하고 건져 올린 널조각에 한참 동안 시선을 멈췄다. 길이 6치, 폭 3치 정도로 뜯어진 널조각이다. 노지마 씨의 얼굴은 험상궂게 굳어졌다. 나는 어찌 된 일인가 하고 노지마 씨에게 앉은걸음으로 다가갔으나 뜻하지 않게 눈을 돌리지 않을 수 없었다. 그것은 틀림없이 복도에 깔았던 널빤지 조각이다. 후지산(富士山)과 돛단배, 소나무 밭의 모양이 흰 나뭇결 그대로 남아 있고, 나머지는 모두 다 검게 눌어 있었다. 이것은 도깨비와 같은 커다란 불덩어리가 고공에서 번쩍이는 바람에 그 순간 빛의 고열이 젖빛 유리의 모양만 남기고 복도의 널빤지를 검게 그을렸을 것이다. 그리고는 그 판자 조각이 폭풍에 날려 높이 떠올라 강이나 바다에 산산이 흩어진 것이 틀림없다.

노지마 씨는 그 판자 조각을 물 위에 내동댕이쳤다.[79]

작품 해설

『여름의 꽃』보다 훨씬 나중에 발표되었으나 교과서에는 조금 더 앞서 실린 이부세 마스지의 『검은 비』 또한 일본의 원폭문학을 이야기할 때 빼놓을 수 없는 작품으로 꼽힌다. 『검은 비』는 잡지 1965년 1월부터 잡지 『신초(新潮)』에 『조카의 결혼(姪の結婚)』이라는 제목으로 연재되기 시작하였는데, 연재 도중 제목이 현재 알려진 것과 같이 『검은 비』로 바뀌었다. 변경된 제목인 검은 비는 실제로 히로시마와 나가사키에 원폭이 투하된 후 내렸던 검은색 비를 일컫는 것으로, 당시 방사능 물질이 담긴 이 비를 맞은 사람들은 백혈병, 설사, 고열, 피부병 등에 시달렸다.

『검은 비』는 실제 피폭자가 자신의 경험을 기록한 『시게마쓰 일기(重松日記)』를 바탕으로 하고 있으며, 주인공의 이름인 시즈마 시게마쓰(静馬重松) 또한 『시게마쓰 일기』의 저자 시게마쓰 시즈마(重松静馬)에서 빌려 온 것이다. 『시게마쓰 일기』의 존재가 드러나면서 이를 둘러싸고 『검은 비』가 이부세 마스지 스스로의 경험에 의한 순수 창작이 아닌

---

79 이부세 마스지, 김춘일 역, 『검은 비』(도서출판 소화, 1999), pp.26-31.

도작(盜作)이 이라는 논란이 일기도 했다.

『검은 비』는 단행본이 간행되자마자 노마문예상(野間文芸賞)을 수상하는 등 문단으로부터 그 문학성을 인정받았다. 뿐만 아니라 출간 후 얼마 지나지 않아 *Black Rain*이라는 제목으로 영어번역본이 출판되었고 이를 시작으로 여러 언어로 번역되어 일본 국외 독자들에게도 소개되었다. 현재까지도 일본의 원폭문학을 언급할 때 많은 독자 대중이 가장 먼저 떠올리는 작품으로 『검은 비』가 꼽히는 이유를 여기에서 찾을 수 있을 것이다.

번역서의 출간뿐 아니라 1983년 제작된 텔레비전 드라마 『검은 비 · 조카의 결혼(黒い雨 · 姪の結婚)』(日本テレビ)과 이마무라 쇼헤이(今村昌平, 1926~2006)가 감독한 동명 영화 등, 소설을 원작으로 한 작품들 또한 크게 주목을 받았다.

그러나 소설 『검은 비』는 피폭을 체험한 한 평범한 개인의 시선을 통해 원폭을 묘사하고 전쟁에 대한 비판의식, 극한 상황에서 드러나는 인간성의 상실 등을 훌륭히 담아내었다는 평가를 받는 한편으로, 전쟁을 일으킨 가해자로서가 아닌 원폭 피해자로서의 입장만을 강조하고 있다는 점에서는 많은 연구자들에게 비판의 대상이 되기도 했다.

『검은 비』가 발표된 이후, 1960년대 후반부터 1970년대에 걸쳐 어린 시절 원폭을 체험한 하야시 교코(林京子, 1930~2017), 나카자와 게이지(中沢啓治, 1939~2012)와 같은 작가들이 작품 활동을 시작했으며, 오에 겐자부로(大江健三郎, 1935~) 등 문단에서 주목받는 작가들을 비롯하여 직접 원폭을 체험하지 않은 이들에 의한 작품이 발표되기도 했다.

제7장

현대적 복합재난의 시작과 재난문학

1. 한신・아와지(阪神・淡路)대지진

1995년 1월 17일 일본 효고현(兵庫県)의 고베시(神戸市)와 한신(阪神) 지역에서 진도 7의 대지진이 발생했다. 이는 2011년 3월 11일 동일본 대지진이 발생하기 이전까지 일본 사상 관측 최대 규모의 지진이었다. 사망자는 전후(戰後) 최대인 6,400여 명, 부상자는 무려 4만3천여 명에 이르렀고 건물의 손괴 등 피해 총액이 약 10조 엔에 달했다.

한신 · 아와지대지진은 다음과 같은 측면에서 일본사회의 한 분기점이 되었다. 첫째, 한신 · 아와지대지진은 일본의 현대 도시에서 발생한 최초의 지진이었다. 1923년 발생한 간토대지진 등 앞선 대지진들의 사례가 있긴 하지만 한신 · 아와지대지진은 인구, 인프라, 도시규모 등을 고려했을 때 현대 일본의 대도시에서 발생한 첫 대지진 사례라 할 수 있다.

둘째, 한신 · 아와지대지진은 안전신화에 기반을 둔 일본의 최첨단 도시가 자연재해에 의해 맥없이 스러지는 광경을 목도하게 되는 경험이었다. 7, 80년대 고도성장과 더불어 일본사회의 저력으로 평가되어 왔던 기술 강국, 안전 강국이라는 측면, 그 신화와 자부심이 무너지는 계기가 되었던 것이다. 따라서 한신 · 아와지대지진은 기존 인프라를 재점검하고 같은 피해를 반복적으로 입지 않기 위해 더욱 강고한 재난 대비책을 마련하게 되는 계기이기도 했다.

셋째, 한신 · 아와지대지진은 자원봉사자들의 활동 및 '마음의 치료

(心のケア)'에 관심을 갖게 되는 한편 그 중요성을 인식하게 되는 계기로 작용했다. 앞서 언급한 것처럼 한신 · 아와지대지진은 일본의 현대적 도시에서 발생한 최초의 지진이었다. 간토대지진 발생 이후의 일본사회는 조선인 학살, 사회주의자 학살, 계엄령 등 엄청난 혼란의 와중이었다. 이에 비해 한신 · 아와지대지진 발생 이후에는 지진으로 인한 궤멸적인 피해에도 불구하고 이성적이고도 민주적인 대응들이 이어졌다. 특히 물리적 피해의 복구만큼이나 시급한 문제로 부상했던 것이 다름 아닌 마음의 치유 즉 심리적 피해의 복구였다. 물리적, 심리적 피해로부터의 복구를 위해 전국 각지에서 수많은 자원봉사자들이 피해지역을 방문하기 시작했으며 이러한 자원봉사자들의 활약과 마음의 치료에 대한 중요성을 인식한 이후의 처치들은 3 · 11까지도 이어지게 된다.

위에서 언급한 측면들을 종합하면 한신 · 아와지대지진은 일본이 재해강국으로서의 면모를 다지기 시작하게 된 중요한 분기점이었다고 할 수 있다. 인프라를 재점검하고 향후 재난으로 인한 피해의 재발방지를 위한 노력이 수반되는 한편, 재난 이후의 수습 과정에서 선결되어야 하는 부분들이 어떤 것들인지 그 우선순위를 가늠해볼 수 있었던 기회가 한신 · 아와지대지진이었던 셈이다.

2. 옴진리교(オウム真理教) 사건

옴진리교 사건이란 교주인 아사하라 쇼코(麻原彰晃)를 필두로 교단의 신도들이 벌인 독가스 살포 테러 사건을 일컫는다. 옴진리교는 교주 아사하라에 대한 신자들의 절대적인 믿음에 기반을 둔 종교집단이다. 교주인 아사하라는 강렬한 카리스마로 신도들을 지배했다. 신도들은 아사하라가 공중부양이 가능할 정도의 초능력을 가지고 있다고 믿었으며 그가 제시한 옴진리교의 세계를 신봉했다.

옴진리교의 주요 교리 중 하나는 포아, 즉 '구제살인'이라는 것이다. 옴진리교의 교리를 전파하여 신도 수를 늘리고 영향력을 확대해가되, 그 과정에서 끝내 교리에 설득되지 않는 상대가 있거든 상대를 죽임으로써 그 영혼을 구제한다는 식의 내용을 담은 교리를 가리킨다.

1990년 2월, 옴진리교는 중의원 선거에서 25명에 달하는 신도를 의원 후보로 내세웠으나 선거에서 참패한다. 이 중의원 선거는 본인들의 교리와 영향력이 대중들에게 외면당하고 있다는 판단을 한 옴진리교 신도들이 구제살인이라는 명목 아래 무장화를 시도하는 한편 계획적인 테러 살인을 벌이게 된 결정적인 계기였다.

독가스 살포 테러 이전에 옴진리교 범죄의 원점이라 이야기되는 것이 '사카모토(坂本) 변호사 일가 살해사건'이다. 1989년 11월 3일, 사카모토 쓰즈미(坂本堤弁) 변호사와 그의 아내, 아들이 돌연 자취를 감춘 채 행방불명되었다. 옴진리교에 의한 납치사건인 것으로 추정되었으나 명확한 증거가 제시되지 못한 채 표류하던 사건은 독가스 살포 테러 발생 후 체포된 용의자들의 진술에 따라 수색을 시작해 사체를 발견하게 된다.

이후 1994년 6월 27일과 28일 일본 나가노현(長野県) 마쓰모토시(松本市)에서 옴진리교 신도들이 독가스 살포 테러를 벌인다. 이어 1995

년 3월 20일에는 퇴근 시간 만원이 된 도쿄의 지하철에서 독가스를 살포, 승객과 승무원 등 13명이 숨지고 6,000여명이 부상을 입는 등 대형 인재(人災)를 일으켰다. 이때 살포한 독가스가 사린(サリン)이라는 독성 물질이라는 것이 밝혀졌고 이후 이 사건을 '도쿄 지하철 사린 사건(東京地下鉄サリン事件)'이라 일컫게 되었다.

앞서 살펴본 한신 · 아와지대지진 발생으로 인한 충격과 피해가 채 가시지 않은 상황에 연이어 발생한 이 충격적인 재난은 일본 현대사회의 커다란 분기점 중 하나였다. 한신 · 아와지대지진이 그동안 신화처럼 맹신해왔던 일본의 안전신화를 재점검하고 재난 강국으로서의 면모를 다지는 계기였다면 옴진리교 사건은 현대 일본인의 세계관, 도덕적 근거와 관련된 측면들을 되돌아보고 성찰하는 계기로 작용했다.

한신 · 아와지대지진은 안전하다고 믿어왔던 집과 회사, 학교, 교통수단 등의 일상생활이 순식간에 무너질 수도 있음을 일깨웠다. 반면 옴진리교 사건은 동료, 친구, 선생님 등 이웃에 대한 소박한 신뢰감을 일순간에 깨뜨려버린 재난이었다. 따라서 사회적인 연대 및 유대감이 상실됨과 더불어 개인화가 가속되었으며 개인의 치유, 개인의 안식과 관련된 각종 붐들이 만연하게 된다.

3. 90년대 대형 재난 이후의 일본 사회

지금까지 살펴본 것처럼 90년대 일어난 대형재난의 연이은 발생은 일본사회를 뒤흔들며 많은 변화들을 촉발시켰다. 재난 발생 이전인

1970년대, 일본사회는 이미 이상(理想)의 세계로부터 허구의 세계로 이동해가는 과정에 있었다. 1970년대 이후의 일본사회는 고도경제성장, 고도소비사회의 단계에 접어들어 있었으며 풍요로운 사회 실현과 함께 개인주의가 확대되고 공동체의 유대가 현저히 약화되어 있는 상황이었다. 또한 이와 더불어 종교적 대중문화(심령, 주술, 오컬트 잡지 등)가 확산되는 추세이기도 했다.

따라서 옴진리교를 비롯, 1970년대 이후 급속히 창단 및 활동을 개시한 통일교, 여호와의 증인 등 군소 신종교집단들이 등장하게 되었으며, 이러한 종교 붐과 더불어 안(개인)이 달라져야 바깥(사회)도 달라질 수 있다는 종교적 이상, 이상의 허구화가 나타나게 된다. 전통적으로 '무아(無我)'의 경지를 지향하는 경향이 상했던 일본사회의 특성 역시 종교 붐과 더불어 개인 수양이라는 측면의 촉매제로 작용했다.

이는 비단 일본사회에서만 나타난 현상은 아니었다. "전 지구적 규모로 일어나고 있는 새로운 형태의 종교운동으로, 분명한 교의나 조직을 가지지 않으면서 개인의 자유로운 참가와 사적인 실천을 기반으로 한 개인주의적인 영성추구운동"[80]이 사회현상으로서 만연해 있었다. 또한 "개개인이 성스러운 것을 경험한다든지 성스러운 것과 관계를 맺고 살아가는 것" 혹은 "개개인의 생활에 있어 생명의 원동력으로 느껴진다든지 살아갈 힘의 원천으로 여겨지는 경험과 능력"[81]이 중요시되기도 했다.

이러한 배경을 바탕으로 한신 · 아와지대지진과 옴진리교 사건 발

80 島薗進, 「新霊性運動・ニューエイジ・精神世界」『新宗教時代5』 1996.10, 大蔵出版.

81 島薗進, 『スピリチュアリティの興隆 ; 新霊性文化とその周辺』(岩波書店, 2007).

생 이후 일본사회의 두드러졌던 경향 중 하나는 '이야시(癒し) 붐'이었다. 이야시 붐이란 불가사의한 존재, 특정인물, 토지로부터 나오는 기운, 예술작품 감상 등을 통해 심신의 병을 낫게 하고 스트레스를 경감시키는 행위들을 통칭하는 말이다. 지진과 옴진리교 사건 및 버블경제 붕괴 등의 사회적 충격 속에서 불안 심리가 확산되는 가운데 저마다 마음의 상처나 질병의 치유 등 편안함을 추구하는 것에 보다 관심을 집중시키기 시작했다. 개인의 불안 심리를 해소시키는 데 초점을 맞추기 시작한 것이다.

이야시 붐의 실례 중 하나는 아키가와 마사후미(秋川雅史)의 노래 〈천개의 바람이 되어(千の風になって)〉가 폭발적인 관심과 인기를 모았던 것이다. 이 곡의 가사는 다음과 같다.

〈천의 바람이 되어(千の風になって)〉(2001)

나의 무덤 앞에서 울지 마세요
나는 그곳에 없어요
나는 잠들어 있지 않아요
천 개의 바람, 천 개의 바람이 되어
저 넓은 하늘을 날고 있죠

위 가사의 내용은 죽은 이가 자신의 무덤 앞에 찾아온 대상에게 말을 거는 형태로 되어 있다. "나는 죽어서 무덤에 묻혔지만 더 이상 무덤 속에 머물지 않는다. 나는 잠들지 않았다. 천 개의 바람이 되어 넓은 하늘을 날며 어디든 갈 수 있고 당신 곁에도 언제나 내가 있을 것"

이라고 하는 이 가사는 소중한 이를 상실해 본 경험을 가진 사람뿐 아니라 이 세상의 덧없음에 괴로워하는 누군가에게도 적절한 위로가 될 법한 내용을 담고 있다. 이 곡은 한국의 세월호 사건 발생 이후 국내 가수에 의해 리메이크 되어 희생자들을 추모하는 자리에서 노래된 바 있기도 하다.

이야시 붐의 또 다른 사례는 영화 〈세상의 중심에서 사랑을 외치다(世界の中心で, 愛をさけぶ)〉(2004), 한국 드라마 〈겨울연가〉(2002)가 일본 사회에서 선풍적인 인기를 끈 경우이다. 〈세상의 중심에서 사랑을 외치다〉는 일본 개봉 당시 '겨울연가 붐'과 더불어 '세카츄(영화의 일본어 제목을 줄여 발음한 것) 붐'이라 불리며 '순애 붐'을 주도했다. '순애'라는 감정이 일상에서의 일탈을 가능케 하는 치유의 도구로 작용했다는 분석이다.

4. 한신·아와지대지진 이후의 재난문학 소개

(1) 무라카미 하루키(村上春樹)『신의 아이들은 모두 춤춘다』

❀ 작품 인용

[인용1]

"닷새 동안 그녀는 온종일 텔레비전 앞에서 시간을 보냈다. 은행과 병원 빌딩이 무너져 내리고, 상점가가 불길에 휩싸이고, 철도와 고속

도로가 끊어져 내린 풍경을 그냥 잠자코 노려보고 있었다. 소파에 몸을 깊숙이 파묻고, 입술을 굳게 다물고는 고무라가 말을 걸어도 대답하지 않았다. 머리를 흔들거나 고개를 끄덕이지도 않았다. 자신의 목소리가 그녀의 귀에 들리는지 아닌지 그것도 알 수 없었다.

아내는 야마가타 지방 출신으로 고무라가 아는 한, 고베 근교에는 친척이나 친지가 한 사람도 없었다. 그런데도 아침부터 밤중까지 텔레비전 앞을 떠날 줄 몰랐다. 적어도 그가 보고 있는 앞에서는 아무것도 먹거나 마시지도 않았다. 화장실조차 가지 않았다. 이따금 리모컨의 버튼을 눌러 텔레비전 채널을 바꾸는 것 외에는 몸 하나 까딱하지 않았다.

고무라는 손수 빵을 구워 먹고 커피를 마시고 출근을 했다. 직장에서 돌아오면 아내는 아침과 똑같은 자세로 텔레비전 앞에 앉아 있었다. 하는 수 없이 냉장고 안에 있는 것들로 간단한 저녁을 만들어 혼자서 먹었다. 그가 잠자리에 들 때에도 그녀는 계속 심야 뉴스가 흘러나오는 텔레비전 화면을 노려보고 있었다. 침묵의 석벽이 그 주위에 둘러쳐져 있었다. 고무라는 체념하고 말을 거는 것조차 포기해버렸다.

닷새 후인 일요일, 그가 평소와 같은 시각에 일을 마치고 돌아왔을 때, 아내의 모습은 사라지고 없었다.[82]

[인용2]

"박사님은 일본 어디 출신입니까?"

---

82 무라카미 하루키 저, 김유곤 역 「UFO가 구시로에 내리다」『신의 아이들은 모두 춤춘다』(문학사상, 2000), pp.13-14.

"교토요." 하고 사쓰키는 말했다. "열여덟 살까지 살았고, 그 이후로는 거의 가본 적 없어요."

"혹시 교토가 고베 바로 옆에 있는 곳 아닙니까?"

"멀진 않지만, 바로 옆에 있는 것도 아니에요. 적어도 이번 지진 피해는 그다지 입지 않은 것 같아요."

니밋은 추월 차선으로 옮겨 가축을 가득 실은 커다란 트럭 몇 대를 계속 가볍게 앞지른 다음 주행 차선으로 되돌아왔다.

"다행이군요. 지난달 고베 대지진이 일어났을 때는 많은 사람들이 죽었지요. 뉴스에서 봤어요. 매우 슬픈 일입니다. 박사님이 아는 분들 중 고베에 살고 있는 분은 안 계셨습니까?"

"아뇨, 고베에 제가 알 만한 사람은 한 명도 없었을 거라고 생각해요." 하고 그녀는 말했다. 하지만 그건 사실이 아니었다. 고베에는 그 남자가 살고 있었다.

니밋은 잠시 동안 잠자코 있었다. 그리고 그녀 쪽으로 고개를 조금 돌려 말했다. "지진이라는 건 참 이상한 거예요. 우리는 밟고 있는 땅이 아주 단단하고 움직이지 않는 거라고 전적으로 믿고 있지요. '땅에 발을 붙인다'는 말도 있지 않습니까? 그런데 어느 날 갑자기 그렇지 않다는 걸 알게 돼요. 견고해야 할 땅이나 바위가 마치 액체처럼 흐물흐물해져버리잖아요? 텔레비전 뉴스에서 그렇게 말하는 걸 들었어요. 액상화라고 했던가요? 다행히 태국에서는 큰 지진이 거의 없습니다만."

사쓰키는 시트 등받이에 기대어 눈을 감았다. 그리고 묵묵히 에롤 가너의 연주에 귀를 기울였다. 그 남자가 무겁고 딱딱한 뭔가에 깔려 납작하게 찌부러져버렸으면 좋을 텐데, 하고 그녀는 생각했다. 아니면 흐물흐물하게 액상화된 땅속에 삼켜져버렸으면 좋을 텐데. 그거야말로 내가 오랫동안 소망해온 것이다.[83]

[인용3]

"지렁이 군이란 건 도대체 누구죠?" 하고 가타기리는 매우 조심스럽게 물어보았다.

"지렁이 군은 땅속에서 살고 있습니다. 아주 큰 지렁이예요. 화를 내면 지진을 일으킵니다." 하고 개구리 군은 말했다. "그리고 지금 지렁이 군은 굉장히 화를 내고 있어요."

"지렁이 군은 무엇 때문에 화를 내고 있나요?"

"모르겠습니다."하고 개구리 군은 말했다.

(중략)

"오해하면 곤란하지만, 나는 지렁이 군에 대해 개인적인 반감이나 적대심을 갖고 있는 건 아닙니다. 또 그를 악의 화신으로 보는 것도 아닙니다. 친구랄까, 그런 것까지는 생각하진 않지만, 지렁이 군 같은 존재도 어떤 의미에서는 이 세상에 있어도 상관없는 것이리라 생각하고 있습니다. 세계란 커다란 외투와도 같은 것이며, 거기에는 다양한 형태의 주머니가 필요하기 때문이죠. 하지만 지금의 그는 그대로 방치할 수 없을 정도로 위험한 존재가 되어 있습니다. 지렁이 군의 마음과 신체는, 오랫동안 흡수해서 축적된 여러 가지 증오에 의해 전례가 없을

83 상동, pp.127-128.

만큼 잔뜩 부풀어 올라 있어요. 게다가 그는 지난달에 일어난 고베 지진에 의해 기분 좋게 자던 깊은 잠을 별안간 방해받은 겁니다. 그 일로 그는 깊은 노여움으로 시사되는 하나의 계시를 얻게 되었죠. 그래서 '좋다, 그러면 나도 도쿄 거리에서 커다란 지진을 일으켜보자'고 결심한 겁니다. 나는 그 날짜와 시간, 규모 등에 대해 사이좋은 몇 마리 벌레들로부터 확실한 정보를 얻었습니다. 틀림없습니다."

개구리 군은 입을 다물고, 이야기하느라 피로해진 듯 가볍게 눈을 감았다.

"그래서." 하고 가타기리는 말했다. "당신과 나 둘이서 지하로 잠입해서 지렁이 군과 싸워 지진을 막는다?"

"네, 맞아요."

가타기리는 찻잔을 손에 들었다가 다시 테이블 위에 내려놓았다. "아직 잘 이해가 되지 않는데요. 그러면 왜 내가 당신의 파트너로 선택되었나요?"[84]

작품 해설

먼저 [인용1]의 작품에서는 지진 발생 이후 다른 모든 일상생활은 정지한 채 텔레비전 앞에서 종일 지진 관련 뉴스를 들여다보다 증발한 아내의 이야기가 등장한다. 어느 날 갑자기 아내가 사라진 뒤 남편은 홋카이도로의 여행길에 오르게 되고, 그 여정에서 아내와의 지난 결혼

84 상동, pp.160-162.

생활, 아내가 지진 뉴스에 그토록 몰두해 있었던 이유 등을 생각하게 된다.

[인용2]는 한 여의사가 타일랜드에서 개최된 학회에 참석한 뒤 여행을 하며 벌어진 일들을 담고 있다. 특히 태국인 종업원 니밋과의 사이에서 오고 간 대화들이 작품의 주를 이루고 있는데, [인용1]의 경우와 마찬가지로 그녀는 지진 발생이란 사건을 매개로 과거와 현재를 오가는 의식의 흐름을 보여주고 있다.

[인용3]은 가타기리라는 신주쿠의 한 신용금고에서 일하는 사내가 어느 날 갑자기 자신을 찾아온 개구리 군과 마주하게 되면서 벌어지는 일들을 담고 있다. 개구리 군은 땅 속에 기거하는 지렁이 군이 곧 도쿄에 엄청난 규모의 지진을 일으켜 참사가 일어날 것임을 예고하는 한편, 자신과 함께 지렁이 군과 싸워 지진을 막아낼 사람은 다름 아닌 가타기리라고 주장한다. 어째서 가타기리가 지렁이 군을 퇴치하기에 적합한 인물인가를 설명하는 지렁이 군의 이야기 속에는 가타기리의 지난 과거들이 담겨 있다.

이상의 내용을 통해 살펴본 작품들의 공통점은 지진의 발생이라는 외부적인 요인이 주인공 혹은 주인공 주변 인물들의 과거 및 현재의 상태와 긴밀히 연관되어 있다는 점이다. 철저하게 개인의 내면을 천착하고자 했던 무라카미 하루키의 전작들과 비교해 봤을 때, 외부의 사건이 등장인물들의 내면 의식 흐름을 좌우하거나 외부사건이 매개가 되어 등장인물들의 인식이 전환되는 등의 플롯은 상당한 변화였다.

인용문에서 다루지는 않았지만 앞서 언급한 『언더그라운드』와 같은 작품들은 더 나아가 논픽션의 형태로 옴진리교 사건에 대해 이야기하는 형태를 띠고 있다. 무라카미 하루키의 이와 같은 작자 의식 전환은 한신 · 아와지대지진, 옴진리교 사건과 같은 압도적이고 충격적인 재난이 문학가의 창작 활동에 어떤 영향을 미치는가를 잘 보여주는 사례라 하겠다.

(2) 오다 마코토(小田実)『깊은 소리(深い音)』

❀ 작품 인용

[인용1]

나도 발밑이 그고 심하게 흔들리기 시작한 것을 감시한 사람 중 안 명이었어요. 아니, 그때가 새벽 5시 46분이라는 미명의 시각이었는데, 나는 잠자리에 누워 있었지요. 그냥 잠은 깨어 있었습니다. 평소라면 나는 일찍 일어나는 편인데 아무리 그렇기로서니 그런 이른 시각에는 아직 깨지는 않았지요. 그게 그야말로 어떤 예감이 있었다고 해야 하는 걸까요? 그날 나는 대지가 흔들리기 시작하는 바로 그 직전에 잠이 깼답니다. 잠이 깨서 잠자리 속에서 이제 어떻게 할까? 일어날까? 하고 생각했습니다. 그 순간 아직 누워있던 내 등 아래에서 대지가 크고 격하게 흔들리기 시작했어요. 처음에는 크게 상하로 움직이더니, 아래 침대까지 통째로 온몸이 붕 뜨는가 싶더니, 이번에는 크게 가로로 흔들리면서 또 다시 심한 상하 진동. 그즈음까지를 내가 기억합니다. 그 다음에는 만물이 붕괴되고 떨어지는 낙하물에 머리를 세게 부딪친 게 틀림없어요. 나는 의식을 잃었으므로 그 다음 기억이 없습니다. 그저 의식을 잃기 직전에 나는 우웅하는 땅 밑바닥으로부터 올라오는, 그렇게밖에 여겨지지 않는 깊은 소리를 분명히 들었습니다. 그 기억은 나중이 되도록 또렷이 귀에 남았어요.[85]

[인용2]

진재 직후, 벌써 이삼 일 지난 때였지만 불바다가 퍼져서 타버린 자리에 가면 "거기는 밟지 마슈. 그 밑에 부처님이 있으니까. 세 명 있다오"라는 말을 듣기도 했다. 나는 아직 그 무렵 요시미의 원룸 맨션에서 부엌의 길쭉한 잠자리에 누워 지낼 때였으므로, 불에 탄 자리 위를 걸어다니거나 하지는 않았습니다. 이것은 요시미가 겪은 일이었는데, 요시미는 이어서 또 이런 말을 들었답니다. "그 세 명 내 가족이라오. 마누라와 자식 둘. 절이나 잘 하고 가오". 요시미는 그 말을 듣고 무너진 돌더미를 쌓아올린 후 입이 넓은 유리병이 놓인 앞에 앉아 두 손을 모으고 절을 했다는데, "무서웠어요, 무서웠어"라고 나에게 거듭 말했습니다. 나는 "요시미, 자꾸 무서웠다고 하는데, 나도 까딱하면 부처가 될 뻔했다고"라고 말했지요.

그런 마음이 있었기 때문에 비업(非業)의 최후를 애도하는 것입니다.[86]

[인용3]

구로카와는 다시 이야기를 시작했다.

---

85 小田実, 『深い音』(新潮社, 2002), p.10.

86 상동, p.124.

"나는 이번 지진으로 우리 피해자가 국가나 현(県)이나 시로부터 얻어터지고 있다고 생각해. 지진 그 자체로 우리는 충분히 상처를 입었는데 거기에 정치에 의해 또 얻어터져서 모두가 큰 부상을 입은 전우가 된 채로, 이 가설주택이라는 야전병원 같은 곳에 굴러들어와 있지. 나는 내 문화주택이 몽땅 타버려서 지금은 마을에서 떨어진 가설주택에 있어. 하지만 말이야. 그때 수도관이 튼튼한 새 거였다면, 소방차에서 물이 나와서 불을 끌 수 있었을 거란 말이야. 그게 여기 해상공항을 만들고 싶은 시가 조사결과를 속여서 진도 5의 방재태세를 만든 결과가 아니고 뭐냔 말이지. 덕분에 내 문화주택은 사라지고 나는 마을에서 떨어진 가설주택에 들어갔다고."[87]

작품 해설

오다 마코토(小田実)는 1932년 오사카에서 태어났으며 전쟁기에 학창시절을 보내면서 많은 사람들의 무의미한 죽음을 목도하며 '난사(難死)의 사상', 즉 반전(反戰)평화사상을 키웠다. 도쿄대학 언어학과를 졸업하고 1950년대부터 집필활동을 시작하여 전후의 청춘을 다소 관념적 성향에서 동시진행적으로 그려낸 소설가이다. 1958년 미국 유학을 시작으로 북미와 유럽, 중동, 인도에 이르기까지 그가 한 여행기록을 펴낸 1961년의 『뭐든 봐주마(何でも見てやろう)』는 세계여행을 꿈꾸는 일본 젊은이들의 바이블로까지 일컬어진다. 미국과 일본의 부정적 사

87 상동, p.209.

회상을 예리하게 비판하는 저술활동도 하였으며, 10년에 걸쳐 쓴 『베트남에서 멀리 떨어져서(ベトナムから遠く離れて)』(1991)를 통해 성별과 정사(正邪)의 경계를 돌파하며 비극을 끌어안은 장대한 희극을 써냈다고 평가받는다.

노년에 들어선 오다 마코토는 1998년 『'아버지'를 밟다(「アボジ」を踏む)』로 가와바타 야스나리 문학상(川端康成文学賞)을 수상하고 한신 · 아와지대지진을 소재로 한 연작으로 다시 작가로서의 신경지를 개척했다. 2004년에는 오에 겐자부로(大江健三郎), 쓰루미 슌스케(鶴見俊輔) 등과 함께 헌법 개정에 반대하는 '구조의 모임(九条の会)'을 통해 호헌(護憲)운동을 했다. 재일조선인이자 화가인 현순혜 씨가 그의 부인이며 김일성 주석과 독대한 적도 있어 한국과도 적지 않은 인연을 맺었던 오다 마코토는 2007년 향년 75세를 일기로 투병 중 타계했다.

『깊은 소리』의 줄거리는 다음과 같다. 나(하시모토 소노코)는 '레몬'이라는 작은 찻집을 운영하는 50대 이혼녀이다. 가족과의 유대 없이 생활하던 나는 1995년 1월 집에서 진도 7의 한신·아와지대지진을 겪게 되며 무너진 집 건물의 잔해에 깔린 채 불에 타 죽을 위험에 처한다. 그때 70대의 노인 구로카와 기이치로와 그의 중학생 손자가 우연히 나의 목소리를 듣고 구해내 병원으로 데려간다. 나는 생명의 은인인 구로카와 노인과 옆 병상에 입원해 있던 젊은 '다복(多福) 가면 얼굴'과 닮은 인상의 기노시타 요시미와 가까운 사이가 된다. 진재 후에 공동 가설주택으로 이사하기 전은 물론이고 가설주택의 삶을 살게 된 이후로도 대지진을 기점으로 서로 의지하고 돕는 관계를 맺는 인물들은 땅속 깊은 곳에서 난 '우웅' 하는 소리를 공유한다. 그리고 각자 자신의 삶을 지켜내고자 노력하는 한편 이중삼중으로 어려움을 겪을 수밖에 없는 사회적 약자이자 이재민으로서의 삶을 함께 나누어 간다.

『깊은 소리』는 1995년 1월에 오사카를 위시한 간사이 지역을 강타한 진도 7의 한신·아와지대지진을 겪은 한 중년여성과 그녀를 둘러싼 주변 인물들의 지진 전과 후의 단절상, 사회적 약자로서 겪게 되는 일들을 지진 이후 7년의 시간을 두고 2002년에 펴낸 오다 마코토의 장편 전체소설이다. 전체소설이란 인간의 전체적인 외면상이 행동과 내면의식을 묘사하는 방식으로, 인간을 둘러싼 현실과 함께 종합적, 전체적으로 표현하려는 시도를 말한다. 오다 마코토는 『깊은 소리』에서 50대 여성 '나'의 시점을 가지고 대지진의 당시와 진재 후의 모든 상황을 시종일관 간사이(関西) 방언으로 풀어내는 스타일의 신체소설을 시도했다. [인용1]은 주인공 '나'가 지진 당시의 기억을 말하는 소설 초반부의 일부로, '나'가 모든 지문의 화자로 이야기를 들려주는 문체를 취하고 있는 것을 알 수 있다. 그리고 이 소설의 주요 등장인물들은 이후 '우웅'하는 땅속 깊은 곳에서 들리는 소리를 모두 분명히 들었다는 체험과 인식을 공유한다.

진재 이후 몸을 추스른 '나'는 병원에서 우연히 옆 침대를 쓰게 된 '다복 가면 얼굴'과 닮았으며, 정체를 알 수 없는 여러 남자 친구들을 가진 젊은 요시미의 원룸 맨션에서 함께 지내게 된다. 나이 차도 많고 이해하기 어려운 측면도 가진 요시미지만 자원봉사활동도 하고 늘 무언가 바삐 지내는 그녀와 나는 점차 가까워지고 마음으로 의지하는 사이가 된다. 그녀에게는 베트남 난민 출신 남자친구가 있고 '나'는 베트남 난민들이 지진 이전에 겪은 극한의 경험에 대해서도 알게 된다.

또한 나는 가게 '레몬'의 재개를 위해 돌아다니면서 무너져 내린 진재 현장에서 돌무더기를 조금 쌓아올리고 그저 그 앞에서 손을 모으고 절을 하는 나만의 애도행위를 하게 된다. 그리고 그 애도행위를 하던 중에 생명의 은인 구로카와와 재회하여 깊은 이야기를 나누게 된다.

구로카와는 70대 중반의 노인인데, 이 소설에서는 구로카와를 통해 전쟁을 기억하는 세대가 한신 · 아와지대지진을 인식하는 하나의 방식을 보여준다. 『깊은 소리』에서 진재 후의 세대 차이는 분명한데, 구로카와는 위에서 본 것처럼 문화주택으로 대변되는 과거의 튼튼한 사회적 기초와 근간이 사라져버린 지진 후의 폐허에서 분명하게 전쟁의 폐허를 오버랩하여 인식한다. 그에게 병원의 아수라장은 야전병원의 혼란으로 의사와 간호사도 군의관과 종군 간호사로 비치며, 주인공 '나'와는 공동의 적에게 당한 전우라는 연대감을 갖게 되는 것이다.

이에 비해 구로카와의 손자인 10대의 중학생과 '레몬'의 임시 아르바이트생이었던 십대 소년들은 진재 후 혼란 속에서 살인 욕구를 품거나, 남의 물건을 훔치거나, 심지어 강간 미수를 저지르는 등 '발정난 고릴라'와 같이 인성이나 타인의 고통, 혹은 인격 존중에까지 의식이 이르지 못하고 사회적 범죄의 주변에서 방황하는 모습으로 그려져 사뭇 대조적이다. 이들을 통해 대재난 이후 젊은 세대의 정신적 공황상태가 발현되는 양태를 보여 주는 듯하다.

『깊은 소리』는 한신 · 아와지대지진이라는 세기말의 대재난을 통해 다음의 문제들을 고찰할 수 있는 문학작품이라 할 수 있다.

첫째, 일본의 거품경제가 깨진 이후 재난이라는 자연재해뿐 아니라 그에 수반하거나 그 이전에 이미 겪고 있던 사회적 재난에 의해 이중고, 삼중고에 시달리는 여러 층위의 사회적 약자들의 삶을 수면 위로 끌어내고 있다.

둘째, 진재 후 1945년 패전으로부터 50년 만의 마치 폐허가 된 전쟁터를 연상하는 노인 세대부터 일본의 고도경제성장을 주도한 베이비붐 세대, 그리고 기성의 윤리에 대해 무감각한 십대까지 세대별 인식의 극명한 격차와 그로 인한 사회적 불안 및 동요를 주변적 인물들을 통해 그려내고 있다.

셋째, 지진으로 삶의 터전을 잃고 고독사나 자살의 선택지에 놓인 이재민이나 외국 난민과 같은 경제적 약자에게는 눈 돌리지 않고 사회부흥이라는 명목 하에 이익과 재건만을 향하는 '관헌(官憲)'으로 대표되는 경제 주도 세력에 대한 예리한 비판이 곳곳에 드러난다.

한신 · 아와지대지진 이후의 이재민의 실상을 여러 입장의 등장인물과 전체소설이라는 스타일로 그려낸 오다 마코토의 『깊은 소리』는 이와 같이 다양한 측면에 초점을 맞추어 독해할 수 있는 대표적 재난문학이라고 할 수 있다.

제8장

3·11 동일본대지진과 재난 서사

1. 전대미문의 복합재해 3·11

2011년 3월 11일 오후 2시 46분, 일본 동북(東北) 지방 태평양 해역 지진과 그에 동반하여 발생한 쓰나미가 일본을 덮쳤다. 진도 9.0에 달하는 강력한 지진의 영향으로 표고 40미터 이상의 대형 쓰나미가 동북지방 해안을 덮쳤으며, 대규모 지진이 멎은 이후에도 여진이 끊임없이 이어졌다. 추정으로 집계된 사망자 및 행방불명자 수만 2만여 명에 이르며 부상자도 6,000여 명 이상, 사망자의 90%는 익사로 인해 사망한 것으로 알려졌다. '3·11 동일본대지진'(이하 '3·11')은 그야말로 일본사회를 뿌리째 흔든 대형 재난이자 전대미문의 복합적 재난이었다.

역사학자 모치다 유키오(望田幸男)는 "제2차세계대전 이후의 시대를 '전후'라고 한다면, 동일본대지진 이후는 '대진재후(大震災後)'라고 하는 새로운 시대로 접어들었"[88]다고 표현했다. 모치다 유키오 이외에도 3·11이 일본사회에 있어 전후만큼의 혹은 그 이상의 일대 전환점이 될 것임을 예견하는 주장들이 적지 않았다. 그리고 그 중심에는 '후쿠시마(福島) 원자력발전소 사고'(이하 '원전사고')가 자리하고 있다.[89]

앞서 살펴본 간토대지진, 한신·아와지대지진을 비롯해 지형적 특

---

88 高橋博子 「「放射能ストレス神話」「風評被害神話」はだれが作ったのか」 『現代思想』 2011.10, 青土社, p.142.

89 3·11 동일본대지진과 원전사고를 구분하여 사용하는 경우도 있으나, '3·11'이 지진, 쓰나미, 원전사고 세 가지 재난을 모두 포괄하는 트리플 재난을 가리키는 용어로 사용되기도 한다.

성상 예전부터 지진이 잦았던 일본은 다른 자연재해 및 인재를 지진 재해와 구분해왔으며, 지진으로 인한 삶의 변화 역시 감내해왔다. 그러나 3·11 원전사고라는 초유의 사태는 일본인들의 일상을 송두리째 뒤바꿔놓았다. 방사능 피폭이라는, 눈에 보이지도 잡히지도 않는 공포와 마주하게 된 가운데 3·11 발생 직후 원전사고와 관련된 주된 논의 중 하나는 방사능 유출의 심각성에 관한 문제였다.

정부와 미디어는 부정확한 정보만으로 거의 한 달 가까이를 소요하며 원전사고가 곧 수습될 것이고 일본사회는 전처럼 안전, 안심할 수 있을 것임을 강조했다. 안전, 안심만이 강조되며 정작 생명과 직결되는 중요한 데이터들은 과소평가되는 사태가 이어지고 있었다. 그러나 사고 직후에는 원전사고로 인한 방사능 유출 등의 위험도가 그리 심각한 수준의 것이 아니며 인체에 즉각적인 영향을 줄 만한 것도 아님을 강조하던 일본 정부는 결국 2011년 4월 12일, "국제원자력 사고등급(INES)의 레벨 5로 잠정 평가했던 것을 가장 심각한 레벨인 7로 상향한다"[90]고 발표하기에 이른다.

부정확한 정보로 불신을 초래한 정부, 그런 정부의 발표를 앵무새처럼 반복하는 지경이었던 미디어에 대한 비판의 목소리가 높아져가는 가운데, 다른 한편에서는 그런 정부와 미디어의 주장을 중심으로 '힘내라 일본(頑張れニッポン)'을 외치는 목소리가 고양되어 갔다. 불의의 사고를 당한 것일 뿐, 사고 이전과 이후는 크게 다르지 않을 것이며 일본은 계속해서 건재할 것이라는 주장이 힘을 얻으며 원전사고와 후쿠

90 「福島事故 最悪のレベル7」『東京新聞』2011.4.12.

시마는 서서히 잊혀져 갔다.

일본에서는 매년 재단법인 '일본한자능력검정협회'가 전 국민을 대상으로 '올해의 한자(今年の漢字)' 선정과 관련하여 여론조사를 실시하고, 같은 해 12월 12일 교토의 기요미즈데라(清水寺) 본당 주지스님이 직접 한자를 써가며 결과를 발표한다. 2011년도 즉 3·11이 발생했던 그해 선정된 올해의 한자는 다름 아닌 '기즈나(絆)'였다. 말 또는 소의 고삐, 끊기 어려운 정이나 인연 등을 뜻하는 '기즈나'가 2011년도 올해의 한자로 선정된 것은 3·11이라는 거대 난관을 유대와 결속을 통해 극복하고자 했던 일본국민들의 정서와 심리를 잘 드러내주는 일화라 하겠다.

문제는 유대와 결속을 다지고 힘내라 일본을 부르짖는 가운데 정작 재난의 원인을 규명하고 사태를 성찰하는 일, 후쿠시마를 비롯해 피해를 입은 지역 및 피해자 당사자들에 대한 관심은 매몰되거나 소외되었다는 점이다.

2012년 3월 22일 일본의 한 뉴스 포털사이트에는 다음과 같은 제목의 기사가 실렸다. '「북한인가!」교정자에 의한 판매정지에 작가가 격노(「北朝鮮かよ！」校正者による販売停止に作家が激怒)'[91] 미스터리 작가인 도카지 게이타(戸梶圭太)가 집필중인 소설이 교정자에 의해 판매중지 처분을 받았으며, 이를 작가 자신이 트위터에 밝힘으로써 물의를 빚고 있다는 내용의 기사였다.

도카지 게이타가 집필 중이었던 소설 『미궁경시정2 · 후쿠시마 공

91 http://news.livedoor.com/article/detail/6391782/ (검색일: 2018.6.30).

포의 비경(迷宮警視正2 · 福島恐怖の秘境)』은 후쿠시마 원자력발전소 근처 지대가 방사능에 오염되어 전국의 지명수배자나 다중채무자 등이 모여드는 공포와 폭력의 땅으로 변해간다는 줄거리를 담고 있다. 교정자는 '이런 것이 세상에 나와서는 안 된다(こんなものを世に出してはいかん)'는 판단 아래 판매중지를 지시했다고 밝혔다.

'이런 것'은 안 된다고 하는 의식, 도카지 게이타의 작품을 둘러싸고 벌어진 상황들은 3 · 11 이후 일본사회에 보이지 않는 금기가 존재해 왔음을 짐작하게 해준다. 실제로 원전사고 피해자의 심정을 고려해 예정되었던 '원폭전(原爆展)'마저 취소되는 상황[92]이 벌어지곤 했는데 이는 3 · 11 이후 '자숙'이라는 보이지 않는 제약이 암묵적인 합의와 동의 아래 이뤄져왔음을 짐작케 한다.

"현대에는 여러 금기가 있다. 글 쓰는 이가 건드려서는 안 되는 성역, 실은 성스러운 것도 아니고 특별히 문제될 것도 없는 것이지만 글로 써내기 어려운 범위가 존재한다"[93]는 지적은 이전부터 있어 왔다. 원전이나 방사능에 대한 언급도 그러한 금기에 해당되는 부분이며 그것들은 3 · 11 이후 더욱 구체적인 모습으로 표면화되기에 이르렀다.

추측을 포함해 말하자면, 후쿠시마현 내에서 무언가 점점 심각한 말

---

92 「原発事故で「原爆展」中止に 目黒区美術館「被災者の心情に配慮」」『朝日新聞』2011.9.15.

93 작가 노사카 아키유키(野坂昭如)는 다와라 소이치로(田原総一朗)의 『원자력전쟁(原子力戦争)』이 1981년 문고판으로 출간(田原総一朗『原子力戦争』(講談社, 1981))될 당시 게재한 해설의 일부를 인용. 노사카 아키유키는 해설란을 통해 다와라 소이치로의 작품이 현대의 금기에 도전하는 '예언서'와 같은 작품이라 평한 바 있다. 이를 통해 원전사고에 관한 언급 혹은 원전의 위험에 관한 경고 등이 오래전부터 일본사회의 금기 중 하나로 작용해 왔음을 짐작해 볼 수 있다.

의 금기가 진행되고 있다. (3·11이 발생한 지) 2년째에 접어들었고 조금 후면 3년째, 어떻게 해야 좋을지 모를, 해결 방안이 없는 방사능 피해나 풍평(風評) 피해나 내부피폭에 대한 두려움이 확산되어 가는 가운데, '방사능'이라는 말까지 삼켜지고 있다.[94]

시인인 후지이 사다카즈(藤井貞和)는 3·11이 발생한 지 2년을 넘어 3년을 향해가는 시점에 후쿠시마현 내에서 말의 금기, 표현의 금기가 진행되고 있음을 지적한다. 후지이 사다카즈는 후쿠시마현 내에서의 금기만을 언급하고 있지만 앞선 도카지 게이타의 소설 출판 정지 처분 사태에서도 볼 수 있었듯 후쿠시마를 둘러싼 금기, 더 정확히는 방사능 오염에 대한 언급을 경계하고 금기시하는 분위기를 비단 후쿠시마현 내의 문제만으로 치부할 수는 없다.

우리들은 김시종을 초대해 대학원생들을 중심으로 한 강연과 심포지엄을 열었던 적이 있다. 이때 재일조선인인 시인은 일본어에 의한 시적표현에 있어 가장 위험하고 두려운 것은 '서정'이라는 이야기를 해주었다. 시인은 1929년생. 철이 들 무렵 즉 일본어의 시적 표현을 읊조리게 되었을 무렵, 소학교 창가나 동요나 유행가는 전부 '서정' 노래였다. '서정' 노래를 모두가 부르고 있었을 때, 대일본제국은 단숨에 전쟁으로 무너져 내려갔다고 김시종은 경고했었다.[95]

---

94 藤井貞和, 『水素よ, 炉心露出の詩 — 三月十一日のために』(大月書店, 2013) 괄호 안은 필자.
95 小森陽一, 『死者の声, 生者の言葉』(新日本出版者, 2014), p.31.

고모리 요이치는 재일조선인 시인 김시종을 초청해 열었던 강연회에 대한 기억을 위와 같이 말하고 있다. 일본어의 '서정'적 표현에 대한 김시종 시인의 경고는 3·11 이후의 문학작품들에게도 동일하게 적용된다. 보이지 않는 제약의 구속을 받아야 하는 가운데, 창작 과정에서의 난관을 '서정'에 기댐으로써 극복해보고자 하는 시도가 분명 존재했다.[96] 그러나 보이지 않는 제약을 넘기 위해 굳이 위험을 감수하지 않아도 되는 방법인 '서정'이 주는 유혹에도 불구하고 침묵과 금기의 벽을 넘어 일본사회의 과오를 지적하고 치부를 드러내며 미래를 경고하는 대담한 작품들이 속속 발표되었다.

2. 문학계의 자기성찰과 작가들의 의식 전환

그야말로 일본 사회의 모든 것이 3·11 이전과 3·11 이후로 나뉘게 된 시점에서, 문학 역시 3·11 이후의 행보에 관한 물음을 피해갈 수 없었다. '대부분의 일본 문학자들은 이 사건을 어떻게 마주해야 하는지, 그리고 이런 시기에 문학의 역할은 무엇인지, 나아가 문학을 통

96 프랑스 문학자이자 소설가인 오기노 안나(荻野アンナ)는 3·11 발생 이후 문학자로서는 가장 빠르게 피해지역을 현지 취재해 그 결과물을 단행본(『大震災 欲と仁義』(共同通信社, 2011))으로 출간한 바 있다. 가와무라 미나토는 피해 지역을 현장에서 관찰하여 재해 이후의 생생한 삶을 묘사한 오기노 안나의 저작을 평가하면서도, 그가 후쿠시마 원전이나 원전사고에 관한 언급을 극도로 꺼리고 있는 부분을 지적한다. 김시종 시인의 경고는 원전사고에 대한 직접적인 언급이나 성찰 없이 '피해자'로서의 입장만을 강조하며 '힘내라 일본'과 같은 주류 담론에 매몰되어버린 문학자들이나 문학 작품을 향해 있다.

해 무엇을 할 수 있는지'[97]를 고민하게 된다. 물론 이런 물음이 새삼스러운 것이라고 하기는 어렵다. 일본의 문학가들은 관동대지진, 한신·아와지대지진, 지하철 사린사건 등 '압도적인 현실을 마주했을 때, 픽션은 무엇을 할 수 있는가'[98]에 관한 물음을 끊임없이 그들 스스로에게 던져왔다.

3·11로 인한 문학자들의 고민 역시 큰 틀에서 본다면 그런 물음의 연장선상에 존재한다고 볼 수 있으나, 앞서 언급한 것처럼 3·11이 전대미문의 복합적 재해였던 만큼 기존의 고민들과는 궤를 달리하고 있는 부분 역시 상당하다. 재난문학 관련 연구의 축적이 충분하다고 할 수 없는 상황인데다 동시대의 문학을 연구하는 데 따르는 부담이 존재함에도 불구하고 3·11과 문학을 논할 필요가 있는 것은 3·11이라는 재난이 현대 일본 사회 전반에 즉각적이고도 급격한 변화를 초래했으며, 재난문학이 일본 문학계의 고민과 성찰을 담은 응축물로서 그러한 변화를 가장 잘 드러내고 있기 때문이다. 3·11 이후의 문학은 과연 변화했는가. 변화했다면 무엇이 어떻게 달라졌는가.

3·11 이후의 것을 논하기에 앞서 1995년 1월 발생한 한신·아와지대지진, 같은 해 3월 연이어 발생한 지하철 사린사건 이후의 무라카미 하루키(村上春樹)를 살펴보고자 한다.

무라카미 하루키는 1997년부터 2000년까지 총 3년여의 시간 동안 지하철 사린사건 피해자들의 인터뷰를 정리한 논픽션 『언더 그라운

97 정병호 「3·11 동일본대지진을 둘러싼 2011년 〈진재(震災)/원전(原発)문학〉의 논의와 전개」 『저팬리뷰 2012 3·11 동일본대지진과 일본』 (도서출판 문, 2012) p.309.

98 「圧倒的な現実を前に〈回顧2011·文学〉」 『朝日新聞』 2011.12.23.

드』, 『언더 그라운드』의 속편격인 『약속된 장소』, 한신 · 아와지대지진을 주제로 한 연작집 『신의 아이들은 모두 춤춘다』를 펴냈다. 이전 작품들에서 사회 문제에 냉담한 내성적인 청년들을 주로 그려 왔던 하루키가 사회 문제를 정면에서 다루며 놀라움을 선사한 것은 두 가지 재해를 경험한 하루키의 의식 내부에서 디태치먼트(Detachment, 냉담/무관심)로부터 커미트먼트(Committment, 헌신/관여)로의 전환이 일어났기 때문이었다.

3 · 11은 사상 초유의 파급력으로 작자들에게 이러한 전환을 요구했다. 물론 모든 작자들이 하루키와 동일한 방식의 전환을 경험했다고 단언할 수는 없으며 작자의 신상, 경험치 등 세부적인 사항까지를 고려한다면 작자 개개인들의 고민과 인식 전환의 스펙트럼은 상당히 넓어질 수밖에 없다.

그러나 그럼에도 불구하고 3 · 11 이후의 논의들을 통해 도출해낼 수 있는 한 가지 분명한 전환점은 3 · 11을 문학이라는 형태로 '기록'해 두어야만 한다는 사명감 혹은 부채의식과 더불어 커미트먼트로의 이행이 촉구되었다는 부분이라 할 수 있다.

3. 새로운 말의 탄생

재난 이후의 '새로운 말(新しい言葉)'의 탄생에 관한 논의는 3 · 11 발생 이후 문학계의 논평, 비평에서 가장 많이 등장한 주제라 해도 과언이 아닐 정도로 상당한 비중을 차지해왔다. 새로운 말의 탄생은 두 가

지 경우로 나누어 생각해 볼 수 있는데 먼저 신조어가 만들어진 경우와, 기존에 존재하긴 했으나 매우 생소했던 단어들이 일상어로서의 자격을 획득하게 된 경우를 들 수 있다.

원전사고 직후, 사고와 관련된 신문의 보도가 독자의 이해를 고려치 않고 '방사선(放射線), 방사성물질(放射性物質), 방사능(放射能), 피폭(被曝), 제염(除染) 등의 전문용어'를 나열하는 식이었다는 지적(『朝日新聞』「【2011年度第1回審議会】(1)福島原発事故」2011.5.4)만 보더라도 진재 관련 단어들이 일반인에게 매우 낯선 것들이었음을 짐작하기란 어렵지 않다. 그러나 얼마 지나지 않아 그것들을 해설해주는 별도의 코너가 신문 지면에 마련되는(『도쿄신문』은 2012년 3월 7일부터 약 3달여에 걸쳐 '나와 엄마의 방사능교실'(「ボクとママの放射能教室」)이라는 제목의 코너를 빌도로 마련해 삽화를 곁들여가며 원자력 관련 용어들을 알아듣기 쉽도록 설명한 바 있다.) 등 '새로운 언어'가 일상과 밀착되어 나가는 과정을 목격하게 된다.

다른 하나는 기존에도 널리 통용되던 일상적인 용어가 진재 발생 이후 또 다른 의미를 덧입게 되는 경우다. 이러한 언어의 변화는 3·11 이후 일본사회에서 유통된 다양한 담론들과의 불가분의 관계 아래 해석될 여지를 담보하고 있으며 진재의 즉각적인 여파를 두드러지게 반영한다.

예를 들면 국제인권법은 국가, 민족, 종교, 언어적 특성이라는 측면에서의 소수파를 마이너리티라 정의한다. 그러나 일본의 경우, 사전적 정의나 일반적 용법과는 다르게 '차별당하는 약자'라는 의미로 마이너리티 개념이 정의되고 있는 것을 볼 수 있다. 그렇다면 3·11, 특히 원전사고 발생 이후 일본사회에서의 마이너리티란 누구를 가리키는가.

재편되는 마이너리티 표상과 함께 3·11이 마이너리티 창출 문제와 어떤 식으로 맞물려 있는지를 문학 작품을 통해 살펴보면 원전 노동자들이 3·11 이후 새로운 마이너리티 즉 차별받는 약자로서 표상되고 있다는 사실을 확인할 수 있다.

특정 지역에 대한 인식의 변화 역시 3·11이 미친 여파 중 하나라 할 수 있는데 원전사고로 인해 재앙의 땅, 죽음의 땅이란 이미지를 갖게 된 후쿠시마와 인근 지역들의 경우가 대표적인 사례에 해당된다. 이외에도 도쿄의 수도 기능을 분담할 최적지로 손꼽힌 오사카를 비롯해 피해를 입은 동일본(東日本)과 대비되는 개념으로서의 서일본(西日本)이 대두되었다.

교토의 경우, 3·11 이후 급작스럽게 부상하게 된 후쿠시마의 경우와는 달리 3·11 이전에도 여러 작가의 많은 작품들 속에서 다양한 형태의 공간적 배경으로 자리매김해 왔다. 특히 교토는 3·11 이전에도 일본의 전통과 결부되어 논해져왔는데 3·11 이후 그러한 경향이 더욱 심화된 것을 볼 수 있다. 또한 전통을 상징하는 도시로서의 이미지뿐 아니라, 재난이 비켜가는 도시 혹은 치유와 진혼의 도시로서의 이미지도 덧입게 된 것을 확인할 수 있다.

4. 3·11 이후 재난 서사의 의의

3·11 이후의 일본 문학은 변화했다. 3·11은 재난문학이 하나의 문학 용어로서 자리 잡게 되는 결정적인 계기였다. 아직도 가설 주택에

서 생활 중인 수많은 피해자들, 방사능 차별로 고통 받는 후쿠시마 지역 주민들. 문학자들은 이렇듯 잊혀져가는 대상들을 소환해냄과 동시에 재해를 어떻게 기록으로 남길 것인가, 어떻게 다음 세대에게 이 경험과 기억의 유산을 남길 것인가 하는 문제를 고민하며 다양한 진재문학 작품을 펴냈다.

그러나 가장 주목하고 싶은 변화, 가장 주목하고자 하는 부분은 재난문학이 3·11 이후의 주류 담론이 생산해내는 환상 및 메시지에 균열을 만들어 그 실체를 환기시킨다는 점이다.

> 많은 매스미디어들이 '고농도 방사능'에 대해서는 함구하고 '오염수'라고만 한다. 여기에 현재 우리들이 사용하고 있는 일본어의 위기가 있다. 현실을 인식하는 일을 겹겹으로 저지하는 가림막이 내재된 언어의 무리가, 시시각각으로 3·11을 망각시키고자 떠들어대고 있는 것이다.[99]

고모리 요이치의 위와 같은 지적은 3·11 이후 매스미디어를 통해 유포된 많은 말(일본어)들이 얼마나 공허하고 교묘한 것이었는가를 짐작하게 해준다. 3·11 이후의 문학은 가림막으로 점철된 위태로운 말의 무리가 아닌, 현실을 직시하게 하고 미래에 대한 경고를 보내는 말로써 기능했다. 또한 희생자들을 추도하는 한편 그들을 잊지 않고자 하는 몸부림이었다는 측면에서도 평가할 만하다.

---

99 小森陽一, 『死者の声, 生者の言葉』(新日本出版社, 2014), pp.8-9.

그러나 그 안에서 이야기되는 현실과 미래가 혹은 넋의 위로가 오로지 일본사회, 일본인 내부로만 수렴되어버리는 경향이 드러나고 있다는 점은 3 · 11 이후 일본 재난문학의 한계라 할 수 있다.

3 · 11 당시 피해를 입은 사람들 중에는 외국인들, 혹은 재일조선인들처럼 외국인도 아니고 일본국민이라 할 수도 없는, 비(非)국민으로 취급받는 사람들이 다수 포함되어 있었다. 나아가 원전사고의 후유증과 방사능 오염 문제는 비단 일본만의 문제가 아닌, 동아시아를 비롯한 세계인의 문제로 간주해야 마땅할 것이다.

그럼에도 불구하고 3 · 11 이후의 재난문학은 '일본', '일본인'이라는 경계를 좀처럼 넘으려 들지 않는다. 이러한 한계는 3 · 11 이후 일본사회의 우경화, 여전히 진행 중인 과거사 문제 등 한일 간의 현실적인 사회 문제들과 더불어 앞으로 보다 숙고되어야 할 지점일 것이다.

5. 3·11 이후의 재난문학 소개

(1) 3·11과 재난 단편집 『그래도 3월은, 다시(それでも三月は, また)』

❁ 작품 인용

"그 즈음까지는 베를린에 사는 나도 인터넷 뉴스나 친구로부터의 메일로 상세한 정보를 접할 수 있었지만, 얼마 지나지 않아 일본에서는 인터넷을 쓸 수 없게 된 것 같았다. 메일이나 그와 비슷한 것이 불

가능하게 된 것 뿐 아니라 일본에서 만들어진 사이트가 갱신되는 일도 없었다. (…) 또한, 일본에 착륙하면 방사성물질이 기체에 붙는다는 연구결과를 어느 독일의 원자물리학자가 발표하자 비행기도 일본으로는 뜨지 않게 되었다." (多和田葉子「不死の島」『それでも三月は, また』講談社, 2012)

"2011년, 후쿠시마에서 피폭당할 당시 백세를 넘겼었던 사람들은 모두 지금도 건재하고 다행히 지금까지 한 사람도 죽지 않았다. (…) 피폭자 중에서 최고령자는 당시 112세였는데 120세가 넘어서도 아직 팔팔하나. '건강해보이시네요'라고 핀트가 통역을 통해 칭찬을 건네자 '죽을 수가 없어요'라는 답이 돌아왔다고 한다. (…) 2011년에 아이였던 사람들은 차례차례 병에 걸려 일할 수 없게 되었을 뿐 아니라 간호가 필요해졌다. (…) '젊다'라는 형용사에 젊음이 있었던 시대는 끝나고 '젊다'는 설 수 없다, 걸을 수 없다, 눈이 보이지 않는다, 제대로 먹을 수 없다, 이야기 할 수 없다라는 의미가 되어버렸다." (多和田葉子「不死の島」『それでも三月は, また』講談社, 2012)

작품 해설

3 · 11 발생 이후 3 · 11과 관련된 내용을 담은 단편집들이 몇몇 출간되었다. 그중에서도 『그래도 3월은, 다시』는 단편집들 중 가장 먼저 출간되었으며 많은 화제를 불러일으킨 단편집이다. 일본뿐 아니라, 영국과 미국에서도 『March Was Made of Yarn』이라는 영문 제목으로 동시 발간되었으며 세 나라에서의 판매수익은 모두 3 · 11로 인한 피해

지의 부흥을 위한 기금으로 기부되었다. 다와다 요코(多和田葉子), 가와카미 히로미(川上弘美), 이시이 신지(いしいしんじ), 무라카미 류(村上龍) 등의 저명한 일본 작가들뿐 아니라 데이빗 피스(David Peace) 등 영국과 미국의 소설가들 역시 집필에 참여했다.

앞에서 인용한 것은 『그래도 3월은, 다시』의 앞부분에 수록되어 있는 다와다 요코의 「불사의 섬(不死の島)」 중 일부다. 시간적 배경은 2017년, 또다시 큰 지진과 쓰나미가 일본을 덮친 이후 일본을 오가는 모든 통신수단, 교통수단은 일제히 사라져 버렸으며 일본은 노인들이 죽지도 못한 채 젊은이들의 질병 간호를 도맡아야 하는 괴이한 땅이 된다는 내용의 단편소설이다. 앞서 살펴본 것처럼 원전사고 발생 이후 보이지 않는 말의 금기, 언어의 장벽이 높아져가는 가운데 다와다 요코의 이러한 작품은 원전사고 이후의 삶, 그 엄중함에 대해 직접적으로 묘사함과 동시에 원전 사용에 대한 경종 역시 울리는 측면을 갖는다.

물론 이 단편집에 실려 있는 모든 작품들이 다와다 요코의 것처럼 원전사고에 대한 위험성, 사고에 대한 성찰을 요구하는 식의 내용을 담고 있는 것은 아니다. 서로 다른 경력을 가진 세 국가의 여러 작가들이 집필에 참여한 만큼 각각의 소설들은 앞서 살펴본 '기즈나(유대)'의 힘을 상기시키거나, 피해지역의 참상에 대한 안타까움을 드러내거나, 돌아갈 수 없는 재난 이전의 과거를 돌이켜 그리워하거나 하는 등의 다양한 내용을 다루고 있다.

(2) 작가와 작품세계의 변화 가와카미 히로미(川上弘美)『가미사마 2011(神様2011)』

❁ 작품 인용

"냇가까지의 길은 논을 따라 나있다. 포장된 길로, 때때로 자동차가 지나간다. 어떤 차든 우리 앞에서 속도를 줄이고, 서행하면서 멀찍이 비켜간다."[100]

"냇가까지의 길은 원래 논이었던 지대를 따라 나있다. 토양 오염 제거를 위해, 거의 모든 논은 파헤쳐지고, 빈들빈들한 흙이 불거져 나와 있다. (…) 「그 사건」의 제로 지점과 꽤 가까운 이 부근에도, 뜻밖에 차들이 다니고 있다. 어떤 차든 우리 앞에서 속도를 줄이고, 서행하면서 멀찍이 비켜간다."[101]

"「좋은 산책이었습니다」 쿠마는 305호실 앞에서, 봉투에서 열쇠를 꺼내며 말했다. 「또 이런 기회를 갖고 싶네요」 나도 고개를 끄덕였다. (…) 방으로 돌아와 생선을 굽고, 목욕을 하고, 잠들기 전에 잠깐 일기를 썼다. 곰(熊)의 신(神)이란 어떤 것일까, 상상해봤지만, 짐작 가지 않았다. 나쁘지 않은 하루였다."[102]

---

100 川上弘美, 『神様2011』(講談社. 2011), p.8.

101 상동, p.26.

102 상동, pp.14-16.

"「좋은 산책이었습니다」 쿠마는 305호실 앞에서, 봉투에서 방사능 측정 계수 장치(ガイガーカウンター)를 꺼내며 말했다. 먼저 내 전신(全身)을, 다음으로 자신의 전신을, 측정한다. 지, 지, 하는 익숙한 소리가 난다. 「또 이런 기회를 갖고 싶네요」 나도 고개를 끄덕였다. (…) 방으로 돌아와 말린 생선을 신발장 위에 장식하고, 샤워를 하며 정성껏 몸과 머리칼을 헹구고, 잠들기 전에 잠깐 일기를 쓰고, 마지막으로 언제나처럼 총피폭선량을 계산했다. 오늘의 추정 외부피폭선량 30u/Sv, 내부피폭선량 19u/Sv. 연초부터 지금까지의 추정 누적 외부피폭선량 2900u/Sv, 추정 누적 내부피폭선량 1780u/Sv. 곰(熊)의 신(神)이란 어떤 것일까, 상상해봤지만, 짐작 가지 않았다. 나쁘지 않은 하루였다."[103]

"멀리서 들리기 시작한 물소리가 곧 커졌고, 우리들은 냇가에 도착했다. 많은 사람이 헤엄치거나 낚시를 하거나 하고 있다."[104]

"멀리서 들리기 시작한 물소리가 곧 커졌고, 우리들은 냇가에 도착했다. 아무도 없는 줄 알았는데, 두 명의 남자가 물가를 서성이고 있다. 「그 사건」 전에는 냇가에는 언제나 많은 사람이 헤엄치거나 낚시를 하거나 했었고, 가족들도 많았다. 지금은, 이 지역에는, 아이는 한 명도 없다."[105]

---

103 상동, p.26.

104 상동, p.9.

105 상동, p.28.

가와카미 히로미의 『가미사마 2011(神様2011)』은 가와카미 히로미가 1993년도에 발표했던 단편 『가미사마(神様)』를 '개작'하여 펴낸 소설로, 발표 직후부터 현재에 이르기까지 3·11 이후의 문학 작품을 논할 때 빠지지 않고 거론되는 작품 중 하나다. 93년도에 발표되었던 「가미사마」의 줄거리는 매우 간단하다. 주인공이자 화자인 '나'가 쿠마[106]와 함께 강변으로 산책을 나갔다가 집으로 돌아오기까지의 과정을 담고 있다. 그리고 2011년 6월, 가와카미 히로미는 같은 줄거리의 소설 『가미사마 2011』을 『군상(群像)』에 발표한다. 줄거리는 같으나 그 내용은 3·11 이후의 시점에서 달라진 일상을 묘사하고 있다는 점이 주목을 모았다.

「가미사마」는 아쿠타가와상(芥川賞)을 수상한 『뱀을 밟다(蛇を踏む)』[107]와 함께 가와카미 히로미의 대표작으로 꼽히는 작품이다. 『가미사마 2011』 발표 이전의 가와카미 히로미는 "꿈을 쓰는 작가로서 독자에게 받아들여지"는 한편, 마찬가지로 꿈을 쓰는 작가로서 "독자를 받아들이고 있는 작가"[108]라 평가받았다. 꿈을 쓰는 작가의 작품답게 「가

106 원문에서 쿠마는 'くま'로 표기되어 있다. 작품 속에서 쿠마는 곰인 것이 분명하지만, 'くま'일뿐, '熊'가 아니다. 한국어역을 하는데 있어 'くま'를 곰이 아닌 쿠마로 표기한 것은, '熊'가 아닌 'くま'를 사용한 작자의 의도를 존중하고자 함이다. 선행론(千石英世「甘噛みのユートピア - 川上弘美論」『文学界』(文藝春秋, 2003.10), p.160.) 에서는 'くま'가 '熊'로 표기될 경우 가와카미 히로미가 작품에서 그려내고 있는 쿠마와 '나'의 관계가 이류혼(異類婚)과 연속성을 가지게 될 수도 있음을 지적한 바 있다.

107 川上弘美, 『蛇を踏む』(文藝春秋, 1999).

108 千石英世, 「甘噛みのユートピア - 川上弘美論」 『文学界』 2003.10, 文藝春秋, p.158.

미사마」 역시 현실과는 좀처럼 어울릴 것 같지 않은 판타지적 세계를 그려냈다.

흥미로운 것은『가미사마 2011』이 가와카미 히로미의 기존 작품 세계,「가미사마」의 판타지적 세계와 상반되는 평가를 받고 있는 지점이다. 진노 도시후미(陣野俊史)는『가미사마 2011』이 발표된 후 가와카미 히로미가 원래 소설이었던 것을 "소설이 아닌 어떤 것"[109]으로 바꿔놓았다고 말한다. 또한 "자신의 과거 작품을 일종의 데이터베이스로 간주해, 다름 아닌 자신의 손으로 대담하게 고쳐나"가는 "그 훌륭함과 용기를 우리들은 더욱 깨달아야만"[110] 한다고 주장하며 그런 맥락에서 가와카미 히로미의 작업을 높이 평가하고 있다.

「가미사마」뿐 아니라 가와카미 히로미의 작품들은 '나(자신 혹은 화자)의 의미와 성격'이라는 측면에서 파악[111]되곤 하는데 이는 그녀의 작품들에서 종종 '나'가 현실세계와 동떨어진 독특한 성격을 갖기 때문이다.「가미사마」 역시 "자신과 상대를 혼동하지 않는 지성(知性)이 고루 퍼져있어 (…) 소품(小品)이지만, 읽을 만한 가치가 있는 걸작"[112]이라 평가받았다.

---

109 陣野俊史,「「3・11」と「その後」の小説」『すばる』2011.08, 集英社, p.257.

110 상동, p.117.

111 이는 시미즈 요시노리(清水良典)의「川上弘美覚書 – フツウの「私」の行方」『文学界』1996.07, 文藝春秋), 오쓰카 에이지(大塚英志)의「「物語」と「私」の齟齬を「物語」るということ – 川上弘美論」『文学界』1999.10, 文藝春秋, 다나카 카즈오(田中和生)의「孤独な異界の「私」– 川上弘美論」『文学界』2012.12, 文藝春秋 등 가와카미 히로미 관련 선행론들의 제목을 통해서도 알 수 있다.

112 鎌田均,「「自分とは何か」を問い続ける〈言葉の力〉–川上弘美「神様」を例にして–」『日本文学』2011.01, 日本文学協会, p.71.

「가미사마」는 1인칭 주인공 시점의 소설이지만 그 서술방식은 1인칭 관찰자나 작가 관찰자 시점이라 해도 좋을 정도다. 주인공이자 화자인 '나'는 등장인물들의 심리를 파고들려 하지 않으며 있는 그대로의 모습만을 옮기고 있는데, 화자가 인물들과 이런 거리감을 유지함으로써 각 등장인물들은 상대방의 감정에 휘둘리거나 자신의 세계에서 벗어나는 일 없이 고유의 영역을 보장받을 수 있게 된다. "'나'는 '지금' '여기'에 존재하고 있을 현실"이 아닌 "동화 같은, 메르헨(Märchen) 같은 애매하고 자유로운 영역에 들어가 있는 것"이다.[113]

꿈같은 판타지적인 세계, 온전히 '나'의 영역을 보장받을 수 있는 동화 같은 세계를 그려내던 가와카미 히로미의 작품세계는 3·11 이후 『가미사마 2011』을 통해 확실한 변모를 선보인다. 방사능 피폭에 대한 두려움, 아이들 하나 뛰어놀지 않는 황량한 땅에 대한 묘사는 더 이상 환상의 세계가 아니다. 고유의 영역을 보장받으며 안온한 산책을 즐기던 '나'와 쿠마는 방사능 피폭이라는 외부 요인에 의해 그 영역을 침해당하고, 다른 이의 시선을 의식해야 하는 처지에 이르게 되었다.

짧은 작품이지만 가와카미 히로미의 이 단편소설을 통해 3·11이라는 거대 재난이 한 작자의 작품세계에 미친 강력한 영향을 확인해볼 수 있다.

113 田中和生, 「孤独な異界の「私」 - 川上弘美論」『文学界』 2002.12, 文藝春秋, p.270.

(3) 원전사고 이후의 일본사회 다와다 요코(多和田葉子)『헌등사(献灯使)』

❁ 작품 인용

“그러나 사람들이 눈에 보이는 광경에 주의를 빼앗겼던 것은 수초간이었고 그 후에는 화상의 아픔과의 사투였다. 눈으로 봐서는 피부에 변화가 보이지 않았지만 팔이나 손이 뼈 근처까지 바비큐 꼬치로 꽂힌 채 숯불에 덴 듯한 아픔이었다. 지금까지 경험한 적 없는 불가사의한 화상이었다. (…) 그날 수천만의 사람들이 양손을 앞으로 뻗은 채 비틀거리며 근처 강이나 호수를 향해 걸어갔다. (…) 살 방법은 하나뿐이었다. 그것은 일본을 떠나는 일이었다. 이 열도에서는 더 이상 살 수 없다. 머리가 박살난 원전이라는 이름의 괴물의 분노는 앞으로 수천 년 동안 접근하는 인간의 피부를 태워버릴 것이다.”[114]

“사람들은 본능적으로 가장 가까운 곳에 있는 항구로 향했다. 항구에 정박해 있던 배는 여객선 뿐 아니라 어선도 화물선도, 피부가 심한 화상으로 짓무른 사람들을 싣고 대륙을 향했다. 일본해 쪽에 살고 있던 사람들 중에는 비교적 일찍 대륙에 도착할 수 있었던 사람도 있다. 태평양 측에 있었던 사람들은 거친 파도에 시달려 마실 물도 식량도 부족한 배 위에서 며칠씩 지냈으며, 대륙에 도착했을 즈음에는 의식이 몽롱해진 사람도 있었다.”[115]

114 多和田葉子,「彼岸」『献灯使』(講談社, 2014) pp.208-209.

115 상동, pp.209-210.

"배가 항구를 출발한 뒤 한동안 세데는 선내 매점 옆에 앉아 얼빠진 채로 있었다. 몇 시간 후 중국 정부는 일본에서 온 난민을 여권이 없는 사람도 포함하여 전원 수용하겠다고 전해왔다는 선내 방송이 있었다. 그것을 들은 배에 탄 사람들의 피곤에 절은 얼굴에 안도의 미소가 번졌지만 세데만은 괴로운 듯 호흡하며 파랗게 질린 얼굴로 갑판으로 뛰쳐나갔다. 세데는 최근 수년 간 중국을 모욕하는 발언을 거듭해왔고, 그에 대해서는 국내에서도 꽤 비난을 받아왔다."[116]

작품 해설

인용한 부분은 다와다 요코의 중단편집 『헌등사』에 실린 「피안(彼岸)」이라는 작품 중 일부다. 인용문에서 묘사되고 있는 원전 폭발로 인한 피폭 증상은 즉각적이고도 무시무시하다. 실제 원전사고 이후 피폭량의 허용치, 피폭으로 인한 건강의 이상증세 등과 관련한 정부의 발표 내용은 의구심을 불러일으키기에 충분한 내용들을 담고 있었다. 특히 후쿠시마현에 거주하는 아이들의 건강에서 갑작스러운 이상 증세가 나타나는 등 피폭의 징후라고 볼 수 있을 만한 일들이 연이어 일어나는데도 불구하고, 방사능과 해당 증세의 인과관계가 명확하지 않다거나 특정 요인을 규명해낼 수 없다는 식의 핑계로 인해 진상 파악은 요원한 상태에 머물고 있다. 「피안」은 '당장은 눈에 보이지 않는다'는 핑계로 일관하고 있는 현실을 정면으로 비판하기라도 하듯 피폭으로

---

116 상동, pp.211-212.

인한 증상을 처참하게 그려냈다.

또한 「피안」은 제목 그대로 앞서 살펴본 「불사의 섬」 즉 피폭당해 더는 국가가 제 구실을 할 수도 없고 젊은이들이 병을 앓는 대신 노인들은 죽지도 아프지도 않은 이상한 땅이 되어버린 일본을 떠나 다른 '건너편'으로 떠난 사람들의 이야기를 담아낸다.

심한 화상을 입은 채로 항구로 향한 사람들은 일본을 떠나기 위해 항구로 향한다. 모든 수단을 동원해 대륙 즉 중국으로 가는 배에 몸을 실은 사람들은 배 위에서의 비참한 생활을 견뎌가며 대륙 땅으로의 탈출을 꾀한다.

중국에 도착하기 전 배 위의 상황을 설명하는 장면에서 세데 이쿠오(瀬出郁夫)라는 남성이 등장한다. 세데는 원전 폭발을 피해 중국으로 향하는 배에 오르기 전까지는 국회의원을 지냈던 남자로, 중국으로 가는 배 위에서 매우 우울한 상태에 빠져 있는 것으로 묘사된다. 세대가 중국으로 향하면서 그토록 우울하고 근심에 휩싸여 있는 것은 그가 국회의원으로 활동할 때 중국과 관련하여 망언을 일삼았기 때문이다.

이처럼 『헌등사』에 실려 있는 다와다 요코의 소설들은 원전사고 이후의 일본사회가 어떤 모습일 것인가에 대한 상상력을 발휘한 작품들이다. 그 안에는 피폭 이후의 증상뿐 아니라 정치, 경제, 민생, 외교, 안보 등 분야를 막론한 다양한 이야기들이 담겨있다. 3·11 이후 작가들이 펴낸 많은 작품들 중에서도 다와다 요코의 작품은 직접적인 묘사, 성역을 따로 두지 않는 과감한 필치로 원전사고 이후의 일본사회를 묘사한 셈이다.

제9장

재난과 미디어-포스트3·11 일본사회와 미디어

1. 3·11 동일본대지진 미디어 보도의 특성

(1) 새로운 정보 공유 방식으로의 이동

3·11 동일본대지진과 과거 다른 재난들과의 가장 큰 차이점 중 하나는 재난에 대한 정보 공유와 보도 양상에서 찾을 수 있다. 진동이 최초로 감지된 당시 그 지진 발생과 쓰나미 발생 가능성에 대한 데이터는 트위터(Twitter)와 스마트폰 애플리케이션 등을 통해 전달되었고 삽시간에 전 세계로 퍼져나갔다. 미국의 뉴스보도채널 CNN이 지진에 대해 보도하기도 이전에 일어난 상황이었다.[117]

이처럼 정보기술이 발전하면서 재난 관련 기관들이 대중에게 정보를 전달·공유하는 방식 또한 크게 달라졌다. 이제 재난 예방과 대처의 영역에서 대부분의 정보 공유는 트위터, 페이스북(Facebook) 등의 소셜네트워크서비스(SNS)와 스마트폰 애플리케이션을 통해 이루어지고 있다. 긴급한 상황에서 주요 정보를 기존의 그 어떤 도구보다도 신속하게, 그리고 과거와는 비교할 수 없을 만큼 많은 사람들에게 전달할 수 있다는 데서 그 이유를 찾아볼 수 있다.

117 Charlotte Tucker, "Social media, texting play new role in response to disasters: Preparedness, communication targeted," *The Nation's Health* 41, no.4 (May/June 2011): 1-18, accessed July 3, 2018, http://thenationshealth.aphapublications.org/content/41/4/1.2.

2011년 3월 11일에 발생한 지진이 일본을 강타하고 한 시간도 채 지나지 않아서 1분에 약 1,200건을 웃도는 수의 트위터가 도쿄 지역으로부터 발신된 것으로 관찰되었다.[118] 지진으로 인해 전화와 텔레비전 수신이 불가능한 상황에서 사람들은 모두 휴대폰을 사용하여 현재 상황에 대해 알리기 시작하였던 것이다. 순식간에 트위터 상에서 가장 눈에 많이 띄는 단어나 문구는 "#Japan(일본)", "#earthquake(지진)", "#prayforjapan(일본을 위해 기도합니다)", "#tsunami(쓰나미)"와 같은 해시태그(Hashtag)[119]가 되었다. 지인과 가족들의 안부, 어떤 지역이 지진의 피해를 입었는지, 비상상황 발생 시에는 어디로 피난해야 하는지 등등 현재 일본에서 일어나고 있는 일과 그 한가운데 있는 사람들에 관한 정보가 실시간으로 전 세계로 퍼져나갔다.

3·11 이후 행해진 여러 조사 및 연구 결과, 직접적인 지진 피해 지역을 제외한 일본 전역에서 지진 발생 후 72시간 이내 이루어진 트위터의 목적에 대해 이용자의 약 83.5%가 "정보 수집"을 꼽았으며 지진 발생 당시 트위터가 "도움이 되었다"고 느낀 이용자 또한 80%에 가까웠다.[120] 물론 트위터를 통해 근거 없는 소문이 급속하게 확산될 수 있

---

118 Chris Taylor, "Twitter users react to massive quake, tsunami in Japan," Mashable, accessed July 3, 2018, http://mashable.com/2011/03/11/japan-tsunami/.

119 SNS 중 주로 트위터나 인스타그램 등에서 기호 '#' 뒤에 특정 단어를 붙이는 형식으로, 그 단어에 대한 글임을 표현하는 기능을 가리키는 용어. 해당 단어에 대한 검색을 용이하게 해주기도 한다.

120 株式会社IMJモバイル, "震災に伴うTwitter, Facebook利用実態に関する調査," accessed July 10, 2018, https://www.imjp.co.jp/news-seminar/release/2011/20110404_%E3%80%8C%E9%9C%87%E7%81%BD%E3%81%AB%E4%BC%B4%E3%81%86Twitter%E3%80%81Facebook%E5%88%A9%E7%94%A8%E5%AE%9F%E6%85%8B%E3%81%AB%E9%96%A2%E3%81%99%E3%82%8B%E8%AA%BF%E6%9F%BB%E3%80%8D%E3%82%92%E7

다는 문제점도 드러났지만 이러한 후속 연구를 통해 재난 발생 시 통신 라인이 파괴되었을 때 트위터가 지니는 미디어로서의 유용성이 입증된 셈이다.

junpkon 宮城県仙台市若林区荒井近辺の情報ある方いませんか. 義父母と連絡が取れません. 荒浜が大変な事になっているだけに心配です. #jishin #miyagi

(junpkon 미야기 현 센다이 시 와카바야시 구 아라이 부근의 정보 있는 분 안 계신가요. 장인, 장모님과 연락이 닿지 않습니다. 아라하마의 상황이 좋지 않은 만큼 걱정입니다. #jishin #miyagi)

torasbell がんばってください. 負けないでください. 世界中の人が祈ってくれています #jishin

(torasbell 힘내세요. 지지마세요. 전 세계의 사람이 기도해주고 있습니다. #jishin)

sakiaruto JR新宿駅が, シャッターあきました. #jishin

(sakiaruto JR 신주쿠 역이 셔터를 올렸습니다. #jishin)

hirokoshiraishi 宮城県 仙台 #jishin @odaikazuya: 阪神大震災では偽のガス会社や水道局, 電気工事, 宅配便等を装った強盗や強姦がありました. 皆さん, 特に女性の一人住まいはお気をつけく

%99%BA%E8%A1%A8.pdf.

ださい…. これ広げて！！リアルに俺の後輩がさっき電力会社, 装ったのきたらしい！！

(hirokoshiraishi 미야기 현 센다이 #jishin @odaikazuya: 한신대지진 때는 가짜 가스회사나 수도국, 전기공사, 우편물 등이라 위장한 강도나 강간이 있었습니다. 여러분, 특히 여성 혼자 사는 분은 조심하세요…. 이거 널리 퍼뜨려줘!! 진짜로 내 후배한테 방금 전에 전력회사인 척하는 놈이 왔다는 것 같아!!)[121]

이는 동일본대지진 당시의 트위터 메시지 중 일부를 인용한 것이다. 가족과 연락이 닿지 않는다며 "미야기 현 센다이 시 와카바야시 구 아라이 부근의 정보를 가지고 계시는 분 없나요"라고 정보를 구하는 메시지나 "힘내세요, 지지 마세요"와 같은 응원의 메시지, 그리고 재난 발생 시의 혼란을 틈타 여성을 노리는 범죄를 경계하라는 주의를 전달하며 해당 트위터를 "퍼뜨려 달라"는 내용 등이 눈에 뜨인다. 이 트위터 메시지의 예처럼 상당수의 SNS 이용자들 중에서는 합심하여 서로 적극적인 정보의 업데이트를 촉구하고 일본어뿐 아니라 영어 해시태그를 빠르게 만들어나가기도 했다.[122]

또한 동일본대지진의 경우, 재난의 영상과 이미지 제공의 측면에서

---

121 2011년 3월 12일 오전 7시경의 트위터 메시지. "東北地方太平洋沖地震に関して," 최종갱신일 2011.3.12., Twitter Japan 공식 블로그, https://blog.twitter.com/official/ja_jp.html, 최종접속일: 2018.7.10.

122 Angela Harrison, Dave Jones, Joyce Seitzinger and Liza Potts, "Tweeting Disaster: Hashtag Constructions and Collisions," SIGDOC '11 Proceedings of the 29th ACM international conference on Design of communication, Pisa, Italy, October 3~5, 2011, Pages 235-240.

텔레비전만이 아닌 비디오 스트리밍 웹 사이트들이 많은 부분을 차지했다는 점에서 이전과는 다른 양상을 보였다. 심지어 개인방송생중계 서비스 사이트에서 일본 공영방송사인 NHK를 비롯한 다른 텔레비전 채널의 뉴스를 방송할 수 있도록 허가되기도 했다.[123]

(2) 신뢰를 잃은 전통적 미디어

개인이 재난에 대한 정보에 접근하는 방식은 크게 두 가지로 나뉜다. 가장 일반적인 것이 매스미디어를 통해서이며 최근 들어 젊은 층을 중심으로 주된 방법으로 선택되는 것이 앞서 언급한 소셜네크워크 서비스이다. 그러나 이 새로운 미디어의 존재를 모르거나 다루는 방법에 익숙하지 않은 기성세대, 특히 노년층의 존재까지를 포함한다면 재난 상황 하에서 정보를 제공하는 일차적인 역할은 아직까지는 텔레비전, 라디오, 신문과 같은 전통적인 미디어가 담당하고 있다고 보아야 한다.

3·11 동일본대지진은 그 규모나 피해 등 모든 면에서 엄청난 재난이었고 게다가 쓰나미로 인한 피해를 담은 충격적인 사진과 영상, 이어진 후쿠시마 원전사고로 인해 국제 언론의 이목이 한데 집중된 것은 당연한 일이었다. 지진, 쓰나미처럼 압도적이고 거대한 재난 앞에 개개인이 피난 혹은 도움과 같이 필요한 행동을 취하기 위해 필요한 정

123 宮本真希, "地震その時ニコ生は 被災地も取材, 「ソース」並べて見えたもの," ITmedia NEWS, 2011.5.23., http://www.itmedia.co.jp/news/articles/1105/23/news010.html, 최종 접속일: 2018.7.15.

확하고 믿을 만한 정보를 얻기란 어려운 일이다. 또한 공포와 불안은 커져가는 가운데 정부나 기관에 대한 신뢰를 잃기 쉬운 환경 속에서 이들이 재난으로 인해 발생한 복잡하고 부정적인 감정을 스스로 통제하기란 더욱 쉽지 않다.[124] 3 · 11 발생 당시에도 일본 거주자들이 쓰나미 피해나 방사능 오염에 관하여 신뢰할 수 있는 정보를 얻기란 불가능에 가까운 일이었다.

3 · 11 당시 지진과 쓰나미로 인한 물리적인 피해는 대부분 동북부 지역에 집중되었지만 이어진 후쿠시마 원전 폭발에 대한 미디어 보도는 도쿄와 같은 인근 지역에 엄청난 혼란을 일으켰다. '시버트(sieverts)', '베크렐(becquerels)'과 같은 방사능 측정 단위를 나타내는 생소한 용어들이 뉴스는 물론 일상적 언어소통에도 빈번하게 등장하기 시작하였고, 방사능 오염과 그 수치가 어느 정도인지 앞으로 또 어떤 일이 발생할지 모르는 상황에서 의심과 불안함이 일본 사회를 뒤덮었다.

주지하듯이 미디어가 재난을 다루는 방식은 직접적 피해지역은 물론 그렇지 않은 곳의 사람들 모두에게 정신적인 영향을 미친다.[125] 일본 정부는 신뢰할 수 있는 정보를 충분히 제공하지 못했고 이는 대중

---

124 Carola Hommerich, "Trust and subjective well-being after the Great East Japan Earthquake, tsunami and nuclear meltdown: Preliminary results," *International Journal of Japanese Sociology* 21, Issue 1 (March 2012): 46-64.

125 Yukiko Uchida, Yoshiaki Takahashi and Kentaro Kawahara, "Changes in hedonic and eudaimonic well-being after a severe nationwide disaster: The case of the Great East Japan Earthquake," *Journal of Happiness Studies* 15, Issue 1 (February 2014): 207-221.

이 겪는 혼란을 가속시켰다. 원전 폭발의 심각성에 대해 처음 일본 정부는 국제원전사고 고장분류지침(IAEA, International Nuclear Event Scale) 기준으로 레벨 5의 상황이라 발표했으나 머지않아 이를 레벨 7이라고 번복했다.[126] 언론 보도 또한 모호하고 모순되기는 마찬가지여서, 한 곳에서는 후쿠시마의 상황이 어느 정도 통제되었다고 보도하고 동시에 다른 곳에서는 원전 폭발로 인한 방사능 오염의 정도가 몇 십 년 동안 전 세계적인 위협이 될 것이라고 보도하는 식이었다.

이를 잘 보여주는 예로 원전 폭발 이틀 뒤인 14일자 『요미우리신문(読売新聞)』 1면을 들 수 있는데, 헤드라인은 "원전 3호기에서 폭발(原発3号機で爆発)"인데 비해 그 바로 하단에는 "도쿄전력 격납 용기는 문제없음(東電格納容器は健全)"이라는 제목의 기사가 함께 실려 있다. 한 신문의 동일 페이지에 독자들의 불안을 자극하는 보도와 현 상황이 어느 정도 통제 가능하다는 정보가 동시에 전달되는 이러한 상황에서 사람들은 혼란스럽지 않을 수 없었다.

뿐만 아니라 일본 국내의 보도와 국외 미디어로부터 전해오는 정보가 상충되는 경우도 적지 않았다. 특히 방사능이 어느 정도까지 유해한 영향을 끼치는가에 대한 일본 국내외의 보도가 일치하지 않는 경우가 많았다.

이처럼 국가적 규모의 재난 상황에서 주요 미디어 보도가 드러낸 모순과 불확실성은 3·11 발생 당시뿐 아니라 그 이후에도 일본인들이

126 Joo-Young Jung and Munehito Moro, "Multi-level functionality of social media in the aftermath of the Great East Japan Earthquake," *Disasters* 38, no. s2 (July 2014): 124.

자신들의 건강과 안전 관련한 결정을 내리는 과정에서 보인 태도에까지 영향을 미쳤다. 거대 재난 발생 후 몇 년이 지난 후에도 피해 지역, 특히 후쿠시마 원전과 가까운 곳의 거주자들을 퇴거하도록 한 결정에 대해 일본 대중들은 복잡하고 모호한 감정을 느끼는 것으로 보인다. 그리고 이 같은 모순된 감정은 위에서 살펴 본 바와 같이 재난 직후 미디어를 통해 대중들에게 제공된 명확한 '사실'로 정리될 수 없는 모순되고 불확실한 정보에 기인했다고 할 수 있다.

한편, 많은 일본의 언론종사자들은 그들 스스로가 3·11 동일본대지진에 대해 갖지 않을 수 없는 부정적 감정을 어떻게 배제하고 보도의 객관성을 유지할 것인가 하는 측면에서 3·11을 다루는 것에 많은 어려움을 느꼈다고 토로했다. 이는 3·11과 같은 재난을 보도할 때 독자·시청자들이 객관적 사실 보도를 원하면서도 한편으로 감정적인 사항들에 대해서도 다루어주길 원할지도 모른다는 사실, 그러나 이 같은 성질의 보도가 이후 대중이 재난의 성격을 이해하는 데 지대한 영향을 미칠지도 모른다는 우려 때문이었다.

2. 3·11과 영화미디어

(1) 극영화와 재난-3·11 동일본대지진이라는 실재를 그리는 허구적 상상력

3·11 동일본대지진 당시 많은 사람들을 경악하게 만들었던 것은 쓰나미가 다가오는 현장에서 사람들이 그 모습을 자신의 휴대폰이나

카메라로 기록하고 있었다는 사실이었다. 현대인이라는 존재는 스스로 목숨을 잃을지도 모르는 위험의 상황에 가까워졌을 때조차 찍는 행위를 멈출 수 없는 것일지도 모른다. 그들이 찍은 영상과 이미지의 일부가 온라인상에 올라오면서 왜 그때 카메라를 든 채 그곳에 있었는가 하는 질문이 오고갔다. 상상조차 할 수 없는 참극을 눈앞에 두고 있는 그대로의 '사실'을 기록해야 한다는 의무감, 혹은 어떤 경이로움이나 숭고함을 목격하였을 때 그곳을 향해 렌즈를 들이대고 마는 일종의 습관에서 비롯된 행위, 어쩌면 이 두 가지가 복합적으로 작용한 결과였을 수도 있다. 혹은 인간의 '상상력'의 범주를 넘어선 압도적인 '실재'를 체험하는 순간, 인간은 그 리얼리티를 실감하지 못하거나 감당할 수 없기에 '카메라 렌즈를 통과한 현신'을 택하는 것일지도 모른다.

이처럼 3·11 동일본대지진은 인간의 기록을 향한 쉽게 이해하기 힘든 욕망을 보여주었다. 그렇다면 카메라에 '기록'과 '이야기'를 담는 일을 전문으로 하는 창작자들의 경우는 어떠했을까. 3·11 이후의 일본 사회에서 거대한 재해와 그 참상을 영상으로 담는 일 그리고 재해를 이야기하는 영화가 지니는 의미는 어떤 것일까. 이와 같은 질문은 지진과 쓰나미, 원전사고가 발생한 당시 영화미디어에 종사하는 창작자들이 스스로에게 던졌던 질문이기도 했다.

3·11이 발생한 이듬해인 2012년, 한 일본영화전문채널에서 "영화는 세계를 향해 끊임없이 경종을 울린다(映画は世界に警鐘を鳴らし続ける)"라는 테마로 이와이 슌지 영화제(岩井俊二映画祭)가 열렸는데 이 영화제에서 『일본침몰(日本沈没)』(1973)이 방영된 것은 우연이 아닐 것이다. 당시 이와이 슌지(岩井俊二, 1963~) 감독은 "『일본침몰』의 의미는 실제의

대재난을 통해서만 이해할 수 있다. 한신대지진 직후 이 영화를 다시 보았다. (중략) 지진 장면의 리얼리티를 포함하여 이러한 때에 봐야 할 영화라고 많은 친구들에게 권했다"라고 감상을 밝혔다.[127]

할리우드 영화 중 비교적 최근작으로 쓰나미를 하나의 서사장치로 사용한 클린트 이스트우드 감독의 영화 『히어애프터(Hereafter)』(2010)가 있는데, 이 영화는 일본에서 2011년 2월 19일에 개봉하였으나 동일본대지진의 영향으로 2주 만에 상영 중지가 되었다. 영화의 초반부에 쓰나미의 피해 영상이 10분 정도 전개되는데 이 장면이 너무도 참혹했기 때문에 상영이 중지되었던 것이다. 그리고 2009년 한국에서 당시 역대 4위의 흥행을 기록한 영화 『해운대』가 2011년 4월 23일에 WOWWOW 채널에서 방송될 예정이었지만 역시 중지되었다.

앞서 위험한 상황 속에서조차 재난 당시를 기록하려 했던 사람들에 대해서 언급했는데, 이러한 맥락에서 생각해보면 영상 미디어 창작자에게 3·11은 피할 수 없는 과제로 여겨질 것이다. 재난 발생 후 약 10개월 만인 2012년 1월 일본에서 개봉한 소노 시온(園子温, 1961~)의 영화 『두더지』(원제: ヒミズ, Himizu)는 만화가 후루야 미노루(古谷実, 1972~)가 그린 동명의 어두운 청춘이야기를 원작으로 만들어졌다. 그러나 영화 제작을 준비하던 중에 동일본대지진이 발생했고, 이후 영화는 소노 감독이 다시 고쳐 쓴 각본에 의해 촬영되었다. 제68회 베니스국제영화제에서 이 영화의 주연을 맡은 소메타니 쇼타(染谷将太)와 니카이도 후미(二階堂ふみ)가 신인배우상(Marcello Mastroianni Award for Best Young

---

127 西山智則, 「災害映像の詩学 : ゴジラとポニョとＳＦ的想像力」『埼玉学園大学紀要人間学部篇』第12巻, 2012.12, 埼玉学園大学, p.19.

Actor or Actress)을 수상하는 등 국제적으로 크게 주목받았다.

다시 쓴 각본에서 감독은 지진 재해를 입은 이후의 일본을 영화의 무대로 변경했고, 실제 재난 피해지역인 미야기 현 이시노마키 시의 이미지를 영상에 담았다. 또 그는 한 매체와의 인터뷰에서 지진 경험 후, 원작이 담고 있는 중학생의 씁쓸한 청춘이라는 테마 자체는 그대로 두더라도 동일본대지진을 무시하고 그려서는 아무 의미가 없다고 생각했다고 언급했다.[128]

그리고 이듬해 3·11을 다룬 또 다른 영화 『희망의 나라(希望の国)』(2012)에서 소노 시온은 원선사고로 한 가족이 분열되어가는 모습을 그린다. 『희망의 나라』의 시간적 배경은 동일본대지진으로부터 수년이 흐른 20XX년, 공간적 배경은 가공의 지역인 일본의 나가시마 현(長島県)이다. 지역명이 원폭이 투하되었던 나가사키, 히로시마 혹은 후쿠시마의 조합처럼 느껴지는 것은 우연이 아닐 것이다. 영화는 이 나가시마 현에서 평화롭게 살아가던 낙농업자인 야스히코(泰彦)와 부인 지에코(智恵子), 그리고 아들 부부인 요이치(洋一)와 이즈미(いずみ) 가족이 어느 날 발생한 진도 8.3의 지진과 연달아 발생한 원전 사고로 인해 삶이 송두리째 바뀌어가는 모습을 그리고 있다. 원전으로부터 반경 20킬로미터 이내가 경계구역으로 지정되면서 이웃인 스즈키 가족은 강제로 집에서 내몰리게 되고, 야스히코의 집은 겨우 도로 하나 차이로 피난구역 외로 지정된다. 그러나 국가를 신뢰할 수 없다고 생각한 야스

128 CINRA編集部, "「希望に負けた」という気持ちで—『ヒミズ』園子温インタビュー," CINRA.NET, 2012.1.2., https://www.cinra.net/interview/2012/01/02/000000, 최종접속일: 2018.7.10.

히코는 스스로의 판단으로 요이치 부부를 피난시키고 자신은 그대로 집에 머무른다. 그리고 임신을 알게 된 이즈미는 방사능에 대한 공포심이 점점 커져간다. "이건 보이지 않는 전쟁이야. 총알도 미사일도 보이지 않지만, 이 주변에 죄다 날아다니고 있다고, 총알이!"라는 그녀의 대사는 의미심장하다.

이처럼 『희망의 나라』는 너무도 명백하게 원전사고와 방사능의 영향을 그린 영화이다. 영화는 놀라울 만큼 직설적인 스토리텔링 수법으로 관객들을 원자력 발전을 둘러싼 문제와 마주하게 만들면서, 동시에 젊은 부부의 아직 태어나지 않은 아이의 피폭 가능성에 대한 두려움을 통해 미래 세대에 대한 우려의 메시지를 던진다. 원전사고 이후 후쿠시마에서 촬영을 이어 온 소노 시온 감독은 실제로 집 바로 옆이 20킬로미터 권역의 경계점이 된 가족의 이야기를 듣고 이에 착안하여 영화를 만들었다고 한다. 그러나 그는 이 가족의 이야기를 있는 그대로 다큐멘터리로 찍는 대신, 어디까지나 가상의 시공간을 무대로 한 허구의 이야기, 즉 픽션으로 재창조함으로써 이 같은 상황에서 한 가족이 체험할 수 '있을 법한 이야기'를 시간의 흐름에 따라 전개해간다.

2199년을 배경으로 하는 일본의 대표적인 SF애니메이션 『우주전함 야마토(宇宙戦艦ヤマト)』가 처음 방영된 것은 1974년이었고, 그 첫 실사 영화 『우주전함 야마토(SPACE BATTLESHIP ヤマト)』가 공개된 것은 그로부터 30여 년이 지난 2010년이었다. 방사능에 오염된 지구를 구하기 위하여 그 제거 장치를 가지러 가는 것이 전함 야마토의 목적이었다는 것을 떠올려 보면, 2199년이 아닌 2011년, 야마토 시리즈의 영화판이 공개된 바로 다음 해에 이 같은 '허구'의 설정이 현실의 위협이

될 것이라고는 아무도 '상상'하지 못했을 것이다. 아무도 예상하지 못한 미래에 대한 SF적 상상이 현실이 되고 과거가 되는 '포스트 3·11'의 시대를 사는 일본인 그리고 우리들에게 필요한 것은 어쩌면 허구의 상상력을 통해 재난을 이해하고 기억하고 위로하는 일일지도 모른다. 소노 시온은 『희망의 나라』와 관련한 인터뷰에서 이 영화를 "'후쿠시마라는 피해지역의 이야기입니다'가 아니라 '일본에 살고 있는 모든 사람의 개개인과 관련된 문제입니다'라고 하는 영화"로 만들고 싶었고 어떤 실재하는 특정 지명을 그대로 사용하는 순간 그 이외의 이야기는 할 수 없게 되기 때문에 "가공의 장소"를 만들어내어 자신이 후쿠시마에서 마주하고 영상으로 기록한 각기 다른 수많은 이야기를 녹여내려고 했다고 언급했는데,[129] 바로 이것이 극영화 창작자들이 3·11과 그 이후라는 실재를 기록하면서도 상상을 통해 기억하고 전달하는 이유라 할 수 있을 것이다.

(2) 3·11 동일본대지진과 다큐멘터리

2011년에 연달아 일어난 세 번의 참사 이후, 이전부터 사회적 이슈나 정치 참여 등에 관심을 갖고 활동을 지속해 온 일본의 창작자들은 자신들이 몸담고 있는 예술의 역할과 가능성에 대해 다시 생각하게 되었다. 이 같은 작가들의 고뇌를 반영한 움직임은 영상 분야에서도 활발히 전개되었는데 특히 후쿠시마 원전 사고 이후 이에 대한 다양한

---

129 江口研一, "園子温『希望の国』インタヴュー," OUTSIDE IN TOKYO, 2012.7.10., http://www.outsideintokyo.jp/j/interview/sonosion/, 최종접속일: 2018.7.10.

다큐멘터리가 제작되었다.

우선 많은 감독들이 지금 자신들이 목도한 재난을 그들의 카메라로 기록해야 할 필요성을 느끼고 활동을 시작했다. 재난 발생으로부터 얼마 지나지 않은 2011년 5월, 일본 센다이시 도심부에 위치한 복합 문화 시설 센다이 미디어테크는 '3월 11일을 잊지 않기 위한 센터(3がつ11にちをわすれないためにセンター, Center for Remembering 3·11)'라는 프로젝트를 시작했다. 프로젝트의 목적을 센터의 홈페이지에서는 다음과 같이 밝히고 있다.

> 시민, 전문가, 스태프가 협동하여 복구 · 부흥의 프로세스를 독자적으로 발신, 기록해가는 플랫폼이 될 이 센터는 영상, 사진, 음성, 텍스트 등 다양한 미디어의 활용을 통하여 정보 공유, 부흥 추진에 힘쓰는 동시에, 수록된 데이터를 「진재의 기록 · 시민 협동 아카이브」로서 기록 보존하고 있습니다. 센터에는 '스튜디오'와 '방송국'이 있어서 스튜디오는 정보 수집이나 비디오카메라 등 취재용 기재가 준비되어 있을 뿐 아니라, 텍스트 집필, 영상이나 사진의 편집, 인터넷으로의 배포와 같은 작업이 가능합니다.[130]

3·11을 다룬 다큐멘터리 영화 중에서도 널리 알려진 사카이 고(酒井耕, 1979~)와 하마구치 류스케(濱口竜介, 1978~)의 『도호쿠 기록영화 삼부작』(東北記録映画三部作)이 바로 이 센다이 미디어테크 프로젝트의

130 공식 웹 사이트의 프로젝트 소개글 참조. http://recorder311.smt.jp/aboutus/, 최종접속일: 2018.7.2.

일환으로 제작된 다큐멘터리 영화이다.

또한 10월에 열린 야마가타 국제 다큐멘터리 영화제(山形国際ドキュメンタリー映画祭)에서는 '동일본대진재 부흥 지원 상영 프로젝트「함께 하는 Cinema with Us」(東日本大震災復興支援上映プロジェクト「ともにある Cinema with Us」)'라는 제목의 특별 섹션에서 스물아홉 개의 다큐멘터리가 상영되었다. "대진재 현장에 들어간 영상작가나 피해 지역에서 활동을 계속하는 사람들에 의해 촬영된 29편의 영화 상영과 심포지엄"[131] 이라고 소개된 이 섹션에서는 다큐멘터리 영화 상영과 함께 포럼과 토론도 열렸다. 다큐멘터리 영화감독 미야자와 게이(宮沢啓)는 이 섹션에 대해 다음과 같은 글을 싣고 있다.

> 지금 우리들은 비상사태 그 한가운데 있습니다. 그리고 또 앞으로 길게 이어질 보이지 않는 비상사태를 살아가게 될 것이겠지요. (중략) 반 년이 지나 표층적으로는 일부 평소와 같은 양상을 되찾았으면서도 한 꺼풀 벗겨내면 여러 고난과 괴로움, 고민이 빽빽이 꿈틀거리고 있는 현실입니다. 지금부터 '영화'로 무엇을 할 수 있을까? 그 출발로서 여기 모인 국내외의 사람들과 재난 직후부터 현재진행 중인 상황을 '영화'를 통하여 공유하고 새로운 유대를 만드는 첫걸음으로 하고 싶습니다.[132]

---

131 야마가타 국제 다큐멘터리 영화제 웹 사이트. https://www.yidff.jp/2011/2011.html, 최종접속일: 2018.7.2.

132 영화제 공식 웹 사이트. https://www.yidff.jp/2011/cat109/11c123.html, 최종접속일: 2018.7.2.

야마가타 영화제에서 작품을 상영한 이들을 비롯하여 많은 다큐멘터리 영화감독들이 재난에 즉각적으로 반응하며 영화를 제작했던 것은 당시 '기록' 또는 '증언'이라는 이름을 달고 공유되는 3·11 재난에 대한 시각적 표상과는 다른 목적과 입장에서였다. 소셜네트워크서비스상에서 퍼지는 셀 수 없이 많은 개인이 만든 시각적 자료들과 몇 개의 극영화를 제외하면, 그때까지의 3·11의 시각적 표상은 재난을 기록하여 정보를 전달하기 위한 목적에서 만들어진 뉴스미디어에 의한 것이 대다수였다. 이들 영상과는 다른 자신들의 관점에서 재난을 다루기 위하여 많은 독립영화, 다큐멘터리 영화작가들은 재난 발생 직후, 피해를 입은 도호쿠 지역으로 달려갔다. 자신들의 역할과 책임감, 그리고 억누를 수 없는 호기심에 이끌린 그들은 재해 지역을 직접 보고, 피해의 심각함 또는 방사능 오염, 아직 남아있는 유해들로 인해 뉴스 등의 매스미디어에서는 다뤄지지 않는 장소들을 기록하기 위해 영상을 찍기 시작했던 것이다.

이들이 제작한 3·11 관련 다큐멘터리 영화에서 공통적으로 다루는 중요한 이슈는 역시 재난과 사회의 가운데에서 이들을 중재해야할 존재로서 창작자인 자신들이 지니는 윤리적, 예술적 책임감에 관한 것이었다. 각각의 영화작가들의 위치나 관점은 서로 달랐고 이를 각자의 작품 속에서 표현해내는 방식도 달랐지만, 그럼에도 불구하고 대부분의 작품에서 필연적으로 강조되었던 것은 결국 재난의 시각적 측면이었음은 어쩔 수 없는 귀결이었다.

3. 만화와 애니메이션

(1) 출판계의 타격과 온라인 서비스

다음으로 3·11 동일본대지진과 쓰나미, 후쿠시마 원자력발전소 폭발이라는 전례 없는 큰 재난으로 인해 일본을 대표하는 대중미디어로 꼽을 수 있는 만화와 애니메이션에서 어떤 창작물을 산출(産出)해내도록 했는지 알아보고자 한다.

앞서 살펴본 다큐멘터리 영화작가들의 경우와 유사하게, 3·11 발생 이후 일본 사회 내 대중미디어 산업의 위치와 그 역할은 무엇인지에 대한 창작자들과 비평가들을 중심으로 많은 의문이 제기되었다.

일본의 대중미디어 산업은 국내 시장에 집중되어 있는데, 이를 잘 보여주는 지표가 재난 발생 한 달 뒤, 주요 출판사의 도호쿠 지역과 도쿄 내 매출로 이 두 지역에서만 무려 15퍼센트가 감소했다는 점이다.[133] 국내 시장 집중 외의 또 하나의 특징으로 산업 간의 협업을 들 수 있다. 예를 들어 최근까지도 활발히 진행 중인 미디어믹스(media mix)[134]의 중심이라 할 수 있는 만화(マンガ, manga)의 경우를 생각해보아도, 만

133 Ryan Holmberg, "Manga 3·11: The tsunami, the Japanese publishing industry, Suzuki Miso's reportage, and the One Piece lifeboat," The Comic Journal, accessed July 10, 2018, http://www.tcj.com/manga-3-11-the-tsunami-the-japanese-publishing-industry-suzuki-miso%e2%80%99sreportage-and-the-one-piece-lifeboat/

134 원 소스 멀티유즈(One Source Multi Use). 한 매체를 여러 매체로 활용하는 것. 하나의 콘텐츠를 개발하여 그것을 영화, 게임, 음반, 애니메이션, 캐릭터사업, 장난감, 출판 등에 활용하여, 파급효과를 노리는 마케팅 전략.

화 시장의 규모나 가치를 따질 때 영화, 애니메이션, 텔레비전 드라마, 비디오게임까지도 염두에 두어야 할 것이다. 이와 같은 국내 시장 집중과 콘텐츠산업 간의 긴밀한 연계성으로 인해 2011년 발생한 재난이 일본 대중미디어 산업 유통 전반에 미친 여파는 상당했다.

우선 만화산업 자체만을 보자면 종이와 잉크 부족, 그리고 유통 경로 확보의 어려움 등으로 인한 타격이 컸다. 이시노마키(石巻)와 이와누마(岩沼) 등의 피해지역에 위치한 일본제지그룹(日本製紙グループ)의 공장들과 일본 내에서 출판이나 선전물 등에 쓰이는 종이의 약 20퍼센트를 생산하는 미쓰비시제지(三菱製紙)의 하치노헤(八戸) 공장이 직접적인 피해를 입었다. 이로 인해 일본 내 업계 2위이자 세계에서 열번째 규모인 일본제지는 2011년 1분기에만 630억 엔의 적자를 기록했다.[135] 종이 수입만으로는 이 같은 상황을 극복하기 어려웠기 때문에 같은 해 4월 슈에이샤(集英社)와 같은 대형 출판사에서 『나루토(NARUTO -ナルト-)』를 포함한 여덟 개 인기 만화시리즈의 발매를 보름 이상 연기하는 결과를 불러왔다.

이 같은 상황을 극복하기 위하여 만화잡지들은 온라인상의 발매로 움직여 갔다. 슈에이샤의 경우 3월에 발매되어야 했을 소년만화잡지 『주간소년점프(週刊少年ジャンプ)』 15권을 야후 재팬(Yahoo! Japan)의 코믹스 페이지에 무료로 공개했고, 공개 당일 약 백만 건의 조회 수를 기록했다. 또 다른 대형 출판사인 고단샤(講談社)의 만화잡지 『주간소년

---

135 "日本製紙, 11年 3 月期最終赤字245億円 震災の損失630億円," 日本経済新聞, 2011.5.11., https://www.nikkei.com/article/DGXNASDD110D8_R10C11A5TJ2000/, 최종접속일: 2018.7.10.

매거진(週刊少年マガジン)』과 『주간영매거진(週刊ヤングマガジン)』도 곧 같은 방법을 택하여 온라인 발매를 행했다. 이는 발간이 늦어지는 상황에서 취한 긴급 조치이기도 했으나 "만화가들이 혼신을 다한 작품을 한 명이라도 많이 여러분께 전달할 수 있기를(漫画家さんたちの渾身の作品を, 一人でも多くのみなさんにお届けできれば)" 바라는 마음에서 내린 결정이라고 슈에이샤 편집부는 밝혔다.[136] 그러나 이 같은 발언이 무색하게도 정작 직접적인 지진 피해를 입은 지역에서는 출판사들의 무료 온라인 서비스 혜택을 전혀 받을 수 없었다. 수천수백 명의 사람들이 거주지를 잃은 채 전기 공급도 중단된 상황에서, 전화나 휴대폰 사용이 가능하거나 컴퓨터를 통한 인터넷 접속이 가능한 지역을 찾기란 힘든 일이었다. 결국 이 같은 출판사들의 결정의 이득을 본 것은 심한 피해를 입지 않은 지역에 국한되고 말았다.

(2) 치유의 서사와 대중미디어 산업

3·11 발생 이후 '치유'를 이야기하는 대중미디어 텍스트가 생산된 것은 당연한 수순이라 볼 수 있을 것이다. 이미 이전부터 하나의 유행처럼 생산·소비되어온 평화롭고 정신적 만족감을 만들어내는[137] 이

136 永沢茂, "週刊少年ジャンプ」震災による配送遅延を受け緊急措置, ネットで無料配信 3月14日発売・第15号に掲載の全21作品," INTERNET Watch, 2011.3.23, https://internet.watch.impress.co.jp/docs/news/434491.html, 최종접속일: 2018.7.3.

137 Marc Hairston (2008) A healing, gentle apocalypse: Yokohama kaidashi kikō (Yokohama shopping log). In Lunning F (ed.) *Mechademia: Limits of the Human*, vol. 3. Minneapolis: University of Minnesota Press, pp. 256-258.

들 작품군은 주로 일본어로 치유를 뜻하는 '이야시(癒し)'를 써서 '이야시계(iyashi-kei, 癒し系)'라고 불리기도 한다. 그런데 3·11 이후의 대중미디어 산업에서는 이러한 '치유' 혹은 '힐링'의 개념이 이전보다 한층 더 산업의 제작과 소비문화와 긴밀하게 연결된 양상을 보였다.

일본의 미디어 산업에서 가장 잘 알려진 감독 중 한 명으로 미야자키 하야오(宮崎駿, 1941~)를 꼽을 수 있을 것이다. 그가 이끄는 지브리스튜디오(スタジオジブリ)에서는 재난 발생 후, 애니메이션 『고쿠리코 언덕에서(コクリコ坂から)』(2011년 7월 16일 일본 개봉)를 발표했다. 『고쿠리코 언덕에서』의 발표 및 홍보 활동 중 미야자키 하야오는 매스컴에서 재난 처리를 위해 애쓰는 종사자들에 대한 감사의 마음과 더불어 "아직 매장(埋葬)도 하지 못한 많은 이들을 끌어안은 채 국토의 일부를 상실해가고 있는 나라에서 애니메이션을 만들고 있다는 자각을 갖고 일을 계속해 나가고 있다"고 재난에 대한 자신의 심정과 창작자로서의 역할, 사명감을 내비치는 발언을 했고, 그의 아들인 미야자키 고로(宮崎吾朗, 1967~) 감독 또한 이런 시기에 자신이 영화를 만들 수 있다는 것 자체가 누군가의 헌신이 있기 때문이라고 실감한다며 "작품을 만듦으로써 지진 재해를 겪은 분들의 버팀목이 될 수 있다면."이라고 밝혔다.[138]

지브리스튜디오의 두 미야자키 감독이 표현한 헌신에 대한 감사와 희생에 대한 애도, 그리고 자신의 책임감에 대한 자각은 당시 대중들이 필요로 했던 위로에 잘 부합하는 공감적 발언으로 보인다. 심지어

138 "宮崎駿「文明論を語る時期ではない」ジブリ新作にも震災の影響," 映画.com, 2011.3.28, https://eiga.com/news/20110328/13/, 최종접속일: 2018.7.3.

위의 발언을 했던 『고쿠리코 언덕에서』의 주제가 발표 회견장에서 미야자키 하야오는 도호쿠 지역의 이재민들이 겪고 있는 고충을 떠올리고는 눈시울을 붉히기도 하며, 자신이 지브리스튜디오 직원들에게 아무리 지진의 여파로 인해 제작 환경이 열악하더라도 희생자들의 고통에 공감하기 위해서 이 작품의 제작을 중단하지 말 것을 요구했다고 밝히기도 했다. 이와 더불어 애니메이션의 주제가가 동일본대지진의 부흥 송(復興ソング)으로 광고 등의 미디어에서 가장 많이 쓰인 사카모토 규(坂本九)의 「위를 보며 걷자(上を向いて歩こう)」인 점 또한 이목을 끈다.

다시 말해, 미야자키 하야오는 한 사람의 미디어 콘텐츠 창작자이자 사업가로서 자신이 겪고 있는 어려움과 도호쿠 지역 피해자들에 대한 애도와 위로를 연결하는 서사를 창출하면서 동시에 당시 일본 대중들이 공유하고 있던 슬픔과 고통에 훌륭하게 호소했다고 볼 수 있다.

이에 그치지 않고 지브리스튜디오는 지진과 쓰나미 피해 지역에서 『고쿠리코 언덕에서』의 상영회를 개최했다. 2011년 7월 2일, 미야기현(宮城県) 게센누마시(気仙沼市)의 시약소인 하마나스관(はまなすの館)에 수백 명의 학생과 학부모들을 초대한 가운데, 국제협력 NGO 단체인 피스 윈즈 재팬(ピースウィンズ · ジャパン, Peace Winds Japan)의 협력 속에서 상영회를 진행했다. 상영회에 참가한 이들은 하나같이 지브리스튜디오에 대한 감사의 뜻을 표했다. 피해 지역에서 지브리스튜디오의 작품을 감상하는 것이 꿈만 같았다는 반응도 있었으며, 어떤 이는 애니메이션 주제가와 현 상황을 연결시키면서 재난으로 마을이 파괴된 후 항상 좌절한 채로 바닥만 보며 지냈는데 위를 보며 살아야겠다는 감상

을 말한 이도 있었다.[139]

이와 같은 지역 주민들의 반응을 보면 애니메이션과 같은 일본의 대중미디어 산업이 재난 발생 직후의 사람들의 정신적 '치유' 과정에 적지 않은 영향을 미쳤을 가능성을 충분히 짐작할 수 있다. 『고쿠리코 언덕에서』의 프로모션 과정에서 미야자키 하야오를 비롯한 관계자들이 보여준 행동과 발언은 물론 진실한 감정에서 비롯된 것이고 많은 사람들이 필요로 하던 위로를 제공하였을 것이나, 또 다른 한편으로 지브리스튜디오는 가장 큰 영향력을 지닌 창작자로서의 자신들의 위치를 충분히 활용하고 대중들의 감정과 여론에 맞춘 전략으로 3·11 이후의 어려운 상황에서 어느 정도의 사업적 이득을 지킬 수 있었다고도 볼 수 있다.

4. 주요 작품 소개

(1) 『311』(2011)

- 감독-모리 다쓰야(森達也), 와타이 다케하루(綿井健陽), 마쓰바야시 요주(松林要樹), 요시오카 다케하루(安岡卓治)
- 상영시간-105분
- 웹 사이트-http://docs311.jp/

---

139 "ジブリ最新作「コクリコ坂から」特別試写会を開催," ピースウィンズ・ジャパン 공식 웹 사이트, http://peace-winds.org/news/pwj/1645, 최종접속일: 2018.7.10.

다큐멘터리 『311』은 지진 발생으로부터 2주 후, 네 명의 감독이 피해지역으로 들어가 촬영한 것이다. 당시에는 한 편의 영화로 완성될 것이라고는 생각하지 못했으며 단지 재난의 현장을 직접 보고 인식하는 것만이 공통의 목적이었다. 이렇게 지진 발생 당시 피해 지역에 있지 않았던 네 명의 감독이 재난 이후 현장을 방문하였듯이, 이 다큐멘터리는 외부자의 시선에서 재난의 현장을 담아낸다.

영화가 오로지 재해의 실제 현장을 목격하기 위한 목적 하나로 호기심에 가득 차 도쿄로부터 달려온 방관자들을 그려내는 방식은 뻔뻔하게 느껴지기까지 한다. 피해를 입고 폐허가 된 지역과 방사능 수치가 높아 위험한 지역으로 들어가면서 영상을 담아내는 이들이 보이는 뒤틀린 흥분이 여과 없이 드러난다.

영화 속에서 가장 잘 알려진, 그리고 논란을 불러일으킨 장면은 감독들이 암묵적인 금기를 깨고 죽은 이의 신체를 촬영하여 보여주는 부분이다. 그리고 또 다른 장면에서 이들은 절망적으로 아이들을 찾아 헤매는 어머니들의 곁에서 자신들이 방해가 되고 있다는 사실에 자책감을 느끼고, 어머니들에게 자신들에게 분노를 터뜨려도 괜찮다고 말하기도 한다.

이처럼 『311』은 의식적으로 감독들의 존재를 강조하면서 재난 현장에서 외부인인 그들의 존재가 어떤 갈등을 일으키는지를 그려낸다. 영화는 각기 다른 반응과 논란을 일으켰으며, 특히 영화가 '재난 관광(disaster tourism)'을 담고 있다고 본 관객들에 의해 비난을 받았다. 또한 감독들의 동기와 의도를 막론하고, 재해 희생자 · 피해자들의 사적인 영역으로 침투하여 영상을 촬영한 것은 정당화될 수 없는 폭력적 행위가 아닌가의 여부는 논란의 여지가 있다.

(2) 『도호쿠 기록영화 삼부작』(東北記録映画三部作) (2011)

• 감독-사카이 코(酒井耕), 하마구치 류스케(濱口竜介)

① 물결의 소리(なみのおと), 2011

• 상영시간-142분

• 웹 사이트-http://silentvoice.jp/naminooto/

② 물결의 목소리 신치마치(なみのこえ 新地町) / 물결의 목소리 게센누마(なみのこえ 気仙沼), 2013

• 상영시간-103분

• 웹 사이트-http://silentvoice.jp/naminokoe/

③ 노래하는 이(うたうひと), 2013

• 상영시간-120분

• 웹 사이트-http://silentvoice.jp/utauhito/

작품 해설

3부작 중 첫 번째 작품인 『물결의 소리』는 2011년 3월 11일, 쓰나미 피해를 입은 산리쿠 해안(三陸沿岸)에 사는 사람들과 나눈 '대화'를 담은 다큐멘터리이다. 부부, 자매, 소방대원 등 친밀한 관계의 사람들이 재난에 대해 함께 이야기를 나누는데, 감독에 의하면 이른바 "구전 기록"의 형식으로 촬영하였다고 한다. 서로 마주하여 대화하는 일 자체가 그들이 함께 겪은 재난과 마주하는 일이기도 할 것이라는 생각에서 피해 지역의 참혹한 광경을 담은 영상이 아닌, 대화로부터 생기는 사람들의 '감정'을 담은 영상을 남기는 작업을 통해 다음 세대에까지 재난의 기억을 전달하려는 목적으로 시도한 것이었다.

쓰나미 피해를 겪은 사람들이 함께 재난과 마주할 수 있는 '새로운 말'을 만들어가는 과정을 기록한 영화에 대해 관객들은 "말에서 강한 현실감을 느꼈다"는 반응을 보였다.[140] 이러한 '현실감'을 앞으로의 세대에 전달하기 위하여 두 감독은 다큐멘터리 영화임에도 부분적으로 극영화적 수법을 도입하고 있다.

3부작 중 두 번째는 『물결의 목소리』로, 『물결의 목소리 신치마치』와 『물결의 목소리 게센누마』의 두 작품으로 구성되어 있다. 앞선 『물결의 소리』를 완성한 후에도 두 감독은 1년 이상 촬영을 계속했고, 미야기현 게센누마시와 후쿠시마현(福島県) 신치마치(新地町)의 이재민 약 스무 명과 나눈 대화를 새롭게 『물결의 목소리』라는 또 다른 작품으로 엮어냈다. 이들의 생각과 감정, 고민하고 있는 문제 또한 재난이 발생한 직후와는 달라진 시점에서 영화 속의 사람들은 점점 열어가는 기억을 소환하여 새로운 대화를 시작한다.

140 영화 공식 웹 사이트. http://silentvoice.jp/naminooto/, 최종접속일: 2018.7.15.

이 작품에서 또한 앞선 작품과 마찬가지로 출연자들의 '대화'를 좀 더 효과적으로 기록 · 전달하기 위하여 극영화의 수법이 차용되고 있다. 이처럼 직접적 피해를 입은 당사자들과 비(非)당사자, 말하는 이와 듣는 이, 피사체와 관찰자, 픽션(극영화)과 다큐멘터리라는 수많은 경계를 넘나들면서, 『물결의 목소리』는 재난의 시간을 견디며 지금을 사는 이들과 과거, 미래의 사람들 사이에 놓인 시간의 경계를 넘어 재난을 이야기하려 시도하고 있다.

3부작의 마지막인 『노래하는 이』에서도 오랜 세월이 흐른 뒤까지 재난 피해의 체험을 전승하려는 두 감독의 과제는 이어진다. 『노래하는 이』에서는 도호쿠 지방에 전승되어 내려오는 민담의 이야기에 착안하여, 피해 지역의 세 인물이 화자(語り手), 미야기 민화회(みやぎ民話の会)의 오노 가즈코(小野和子)가 청자(聞き手)가 되어 민담을 구술하고 이를 기록했다. 두 감독의 카메라는 말하는 이와 듣는 이 사이에 이야기가 오고가는 민담 특유의 장면을 스크린에 독특한 영상으로 재현하고 있다. 현재를 살아가는 이들의 생활 또한 배경 이야기처럼 전개되면서 지금, 여기의 시공간에 과거를 살았던 이들의 목소리가 되살아난다. 이 같은 새로운 시도 덕분에 『노래하는 이』는 영화와 민담이라는 서로 다른 형식을 넘어선 새로운 '전승 영화'로 높이 평가받았다.

(3) 『두더지(ヒミズ)』(2012)

- 감독-소노 시온(園子温)
- 상영시간-130분
- 웹 사이트-himizu.gaga.ne.jp, https://twitter.com/himizumovie

『두더지』의 주인공은 가족들로부터 폭력과 착취에 시달리는 열네 살 중학생인 스미다와 게이코이다. 영화는 시종일관 이 둘을 둘러싼 세상에서 모든 '평범함'이 붕괴되어 가는 과정을 카메라에 담는데, 소노 시온 감독은 어딘가 불길하고 소름끼치는 소음을 이용하여 소년소녀가 속한 세상의 혼돈을 표현해낸다. 소리는 마치 지진이 세게 치기 직전 땅이 흔들리는 소리처럼도 들리고, 지진과 쓰나미가 모든 것을 휩쓸고 지나간 사리에 스산하게 불어오는 바람의 소리처럼 들리기도 한다.

『두더지』는 2011년 5월말 지진과 쓰나미 피해 지역인 이시노마키시(石巻市)에서 촬영되었다. 촬영 팀 가족 중 이시노마키에 거주하는 이들의 도움으로 쓰나미로 파괴된 집과 차의 잔해들 속에서 몇 시간 정도 촬영할 수 있었다.[141] 감독은 공식 기자회견에서 "촬영에 관해서는 조심스러웠다. 많은 분들이 촬영하지 않는 편이 좋겠다고 말씀하셨다. 하지만 저는 다큐멘터리를 찍는 분들이 현지에서 촬영하는데 극(劇)을 만드는 이는 조심스러워하는 것은 좋지 않다고 생각했기 때문에 과감하게 들어갔습니다. 제 안에서도 갈등은 있었지만 여기(현지)에 들어가지 않는다면 평생 후회할 것이라 생각했습니다."라고 촬영에 임했던

---

141 Hiroko Furukawa and Rayna Denison, "Disaster and relief: The 3·11 Tohoku and Fukushima disasters and Japan's media industries," *International Journal of Cultural Studies* 18, no. 2, (November 2014): 236.

자신의 마음 상태를 밝혔다.[142]

이 같은 소노 감독의 작업에서 피해 지역에서 멀리 떨어져 있는 사람들, 즉 영화를 통해 재난의 참상을 처음 접하게 될 관객들이 이재민들에게 주목할 수 있도록 만들기 위한 의도를 읽을 수 있다. 다시 말해, 그의 영화 『두더지』는 픽션이라는 필터를 통해 재해의 현실을 전달하면서 동시에 직접 겪은 자와 겪지 않은 자 사이에서 일종의 중재자와 같은 역할까지를 수행한다.

그는 앞서 언급한 기자회견에서 10년 전에 그려진 원작 만화는 젊은이들의 의식 속에 있는 "일상의 지루함, 허무함 같은 것"을 다루고 있었지만 재해 이후는 "끝나지 않는 비(非)일상"이 당연한 것이 되어버렸다고 하면서, 이처럼 "비일상이 일상인 일본"에서 영화를 만든다는 것은 이전과는 자신에게도 전혀 다른 의미를 지니게 되었다고 이야기했다.[143]

보통이 아닌, 평범하지 못한, 비상(非常)상태가 일상인 매일. 이것이야말로 3·11이후의 일본을 이해하기 위한 가장 알맞은 키워드일 것이다. 영화 『두더지』는 자신들이 살아가야 할 이 비(非)일상의 시공간을 영상에 담아 도호쿠 지역 이외의 일본인은 물론, 국외의 비(非)당사자들에게까지 전달하고 있다.

---

142 中山治美, "園子温, 被災地での撮影への葛藤語り, 海外メディアから質問集中!『ヒミズ』公式上映」," シネマトゥデイ, 2011.9.6, https://www.cinematoday.jp/news/N0035147. 최종접속일: 2018.7.10.

143 상동.

(4)『맛의 달인(美味しんぼ)』110, 111권 (2014)

• 원작-가리야 데쓰(雁屋哲)

• 작화-하나사키 아키라(花咲アキラ)

❁ 작품 인용

2011년 10월 동서신문사

"후쿠시마 취재를 꼭 하고 싶답니다."

"흐흠, 후쿠시마를."

"큰 지진재해가 있고 반년이 지났지만 후쿠시마의 현 상태는 확실히 파악되지 않습니다."

"우리 회사의 사회부에서도 현지의 이모저모를 보도하려고 했지만 단편만 보일 뿐 전체를 파악하지는 못했습니다. 언론 보도만으로는 실감이 나지 않아요. 우리는 진심으로 후쿠시마를 응원하고 싶습니다. 하지만 그러기 위해서는 후쿠시마의 진실을 알 필요가 있죠."

"음, 잘 알았네. 조금 시간을 주게."

"잘 부탁드립니다."

"저번에 재해지역을 돌 때에는 쓰나미 피해 상황에 압도당하기만 했지만 후쿠시마는 원전문제가 더욱 커."

"가장 큰 문제는 방사능이죠."

"후쿠시마 제1원전을 아직도 방사능을 계속 방출하고 있고, 원자로 4기가 이대로 무사히 수용된다고 해도 앞으로 몇 년이 걸릴지 몰라."

"후쿠시마 사람들은 불안하겠어."

"전국이, 아니 전 세계가 안전하지 않죠."

"그 후쿠시마의 진실을 어떻게든 내 눈으로 확인하고 싶어."[144]

작품 해설

『맛의 달인』은 일본에서 오랜 기간 연재되며 사랑받아 온 만화였으나, 작자인 가리야 데쓰가 취재를 위해 후쿠시마에 방문하고 코피와 알 수 없는 피로감, 권태감을 경험한 후 이를 바탕으로 후쿠시마의 방사능 오염 실태를 고발하는 내용을 연재하면서 큰 논란에 휩싸였다. 일본정부와 인터넷 우익 세력은 만화가 담은 내용이 완전히 거짓이며 방사능과 코피 사이에는 어떤 인과관계도 존재하지 않는다고 작자를 거세게 비난했다.

후쿠시마 문제가 불거지기 이전에도 전시기 일제가 저지른 만행 등에 대한 비판을 서슴지 않는 것으로 유명했던 작자는 일본 우익의 살해 협박에 시달려 1988년 이후 호주에서 거주 중인 것으로 알려져 있다. 위의 인용에도 잘 나타나 있는 것처럼 단편적인 사실이 아닌 원전사고 발생 이후의 후쿠시마의 상태를 전체적으로 정확히 파악하는 것이야말로 후쿠시마를 진정으로 돕는 길이라는 생각이 그가 '후쿠시마의 진실'이라는 부제를 붙인 일련의 내용을 연재한 동기이자 목적이었다.

그러나 정부의 반박과 강한 불쾌감의 표출로 인하여 단행본으로 출판된 해당 편의 내용은 어느 정도의 수정을 피할 수 없었다. 작품 속에

144 Tetsu KARIYA, Akira HANASAKI, 이청 역, 『맛의 달인』 110권 (대원씨아이, 2014), pp.9-11.

서 가장 문제가 된 것은 후쿠시마 원전에 다녀온 주인공이 코피를 흘리는 장면이었는데, 이 그림 자체는 그대로 담겼지만 대사의 일부가 수정되었다. 예를 들어, 코피를 흘린 주인공을 향해 작품 속에서 후쿠시마현의 전 촌장인 인물이 "후쿠시마에 같은 증상의 사람들이 많이 있다"라고 한 대사는 "내가 아는 이들 중에 같은 증상을 보이는 사람이 많다"로 바뀌었으며, 후쿠시마 대학 교수로 등장하는 인물의 "광역 오염제거로 후쿠시마에서 사람이 살 수 있게 하는 것은 불가능하다고 생각한다"라는 대사는 "후쿠시마 전체 지역의 오염을 제거해 위험을 완전히 제거하는 것은 불가능하다고 생각한다"로 수정되었다. 후쿠시마 원전사고의 위험성을 제대로 알려야만 한다는 원작자의 생각에는 변함이 없지만 출판사와 정부의 압력, 그 관계 사이에서 표현의 일부분을 바꿀 수밖에 없었던 것으로 보인다. 이 『맛의 달인』 후쿠시마 편의 발행을 둘러싼 일련의 논란을 통해서도 후쿠시마 원전사고와 그 사후처리, 피해를 둘러싼 일본의 정보 및 표현의 '통제'라는 묵과하기 힘든 논제를 다시금 확인할 수 있다.

일본의 재난문학과 문화

초판발행1쇄 2018년 12월 31일

편저자 정병호·최가형

펴낸곳 **고려대학교출판문화원**

www.kupress.com

kupress@korea.ac.kr

02841 서울특별시 성북구 안암로 145

02-3290-4230, 4232

Fax 923-6311

찍은곳 한국컴퓨터인쇄정보

ISBN 978-89-7641-977-4 93830

값 18,000원

* 잘못 만들어진 책은 바꿔드립니다.